Ausführliches Verzeichnis der

Guttentag'schen Sammlung

Deutscher Reichs- und Preußischer Gesetze

— Textausgaben mit Anmerkungen; Taschenformat —

welche alle wichtigeren Gesetze in unbedingt zuverlässigen Gesetzestexten und in mustergültiger Weise erläutert enthält, befindet sich hinter dem Sachregister.

Guttentag'sche Sammlung
Nr. 25. Deutscher Reichsgesetze. Nr. 25.
Textausgaben mit Anmerkungen.

Brausteuergesetz

vom 15. Juli 1909

nebst dem Gesetz, betreffend die zollwidrige Verwendung von Gerste vom 3. August 1909 und Ausführungsbestimmungen.

Mit Einleitung, Anmerkungen und Sachregister

bearbeitet von

A. Düsse,
Königl. Oberzollrevisor in Kaldenkirchen.

Zweite Auflage.

Berlin 1910.
J. Guttentag, Verlagsbuchhandlung,
G. m. b. H.

Inhaltsverzeichnis.

Druckfehler und Berichtigungen.

Auf S. 24 ist in Anm. 20 das Wort „steuerfreie" vor „Haustrunkbereitung", in Anm. 21 daselbst das Wort „steuerfreien" zu streichen.

Zusatz zu Anm. 22 Abs. 2 auf S. 24: Der FM. hat die Frist bis etwa zum 31. Dezember 1909 festgesetzt, beim Vorliegen besonderer Gründe im Einzelfalle kann sie auch bis zum 31. März 1910 ausgedehnt werden.

Auf S. 74 ist in Anm. 1 in der 6. Zeile von unten zu setzen — statt § 34 — § 35.

Auf S. 79 ist in Anm. 5, letzter Satz, zu setzen — statt „dem" — „den".

Auf S. 134 in Anm. 2 ist zu setzen — anstatt „Taxierung" — „Tarierung".

Abkürzungen.

AB. = Ausführungsbestimmungen.

Abs. = Absatz.

Anl. z. Gebr. = Anleitung zum Gebrauch.

Anm. = Anmerkung.

Bd. = Band.

Beschl. = Beschluß.

BrauStG. = Brausteuergesetz.

BRB. = Bundesratsbeschluß.

BundesgesBl. = Bundesgesetzblatt.

Drucks. d. Bundesr. = Drucksachen des Bundesrats.

FM. = preuß. Finanzminister.

FME. = preuß. Finanzministerialerlaß.

Ges. = Gesetz.

KomBer. v. J. 1906 = Kommissionsbericht der II. Kommission wegen Änderung des BrauStG. vom 31. Mai 1872, Anl. 1 Nr. 10 der Drucks.

KomBer. v. J. 1909 = Bericht der 32. Kommission über den Entwurf eines Gesetzes wegen Änderung des BrauStG. v. 3. Juni 1906 Nr. 995 der Drucks.

Kunckel = Zeitschrift für Zollwesen und Reichssteuern, Carl Heymanns Verlag in Berlin.

LStG. = preuß. Landesstempelgesetz.

MfHuG. = Minister für Handel und Gewerbe.

OTrE. = preuß. Obertribunalserkenntnis.

RGBl. = Reichsgesetzblatt.

RGE. = Reichsgerichtserkenntnis.

RStGB. = Reichsstrafgesetzbuch.

S. = Seite.

ums. = umseitig.

Vgl. = Vergleiche.

ZBl. = Zentralblatt der Abgabengesetzgebung und Verwaltung in den Kgl. Preußischen Staaten.

Einleitung.

Die Bierbereitung.

Unter Bier versteht man im allgemeinen ein durch geistige (alkoholische) Gärung gewonnenes, aus Wasser, Extrakt und Alkohol bestehendes Getränk, welches durch Kochen von Malz unter Zusatz von etwas Hopfen bereitet wird. Schon bei den alten Germanen war neben dem aus Honig und Wasser durch Gärung gewonnenen Met das Bier ein beliebtes Hausgetränk. Als solches hat es sich seitdem bei den einzelnen deutschen Völkerstämmen erhalten und ist nach und nach bei allen anderen Kulturvölkern mehr oder weniger in Aufnahme gekommen. Wer die Bereitung des Bieres in der jetzt meist gebräuchlichen Art ursprünglich erfunden hat, steht mit Sicherheit nicht fest. Die Kunst selbst ist schon uralt. Im Mittelalter galt den Meistern der angesehenen Brauergilde ein König von Flandern, namens Gambrinus, als Erfinder und Verbreiter dieses Getränkes; er soll die Braukunst den alten Ägyptern entlehnt haben.

Die gewerbsmäßige Bierbrauerei stand bereits im Mittelalter in hoher Blüte. Fast in allen Städten Deutschlands gab es Brauereien bzw. Grundstücke mit Braugerechtigkeiten. Einige von ihnen bereiteten sogar ganz besondere Biere auf geheimnisvolle Art. Beispielsweise wurde in Braunschweig „die Braunschweiger Mumme“, in Brandenburg „der Alte Klaus“, in Breslau „der Breslauer Scheps“ gebraut und weithin versandt. Im großen und ganzen ist die Art und Weise der Bierbereitung dieselbe geblieben wie sie in alter Zeit war. Ungewiß ist allerdings, ob von Anfang an schon der Hopfen oder ob ein anderes Konservierungsmittel dabei zur Anwendung kam. In neuerer Zeit hat das nach bayerischer Art gebraute sogenannte „Bayerisch-Bier“ mit wenigen Ausnahmen (z. B. des Berliner Weißbiers, des Zerbster Bitterbiers, des Königsberger Braunbiers u. a.) die früheren, vielfach in abweichender Art gebrauten Lokalbiere fast ganz verdrängt. Dies ist wohl größtenteils eine Folge der Brausteuergesetzgebung.

Obgleich Deutschland vornehmlich als die eigentliche Produktionsstätte des Bieres für den europäischen Kontinent anzusehen ist, so werden doch auch in anderen Ländern berühmte Biere gebraut. Es sind dies namentlich die in England erzeugten schweren Biere (Porter) und die stark gehopften Biere (die Alesorten) und in Böhmen das Pilsener Bier.

Das Bierbrauen aus Malz zerfällt in folgende Fabrikationsabschnitte:

1. Das Mälzen oder die Malzbereitung,
2. das Maischen oder die Würzebereitung,

3. die Gärung,

4. die Aufbewahrung und Behandlung des Bieres.

Das Mälzen, d. h. die Verwandlung der Gerste in das Hauptprodukt für die Biererzeugung, das Malz, geschieht durch einen besonderen Prozeß, welcher bezweckt, durch Keimung des Getreides besonders lösende Eigenschaften im lebensfähigen Korn zu wecken. Dieser Keimprozeß wird künstlich hervorgerufen und später unterbrochen. Bei demselben wird u. a. auch ein lösliches chemisches Ferment, die Diastase, erzeugt. Diese hat namentlich bei höherer Temperatur (etwa 70° C) die Eigenschaft, in Gegenwart von Wasser das Stärkemehl des Malzes in lösliche Kohlenhydrate, und zwar besonders in Maltose (eine Zuckerart), Dextrin (Stärkegummi) und denselben nahestehende Zwischenprodukte zu verwandeln. Durch das Keimen werden ferner gewisse Umwandelungsprodukte erzielt, durch die beim Darrprozeß jene aromatischen Stoffe geliefert werden, welche dem Biere den besonderen Wohlgeschmack verleihen.

Die Malzbereitung zerfällt in 4 Operationen: a) Das Putzen, Sortieren und Waschen der Gerste, b) das Einweichen der Gerste, c) das Keimenlassen der Gerste, d) das Trocknen und Darren der gekeimten Gerste (des Malzes).

In der Regel wird Gerstenmalz zum Brauen verwendet; ausnahmsweise und für besondere Biere, wie z. B. das Berliner Weißbier, kommt auch wohl

Weizenmalz zur Verwendung. Der Grad der Darrtemperatur ist von Einfluß auf die Farbe des Bieres. Schwach gedarrtes Malz liefert helleres, stärker gedarrtes oder auch sogenanntes Farbmalz dunkleres Bier. Farbmalz wird meist durch Rösten über freiem Feuer gewonnen, wodurch es einen dem gerösteten Kaffee nicht unähnlichen Geschmack und dunkelbraunes Aussehen erhält.

Das gedarrte Malz (Darrmalz) gelangt, ev. nach zuvoriger Reinigung mittelst eines Schüttelsiebes, in die Schrotmühle, um hier zerkleinert (geschroten) zu werden. Regelmäßig wird auf einmal nur so viel Malz geschroten, als für den nächsten Brauakt oder die nächsten beiden Brauakte (Sud genannt) nötig ist. Der Brauakt beginnt mit dem Maischen, d. h. mit dem Vermischen des Malzschrots mit Wasser und der Steigerung der Temperatur des Gemisches auf 65—75° C. Der Zweck des Maischens ist, mit Hilfe einer bestimmten Temperatur das noch unveränderte Stärkemehl unter dem Einflusse der beim Mälzungsprozesse gebildeten Diastase allmählich in Maltose, Isomaltose (gärungsfähige Zuckerarten) und Dextrin zu verwandeln.

Je nach der Art, wie die erwähnte Temperatursteigerung erzielt wird, unterscheidet man zwei Arten des Maischverfahrens: das Infusions- oder Aufgußverfahren und das Dekoktions- oder Kochverfahren, auch Dickmaischverfahren genannt. Bei dem ersteren wird das Malz entweder sogleich mit Wasser von hoher Temperatur vermischt, oder das zunächst benutzte kalte Wasser wird mit großer Beschleunigung — sei es durch Zuführung heißen Dampfes, sei es durch Vermischung mit heißem Wasser — auf die erforderliche hohe Maischtemperatur gebracht. Bei dem in Deutschland, Österreich und Frankreich vorzugsweise gebräuchlichen Dekoktionsverfahren — das Infusionsverfahren kommt meist in England und Belgien zur Anwendung — wird das Malzschrot zunächst entweder sogleich im Maischbottich oder noch in einem besonderen Vormaischbottich, mit Wasser vermischt: eingeteigt. Im Maischbottich erfolgt darauf durch Zuführung heißen Wassers die erste Temperatursteigerung bis auf 32—35° C. Nachdem die nunmehrige erste Mischung gehörig durchgearbeitet ist, wird etwa der dritte Teil derselben, und zwar der am Boden sich absetzende dicke Teig, nach der Pfanne (Kessel) übergeführt und dort etwa eine halbe bis dreiviertel Stunde lang gekocht. Um ein Anbrennen der Maische zu verhindern, geht das Rührwerk, meist aus Ketten bestehend, so lange mit, bis die Maische (die erste Dickmaische) kocht. Durch das Kochen der Maischanteile wird der Rest des noch unverändert gebliebenen Stärkemehls zum Verkleistern gebracht und dadurch für die Einwirkung der im Bottich in Lösung gegangenen Diastase vorbereitet. Neben der Erhöhung der Extraktausbeute werden durch das Dekoktionsverfahren gewisse, die Vollmundigkeit des Bieres bedingende Substanzen erzeugt. Nach Ablauf der bestimmten Kochdauer schöpft man so viel von der gekochten Maische zu dem im Bottich verbliebenen Rest, daß die Temperatur des Bottichinhalts 48 bis 53° C erreicht. Hierauf läßt man einen weiteren Anteil für die zweite Dickmaische (auf 1 hl Malz etwa 1—1,10 hl Maische) in den Kessel ab und verfährt wie beim ersten Dickmaischkochen. In den Maischbottich zurückgebracht, soll die Temperatur durch die zweite Dickmaische 60—65° C betragen. Nun wird ein dritter Maischanteil, und zwar mehr von dem flüssigen (lauteren) auf den Kessel gebracht. Dieser heißt Lautermaische (1 hl Malz etwa 120 l Maische). Die letztere wird nach 30 Minuten zum Kochen gebracht und 20—40 Minuten im Kochen erhalten. Hierauf wird die ganze Lautermaische in den Bottich zurückgebracht, wodurch eine Temperatur von 72—75° C erreicht wird. Diese letztere Temperatur ist die Abmaischtemperatur, der Vorgang: das Abmaischen.

Die Gesamtmaische wird nun behufs Vollendung der Verzuckerung des Stärkemehls und Klärung (Läuterung) längere Zeit (1/2—1 Stunde) „auf Ruhe" gelassen. Während dieser Zeit sinken die schweren Bestandteile der Maische nach unten und bleiben auf dem Boden des Bottichs als Treberhülsen liegen. Der flüssige Teil des Gemisches, Würze genannt, läuft ab und wird entweder direkt oder nach Überführung in den Würzbottich in die Braupfanne übergeführt. Hier wird sie gekocht und ihr dabei der Hopfen (die weiblichen Blütenzäpfchen der besonders in Böhmen, in Bayern, im Elsaß usw. vielfach kultivierten Hopfenpflanze) zugesetzt.

Durch Behandlung der Treber (Maischrückstände) mit heißem Wasser kann noch eine Nachwürze erzielt werden. Sofern sie nicht mit der Hauptwürze zusammen weiter verarbeitet wird, wird aus ihr das sogenannte Nachbier (Dünnbier oder auch Kofent genannt) gewonnen.

Nachdem die Würze etwa $1^1/_2$—2 Stunden gekocht hat, wird sie durch den sogenannten Hopfenseiher, einen siebartigen Kasten, der die Hopfenbestandteile zurückhält, nach dem Kühlschiff bzw. dem Kühlapparat befördert. Ersterer stellt ein großes flaches, an luftigen Orten aufgestelltes Gefäß dar, letzterer besteht neuerdings vielfach aus gewellten Flächen von Zinkblech, an deren Wandungen die Würze herabläuft und die durch das durch jene hindurchströmende kalte Wasser beständig kühl gehalten werden. Ist die Würze genügend abgekühlt, so gelangt sie in den Gärkeller und in die Gärbottiche, wo sie durch Zusatz von Hefe in Gärung gesetzt wird. Die Gärung verwandelt den in der Bierwürze enthaltenen Zucker in Alkohol und Kohlensäure; letztere entweicht zum größten Teil in die Luft. Je nachdem die Gärung langsam oder schnell vor sich geht, unterscheidet man Ober- oder Untergärung. Die untergärigen Biere werden zwar langsamer genußfertig, sind dafür aber auch haltbarer als die obergärigen, bei denen die Gärung erheblich unvollständiger vor sich gegangen ist und die deshalb noch stark nachgären. (Vgl. auch die Anleitung für die Unterscheidung zwischen obergärigem und untergärigem Biere — Anlage A zu den Ausführungsbestimmungen zum Brausteuergesetz.)

Von den Gärgefäßen erfolgt schließlich die Überführung des Bieres auf die Lager- und Versandfässer. Das Bier ist fertig.

Brausteuergesetz*)

vom 15. Juli 1909
in der Fassung der Bekanntmachung
vom 21. Juli 1909 (RGBl. S. 773).

Wir **Wilhelm**, von Gottes Gnaden Deutscher Kaiser, König von Preußen ꝛc.

verordnen im Namen des Reichs, nach erfolgter Zustimmung des Bundesrats und des Reichstags, für das innerhalb der Zollinie liegende Gebiet des Deutschen Reichs, jedoch mit Ausschluß der Königreiche Bayern und Württemberg, des Großherzogtums Baden, Elsaß-Lothringens, des Großherzoglich Sächsischen Vordergerichts Ostheim und des Herzoglich Sachsen-Coburg- und Gothaischen Amtes Königsberg, was folgt:

---

*) Die durch das BrauStG. v. 15. Juli 1909 bzw. durch das bis 1. August 1909 in Kraft gewesene BrauStG. v. 3. Juni 1906 eingetretenen Änderungen gegen das frühere Ges. v. 31. Mai 1872 bestehen hauptsächlich in der Einschränkung und festen Begrenzung der Steuer-

Bierbereitung.

§ 1. Zur Bereitung von untergärigem Biere[5][11]) darf nur[6–10])[15]) Gerstenmalz[1]), Hopfen[13]), Hefe und Wasser verwendet werden. Die Bereitung von obergärigem Biere[5])[11]) unterliegt derselben Vorschrift, es ist jedoch hierbei auch die Verwendung von anderem Malze[3]) und von technisch reinem Rohr-, Rüben- oder Invertzucker[3])[14]), sowie von Stärkezucker[12]) und aus Zucker der bezeichneten Art hergestellten Farbmitteln[4])[12]) zulässig[16]).

Für die Bereitung besonderer Biere[17])[19]) sowie von Bier, das nachweislich zur Ausfuhr bestimmt[18]) ist, können Abweichungen von der Vorschrift im Abs. 1 gestattet werden.

Die Vorschrift im Abs. 1 findet keine Anwendung auf die Haustrunkbereitung (§ 6 Abs. 4[7])[20])[21]).

Unter der Bezeichnung Bier[5]) — allein oder in Zusammensetzung — dürfen nur solche Getränke in den Verkehr gebracht werden, die gegoren sind und den Vorschriften der Abs. 1 und 2 entsprechen. Bier, zu dessen Herstellung außer Malz, Hopfen, Hefe und Wasser auch Zucker verwendet worden ist, darf unter der Bezeichnung Malzbier[22]) oder

---

abfindung, in der Einführung der obligatorischen Vermahlungssteuer für größere Brauereien, in der Zulassung der Steuerstundung und vor allem in der Abstufung der Steuer nach dem Umfange der Betriebe und in dem Surrogatverbot.

unter einer sonstigen Bezeichnung, die das Wort Malz enthält, nur in Verkehr gebracht werden, wenn die Verwendung von Zucker in einer dem Verbraucher erkennbaren Weise kundgemacht wird und die verwendete Malzmenge nicht unter die festgesetzte Grenze herabgeht. Das Nähere bestimmt der Bundesrat[23]).

Der Zusatz von Wasser zum Biere durch Brauer, Bierhändler oder Wirte nach Abschluß des Brauverfahrens außerhalb der Brauereien ist untersagt[24]).

Anm. 1. Ungemalzte Gerste darf also zur Bereitung untergäriger Biere nicht verwendet werden.

Anm. 2. Für obergäriges Bier darf auch Hafer-, Roggen-, Weizen-, Buchweizenmalz, aber kein Reis-, Mais- oder Darimalz, keine rohe oder grüne Stärke, Stärkemehl, Kartoffelmehl, Stärkegummi (wohl aber Stärkezucker) zur Verwendung kommen. (Vgl. AB. § 2 Abs. 7.)

Anm. 3. Die Bezeichnung „technisch reiner Zucker" ist in Übereinstimmung mit § 2 Ziff. 4 des Weingesetzes v. 24. Mai 1901 gewählt worden. (Begr. v. Jahre 1906.)

Anm. 4. Zu den aus Zucker der bezeichneten Art hergestellten Farbmitteln gehört vornehmlich die sogenannte Bier- oder Zuckercouleur. Sie dient hauptsächlich dazu, aus Gebräuen von geringerem Malzgehalt Bitter- oder Braunbier herzustellen oder auch um sogenannte echte (Erlanger usw.) Biere nachzuahmen bzw. das einfache Bier vollmundiger zu machen.

Die Bier- oder Zuckercouleur, welche durch Erhitzen von Stärkezucker bereitet wird, enthält der Regel nach unveränderten Zucker und in zwar um so größerer Menge, je weniger vollständig der Karamelisierungsprozeß gediehen ist. Es liegt vollständig in der Hand des Fabrikanten, durch mehr oder weniger starkes oder länger andauerndes Erhitzen den Zucker mehr oder weniger in Karamel umzuwandeln.

Anm. 5. Die Frage, ob ein Fabrikat im Sinne des Brausteuergesetzes als Bier zu betrachten ist und demgemäß der Brausteuer unterliegt, ist, sobald ein gerichtliches Strafverfahren eingeleitet ist, von dem Strafrichter, unabhängig von den Entscheidungen der Verwaltungsbehörden, zu entscheiden. (OTrE. v. 28. September 1877, ZBl. 1878 S. 250.)

Anm. 6. Die Lieferung von Süßstoff als Zugabe beim Verkauf von Bier ist schon insofern strafbar, als § 8 des Süßstoffges. v. 7. Juli 1902 diejenigen mit Strafe bedroht, in deren Besitz oder Gewahrsam Süßstoff in Menge von mehr als 50 g vorgefunden wird. Darunter sind Süßstoffmengen zu verstehen, die mehr als 50 g reinen Süßstoff enthalten, nicht aber Süßstoffzubereitungen, die einschließlich ihrer sonstigen Bestandteile mehr als 50 g wiegen. Es genügt schon zur Strafbarkeit die Tatsache des wissentlichen Innehabens, gleichviel ob der Süßstoff von einem Beamten bei dem Angeschuldigten gesehen ist oder nicht. In dem betr. Falle stand fest, daß die Angeklagten fortgesetzt beim Verkaufe von Bier ihren Kunden eine „Zugabe“ in Gestalt von Süßstofftäfelchen in sehr erheblichen Mengen geliefert haben, angeblich unentgeltlich, in Wahrheit aber keineswegs schenkungsweise. Bier und Zusatzstoff hatten aus rein wirtschaftlichen Gründen zusammen einen Preis, für den der Konsument das Bier mit der angeblichen Gratisbeigabe käuflich erwarb. Ob das ungesüßte Bier allein oder ob es zusammen mit dem beigegebenen Süßstoff den Gegenstand des Kaufs bzw. des Eigentumsüberganges bildete oder ob der Süßstoff erst nach dem Bier geliefert wurde, ist unerheblich. Mit Recht ist angenommen worden, daß der Süßstoff verkauft worden ist.

(RGE. v. 2. Dezember 1904 II. Straff. 658/04, ZBl. 1905 S. 716.)

Die Beimischung von Saccharin bei der Bereitung von Bier ist als Vergehen gegen das Nahrungsmittelgesetz strafbar (RGE. v. 2. März 1893, ZBl. S. 213), denn Süßstoff Nahrungs- oder Genußmitteln (also auch dem Bier) bei deren gewerblicher Herstellung zuzusetzen, ist verboten.

(§ 2a des Süßstoffges. v. 7. Juli 1902, RGBl. S. 253, ZBl. S. 198.)

Anm. 7. Um Saccharin im Bier nachzuweisen, bedient man sich eines bestimmten chemischen Verfahrens, das in der „Wochenschrift für Brauereien" von G. Jörgensen 1909 Nr. 11 näher beschrieben und Kunckel 1909 S. 156 abgedruckt ist. Man benötigt dazu einer Probe von mindestens 500 ccm Bier.

Anm. 8. Um Karamel im Bier nachzuweisen, siehe das Verfahren, beschrieben in Kunckel 1909 S. 156. Man gebraucht dazu eine Probe von mindestens 100 ccm Bier.

Anm. 9. Hinsichtlich der Strafbestimmungen, welche bei Einschwärzung von Saccharin, Zusatz desselben bei der Herstellung von Bier und Verkauf des letzteren Anwendung zu finden haben, vgl. die Ausführungen des RGE. II. Straff. v. 31. März 1908, Kunckel 1909 S. 109.

Anm. 10. Schon das „Unternehmen" der Zuckerverwendung in nur untergäriges Bier erzeugenden Brauereien fällt unter die Strafbestimmung des § 38 Abs. 1, hinsichtlich der obergäriges Bier herstellenden Brauereien kommen dagegen, je nachdem es sich um Defrauden oder um Ordnungswidrigkeiten handelt, die Bestimmungen der §§ 39, 40, 41 oder 47 zur Anwendung.

Anm. 11. Unter Bereitung von Bier versteht das BrauStG. jede gewerbliche Herstellung eines Getränks, welches in der Brauerei unter Verwendung eines oder mehrerer der im § 1 desselben bezeichneten Stoffe erfolgt. Es ist hierbei unerheblich, ob das betreffende, hier als Kofent (Nachbier) bezeichnete Getränk vom Brauer zum Zweck des Verkaufs oder zum Getränk für seine Dienstleute bestimmt ist. (RGE. v. 16. Dezember 1884, ZBl. 1885 S. 91.)

Anm. 12. Farbmittel brauchen nicht aus technisch reinem Stärkezucker hergestellt zu sein, sind sie aber aus Zucker hergestellt worden, so muß technisch reiner Zucker dazu verwendet worden sein. (Vgl. auch das RGE. v. 1. Februar 1909 bei § 3 Anm. 12.)

Anm. 13. Das von der Kommanditgesellschaft Stumm & Co. in Heidelberg hergestellte sogenannte Hopfenaroma, das nach der Anpreisung der Firma das Öl des besten Hopfens in alkoholischer Lösung enthält, ist — als außerhalb des Bierbereitungsverfahrens hergestelltes Erzeugnis — nicht mehr als Hopfen im Sinne des § 1 Abs. 1 BrauStG. anzusehen. Seine Verwendung zur Bierbereitung ist daher verboten und nach § 38 d. Ges. strafbar. Gleichgültig ist es dabei, ob das Hopfenaroma durch Verarbeitung des Hopfens mit Alkohol oder mit einem anderen Stoffe hergestellt ist, der geeignet ist, aus dem Hopfen den flüssigen Extrakt zu erzielen. (Vgl. FME. v. 22. Oktober 1908 III 18091.)

Anm. 14. Die Verwendung der von der Firma Rosehr u. Casper in Stettin einigen Brauereien angebotene, von der Zuckerraffinerie, Kandis- und Konfitürenfabrik Sachsenröder und Gottfried in Leipzig hergestellten dickflüssigen Zuckerlösung von brauner Farbe darf zur Bierbereitung nicht zugelassen werden. Die chemische Untersuchung hat einen Aschengehalt von 5,78 bzw. 5,11% ergeben. Demnach besteht die Lösung nicht aus „technisch reinem Zucker", sondern aus einem Abfallerzeugnis der Zuckerfabrikation. (FME. v. 7. November 1906, III 18206.)

Anm. 15. Zucker, der verbotswidrig zur Bereitung von untergärigem Bier verwendet ist, unterliegt nicht der Brausteuer. Auch ist die Festsetzung der Defraudestrafe neben der Strafe des § 38 BrauStG. nicht statthaft. Denn nach § 1 BrauStG. ist die Verwendung von Zucker bei der Herstellung von untergärigem, für den Verbrauch im Inlande bestimmten Biere schlechthin verboten und es kann nach einem von den obersten Gerichten von jeher befolgten Grundsatze von verbotenen Handlungen keine Abgabe erhoben werden.

Anm. 16. Bei der Herstellung von obergärigem Bier sind nur nachstehende Zubereitungen zulässig:

1. Farbebier — im eigentlichen Sinne — (§ 2 Abs. 1 und 10 der AB.);
2. aus einer der im § 1 Abs. 1 BrauStG. bezeichneten Zuckerarten hergestellte Farbmittel.

Gemische der unter 2 bezeichneten Farbmittel mit Zuckerlösungen und anderen Stoffen dürfen zur Herstellung von Bier nicht verwendet werden (§§ 2 und 9 AB.).

Die Farbmittel zu 2 gelten als Zucker im Sinne des BrauStG. (§ 2 Abs. 2).

Die am 1. August 1909 vorhandenen Vorräte von Farbmitteln und Farbebieren, die nach den bisherigen Bestimmungen für zulässig erachtet worden sind, aber nicht unter die bei 1 und 2 bezeichneten Zubereitungen fallen, dürfen unter sofortiger Versteuerung des gesamten darin enthaltenen Zuckers in einer vom Hauptamte zu bestimmenden Frist aufgebraucht werden. Die Bestimmungen im § 2 Abs. 3 BrauStG. finden auf diesen Zucker keine Anwendung.

Anm. 17. Die im § 1 Abs. 2 vorgesehene Ausnahmebestimmung für „die Bereitung besonderer Biere“ soll die fernere Herstellung sogenannter Spezialitäten ermöglichen, bei denen neben den im Abs. 1 genannten Stoffen die Mitverwendung gewisser anderer Stoffe notwendig ist, die indes zum Ersatz von Malz und Hopfen nicht geeignet und bestimmt sind, sondern diesen Bieren nur hinsichtlich ihres Geschmacks usw. den Charakter besonders gearteter Biere verleihen.

Anm. 18. Die Ausnahmebestimmung des § 1 Abs. 2 hinsichtlich der nachweislich zur Ausfuhr bestimmten Biere ist durch die in den Hansestädten, namentlich Bremen blühende Ausfuhrbrauerei veranlaßt worden. Daselbst wird ein helles weinartiges, durchaus satzfreies Flaschenbier unter Mitverwendung von Reis und Zucker hergestellt.

Anm. 19. Es ist festzustellen, ob besondere Biere bereitet werden, für die Abweichungen von der Vorschrift in Abs. 1 zu gestatten sind. Vorläufig ist die Zulassung von Abweichungen nur für die Bereitung der Leipziger Gose und des Lichtenhainer Bieres in Aussicht genommen. Die Genehmigung weiterer Abweichungen wird den obersten Landesfinanzbehörden vorzubehalten sein.
(FME. v. 30. Mai 1906 III 8204.)

Anm. 20. Zur Ausdehnung des Surrogatverbots auf die steuerfreie Haustrunkbereitung lag ein Bedürfnis nicht vor, zumal es kaum möglich sein würde, die Beachtung dieses Verbots zu überwachen.

Anm. 21. Zur steuerfreien Haustrunkbereitung (§ 6 Abs. 3) sind also Getreide, Malz und Malzsurrogate aller Art zugelassen.

Anm. 22. Diese Bestimmungen finden keine Anwendung auf Bier, das aus der Erzeugungsstätte unmittelbar zur Ausfuhr gelangt.

Die am 1. August 1909 nachweislich vorhandenen Biervorräte dürfen innerhalb einer von dem Hauptamte angemessen festzusetzenden Frist unter der bisherigen Bezeichnung ausverkauft werden. (FME. v. 4. August 1909 III 12919.)

Anm. 23. Durch Abs. 4 soll nicht allein die mißbräuchliche Verwendung des Wortes Malz, sondern auch der ungerechtfertigte Gebrauch des Wortes Bier zur Bezeichnung von Getränken verhindert werden, die nach dem herkömmlichen Begriff von Bier unter dieses Getränk nicht subsummiert werden können. (KomBer.)

Anm. 24. Dem konsumierenden Publikum bleibt es unbenommen, dem von ihm erworbenen Bier nach seinem Belieben Wasser zuzusetzen.

Gegenstand der Brausteuer.

§ 2. Die Brausteuer wird von dem zur Bierbereitung verwendeten Malze[4]) und Zucker erhoben[1-3]).

Unter Malz wird alles künstlich zum Keimen gebrachte Getreide verstanden. Als Zucker im Sinne dieses Gesetzes sind die im § 1 Abs. 1 bezeichneten Zuckerstoffe einschließlich der daraus hergestellten Farbmittel zu verstehen.

Zucker, der zur Herstellung von obergärigen Bieren verwendet wird, bleibt insoweit steuerfrei, als er nach § 5 Abs. 3 bei der Feststellung des für die Höhe der Steuer (§ 6) maßgebenden Gesamtgewichts der verwendeten steuerpflichtigen Braustoffe nicht zur Anrechnung kommt.

Anm. 1. Die Braustoffe unterliegen der Steuer nur dann, wenn sie zur Bereitung von Bier (§ 2) oder bierähnlichen Getränken (§ 3) oder zugleich von Essig oder von Malzextrakt und sonstigen Malzauszügen (§ 4) verwendet werden.

Anm. 2. Es ist nach dem Wortlaut des § 2 ausgeschlossen, daß der Konsument bestraft werden kann, wenn er dem Biere seinerseits Zucker zusetzt, ohne Steuer dafür zu entrichten, denn steuerpflichtig sind nach dem Gesetze nur die bei der Bierbereitung verwendeten Braustoffe. (KomBer. v. J. 1906.)

Anm. 3. Da der zur Bierbereitung verwendete Zucker steuerpflichtig ist, so ist aller Zucker steuerpflichtig, der dem Biere vor seiner Abgabe an den Verbraucher zugesetzt wird. (KomBer. v. J. 1909 S. 23.)

Anm. 4. Die Brausteuersätze (§ 6) sind unter der Annahme bemessen, daß das Malz nach seinem ursprünglichen Gewichte zur Versteuerung gelangt. Demgemäß ist im § 2 Abs. 1 BrauStG. v. 3. Juni 1906 verordnet, daß die Brausteuer von dem zur Bierbereitung verwendeten Malze erhoben wird. Nach § 5 Abs. 1 hat die Versteuerung nach dem Reingewichte der im § 2 genannten Stoffe, also nach dem Reingewichte des Malzes zu erfolgen.

Behufs Durchführung dieser Vorschriften muß bei Verwendung von Malzmehl zur Bierbereitung die Möglichkeit gegeben sein, das ursprüngliche Gewicht des Malzes festzustellen. In Brauereien, die die Brausteuer gemäß §§ 27 ff. BrauStG. als Vermahlungssteuer, also nach dem Gewichte des auf die Malzsteuermühle gebrachten noch ungeschroteten Malzes zu entrichten haben, bedarf es hierzu besonderer Vorkehrungen nicht; nur sind nach § 27 Abs. 7 die zum Enthülsen und Mahlen des Malzes erforderlichen Mühlwerke mit der Verwiegungsvorrichtung in feste Verbindung zu bringen und so einzurichten, daß nach Anlegung des steueramtlichen Verschlusses ohne Anwendung erkennbarer Gewalt Malz nur zu den Mühlwerken gelangen kann, nachdem es die Verwiegungsvorrichtung durchlaufen hat.

In Brauereien, die die Brausteuer auf Brauanzeige oder im Wege der Abfindung entrichten, muß dagegen die Verwendung von Malzmehl an die Bedingung geknüpft werden, daß die Herstellung des Malzmehls in der Brauerei selbst erfolgt. Auch ist wegen der Vorschrift des § 1 Abs. 1 des Gesetzes Sicherheit dafür zu schaffen, daß eine Vertauschung des in der

Brauerei hergestellten Malzmehls mit anderem Mehle ausgeschlossen wird. (FME. v. 8. April 1907 III 5605.)

Anm. 5. Hinsichtlich der Erhebungssätze s. § 6.

Bierähnliche Getränke und zur Bereitung von solchen oder von Bier bestimmte Zubereitungen.

§ 3. Die Brausteuer kann auch von dem zur Bereitung bierähnlicher Getränke[1]) verwendeten Malze und Zucker erhoben werden. Die Herstellung solcher Getränke kann unter Steueraufsicht gestellt, auch kann die Verwendung von anderen Malzersatzstoffen als Zucker verboten werden[2])[3]). Die näheren Bestimmungen trifft der Bundesrat.

Zur Herstellung von Bier oder bierähnlichen Getränken bestimmte Zubereitungen[4])[6-11])[17])[18]), mit Ausnahme der am Schlusse des § 1 Abs. 1 bezeichneten[5]), aus Zucker hergestellten Farbmittel[12]) und der nur aus Malz, Hopfen, Hefe und Wasser hergestellten Farbebiere[13-16]), dürfen nicht in den Verkehr gebracht werden.

Die Verwendung der im Abs. 2 bezeichneten Farbebiere zur Bereitung von Bier[15]) oder bierähnlichen Getränken ist gestattet, unterliegt jedoch den vom Bundesrat anzuordnenden Überwachungsmaßnahmen.

Anm. 1. Dadurch, daß man in dem § 3 — neben dem Bier (§ 1) — noch den Begriff der aus Malz oder Malzersatzstoffen hergestellten bierähnlichen Getränke erwähnte, sollte die steuerliche Behandlung der oft ungegorenen Färbe- und Süßbiere, der Braunschweiger Mumme, sowie der sogenannten Malzbiere, ferner auch der oft unmittelbar nach dem Ablassen vom Kühlschiff, also in ungegorenem Zustande, verkauften Jungbiere klargestellt werden und außerdem eine gleichmäßige steuerliche Behandlung der Bierersatzgetränke erzielt werden, die zum Teil im gewöhnlichen Sudverfahren aus Malz gewonnen oder wenigstens mit Malzauszügen versetzt, den dem Biere eigentümlichen Malzgeschmack aufweisen, ohne indes alle sonstigen Eigenschaften des Bieres zu besitzen. (Begr. v. J. 1906.)

Anm. 2. Honig und Zucker sind, wenn sie unter Ausschluß anderer abgabenpflichtiger Stoffe (also Malz) zur Bereitung von Met verwendet werden, steuerfrei (BRB. v. 22. Dezember 1892, § 830 d. Prot., ZBl. 1893 S. 32). Daraus folgt, daß der mittelst Gärung aus Honig und Wasser bereitete Met als bierähnliches Getränk im Sinne des § 3 Abs. 1 anzusehen ist.

Anm. 3. Süßholz gehört nach einem am 27. März 1873 abgegebenen Gutachten der Kgl. Techn. Deput. f. Gewerbe nicht zu den früher steuerpflichtigen Malzsurrogaten (FME. v. 8. August 1873 III 11845). Demnach kann § 3 Abs. 1 für aus Süßholz bereitete Getränke nicht in Anwendung gebracht werden.

Anm. 4. Zur Feststellung, ob ein Verstoß gegen die Vorschrift des § 3 Abs. 2 vorliegt, bedarf es der Feststellung: 1. ob das in Verkehr gebrachte Mittel zur Bierbereitung tatsächlich bestimmt ist, 2. ob es als eine zulässige Zubereitung im Sinne des § 3 Abs. 2 anzusehen ist oder nicht.

Zu Nr. 1 ist zu bemerken, daß es in erster Linie auf den Verwendungszweck ankommt und zwar dergestalt, daß, sofern über diesen kein Zweifel besteht, es einer Untersuchung, ob das Erzeugnis den Zweck auch erfüllt, nicht mehr bedarf.

Zu Nr. 2 ist folgendes zu beachten: Eine rein mechanische Mischung von an sich zulässigen Braustoffen ist als eine „Zubereitung" im Sinne des Ges. dann nicht anzusehen, wenn die Stoffe noch in ihrer ursprünglichen, jederzeit erkennbaren Beschaffenheit zur Verwendung gelangen und das Merkmal eines Surrogats nicht zutrifft. Hierbei ist zu bemerken, daß, wie aus den KomBer. und den Reichstagsverhandlungen hervorgeht, Stärkezucker, Invertzucker, Zuckercouleur, aus Zucker hergestellte Farbmittel usw. als Surrogate anzusehen sind. Die aus diesen Stoffen durch Vermischung mit anderen, sei es auch im Gesetz zugelassenen Bestandteilen gewonnenen Erzeugnisse sind daher Zubereitungen im Sinne des Ges., dagegen nicht Mischungen, die aus nichts anderem als trockenem Malz und trockenem Hopfen bestehen. Enthalten sie aber noch eine weitere Zutat, z. B. Wasser, und ist durch Abkochung der Mischung ein Extrakt gewonnen, so ist das Merkmal einer „Zubereitung" gegeben. (Vgl. RGE. v. 13. April 1908.)

Zulässig ist die „Zubereitung", wenn dieselbe aus reinem Zucker der im § 1 des Ges. bezeichneten Arten, oder aus Stärkezucker, oder in einem aus Stärkezucker hergestelltem Farbmittel besteht. Ein Farbmittel im Sinne des § 1 Abs. 1 liegt nach dem RGE. v. 30. März/29. April 1908 nicht vor, wenn es nach Beschaffenheit oder Gebrauchsbestimmung eine über den Zweck des Färbens wesentlich hinausgehende Bedeutung hat, z. B. wenn es nach der von vornherein gefaßten Absicht und der erkennbaren Zweckbestimmung dazu dienen soll, dem Erzeugnis noch andere wesentliche Eigenschaften des Bieres oder des bierähnlichen Getränks zu verleihen.

Anm. 5. Untersagt ist es nach § 3 Abs. 2, andere als die am Schlusse des § 1 Abs. 1 bezeichneten, zur Herstellung von Bier oder bierähnlichen Getränken bestimmten Zubereitungen (Bierextrakte u. dgl.) in Verkehr zu bringen. Nach diesem Wortlaut kann das Gesetz nur solche Zubereitungen treffen wollen, welche wirklich zur Herstellung von Bier oder bierähnlichen Getränken dienen sollen, und die zu solchem Zwecke bestimmt sind, während es kein wesentliches Tatbestandsmerkmal bildet, daß die Zubereitungen zu dem gegebenen Verwendungszweck ihrer Beschaffenheit nach auch geeignet sind.

Das Gesetz will nur verhindern, daß auch solche Stoffe bei der Bierbereitung Verwendung finden, die nach der Vorschrift des § 1 nicht verwendet werden dürfen, und wenn es demgemäß auch weiter untersagt, daß Surrogate, deren Verwendung zur Bierbereitung untersagt ist, in den Verkehr gebracht werden, so kann es hierbei ebenfalls nur im Auge haben, die Verbreitung von Zubereitungen auszuschließen, die für die Bierfabrikation bestimmt sind.

Dagegen lag es völlig außerhalb des Gesetzeszwecks, auch solche Fälle zu treffen, in denen Zubereitungen verbreitet werden, die für die Herstellung von Bier oder bierähnlichen Getränken gar nicht in Frage kommen, weil sie trotz ihrer sachwidrigen, irreleitenden Bezeichnung für durchaus andere Zwecke bestimmt sind. Liegt ein derartiger Tatbestand vor, so mag ein Verstoß gegen eine sonstige Norm in Frage kommen; es kann aber nicht der § 3 des Gesetzes verletzt sein.

(Aus RGE. III. Straff. v. 13. April 1908.)

Anm. 6. Bierextrakte in den Verkehr zu bringen, ist verboten. Das gegen die Bierextrakte und ähnliche Zubereitungen gerichtete Verkehrsgebot will die Bierbereitung auf kaltem Wege verhindern.

Zuckercouleur soll nur zum Färben (Farbmittel), aber nicht dazu benutzt werden, dem Biere Körper zu verleihen. (KomBer. v. J. 1909 S. 26.)

Anm. 7. Da die Vorschrift im § 3 Abs. 2 lediglich verbietet, daß die in ihr bezeichneten Zubereitungen in den Verkehr gebracht werden, so ist ein Verbot der Einfuhr hierdurch nicht ausgesprochen. Die Einfuhr der Zubereitungen muß daher gegen Entrichtung des tarifmäßigen Eingangszolls zugelassen werden. Dagegen unterliegen die Zubereitungen nach erfolgter Einfuhr den Beschränkungen des BrauStG. Die Abfertigungsbeamten haben die Einbringer in jedem Falle ausdrücklich darauf hinzuweisen, daß die Verwendung der Zubereitungen bei der gewerbsmäßigen Herstellung untergärigen Bieres im ganzen deutschen Zollgebiete mit Ausnahme von Elsaß-Lothringen verboten ist, daß in Bayern, Württemberg und Baden solche Zubereitungen überhaupt nicht und im norddeutschen Brausteuergebiete nur dann bei der gewerbsmäßigen Herstellung von obergärigem Biere verwendet werden dürfen, wenn sie lediglich Farbmittel darstellen, die aus technisch reinem Rohr-, Rüben- oder Invertzucker oder aus Stärkezucker hergestellt sind, sowie daß im norddeutschen Brausteuergebiete mit Ausnahme der zuletzt genannten Farbmittel zur Herstellung von Bier oder bierähnlichen Getränken bestimmte Zubereitungen (Bierextrakte u. dgl.) nicht in den Verkehr gebracht werden dürfen.

Anm. 8. Zur Auslegung des § 3 Abs. 2 ist in einem Spezialfalle dahin Entscheidung getroffen worden, daß es nicht darauf ankommt, ob die Bierextrakte ihren Bestandteilen nach zur Bereitung von Bier oder bierähnlichen Getränken geeignet sind, sondern daß die Vorschrift in § 3 Abs. 2 vielmehr dahin strebt, die als Bierextrakte oder unter einer ähnlichen Bezeichnung zum Verkauf gelangenden Erzeugnisse schlechthin zu unterdrücken. Die Zusammensetzung dieser Erzeugnisse kann wegen ihrer großen Verschiedenheit nicht zum maßgebenden Unterscheidungsmerkmal gemacht werden, sondern es kommt lediglich der Verwendungszweck in Frage. Sofern über diesen kein Zweifel besteht, bedarf es einer Prüfung darüber, ob das Erzeugnis auch seinen Zweck erfüllt, nicht. Infolgedessen unterliegen auch die Bierextrakte, die aus Zuckercouleur hergestellt sind, dem Verkehrsverbote.

Eine Ausnahme von diesem Verbote machen nur die aus technisch reinem Rohr-, Rüben- oder Invertzucker sowie aus Stärkezucker hergestellten Farbmittel. Danach sind auch solche Bierextrakte dem Verkehrsverbote unterworfen, die nur aus den in § 1 Abs. 1 des Gesetzes zugelassenen Stoffen bestehen.

Anm. 9. § 3 Abs. 2 will eine Umgehung der Steuerpflicht verhüten, die durch die Bierbereitung mittelst sogenannten Bierextrakts, der in der Regel aus Malzextrakt, Zuckercouleur und Gewürzen zusammengesetzt ist, mitunter auch Hopfenauszüge oder sonstige Bitterstoffe enthält, ermöglicht wird.

Anm. 10. Die Vorschrift im § 3 Abs. 2 des BrauStG. v. 3. Juni 1906 (Verkehrsverbot von Extrakten usw.) hat, abgesehen von der in ihr selbst bezeichneten Ausnahme, uneingeschränkte Anwendung zu finden. Es macht deshalb keinen Unterschied, ob die Bierextrakte an Brauer oder Bierverkäufer abgegeben oder ob sie zur steuerfreien Haustrunkbereitung in den Verkehr gebracht werden. Die Vorschrift im § 1 Abs. 3 des Gesetzes steht dieser Auslegung nicht entgegen, da dort ein anderer Tatbestand in Frage kommt.

Die fernere Abgabe der zur Bereitung eines Hausbiers bestimmten Bierextrakte ist hiernach auch für diesen Zweck unzulässig.

(FME. v. 11. Juli 1906 III 11173 an Otto Reichel in Berlin SO 33, Eisenbahnstraße 4.)

Aus dem gleichen Grunde sind die Noa'schen Originalextrakte vom Verkehr ausgeschlossen. (FME. v. 5. Dezember 1906 III 19237. Firma Max Noa, Hoflief., Berlin N 24, Elsasser Straße 3b.)

Anm. 11. Zur Herstellung von Bier oder bierähnlichen Getränken bestimmte Zubereitungen aus Zucker — Gemische von Zucker und Wasser — unterliegen dem

Verkehrsverbot im § 3 Abs. 2 BrauStG., sofern sie nicht lediglich ein Farbmittel im Sinne des § 1 Abs. 1 (Schlußwort) bilden. (RGE. III Straff. 30. März/29. April 1908.)

Unter dem Namen „Heureka" war eine aus einer Mischung von Rumcouleur und Wasser bestehende Zubereitung als Mittel zur Zubereitung von Hausbier in den Verkehr gebracht, welche nach der beigefügten Gebrauchsanweisung dazu dienen sollte, in Verbindung mit Hefe, einer aus Zucker und Wasser bestehenden aufgekochten, dann verdünnten Flüssigkeit zugesetzt zu werden.

Das Reichsgericht hat in dem Urteil ausgeführt, daß die Ausnahme von dem Verbot des § 3 Abs. 2 nicht weiter reicht, als die Begriffsbestimmung in § 2 Abs. 2 des Ges. Sie umfaßt die aus Zucker hergestellten Erzeugnisse nur dann, wenn sie Farbmittel sind.

Anm. 12. Die aus Zucker hergestellten Farbmittel werden von dem Verkehrsverbote des § 3 Abs. 2 des BrauStG. nur insoweit nicht betroffen, als sie lediglich zum Färben bestimmt sind.

Unter der Bezeichnung „Bierfarbmittel für steuerfrei herzustellenden Haustrunk" war aus Stärkezucker bereitete Zuckercouleur zum Preise von 50 Pf. für die Flasche in den Verkehr gebracht worden. Den Flaschen lag folgende Gebrauchsanweisung bei:

Man nehme zirka 5 Liter klares Brunnenwasser, ein viertel Kilo Zucker und für 10 Pf. Hopfen, setze diese Teile zusammen aufs Feuer und koche sie tüchtig durch. Alsdann gieße man dieses Gemisch zum Abkühlen in ein hölzernes Gefäß und setze der Menge ein wallnußgroßes Stück Geste (Hefe) unter häufigem Umrühren hinzu.

Nachdem die Geste (Hefe) vollständig gelöst und das fertige Gebräu erkaltet ist, setze man von diesem Farbmittel 3 Eßlöffel voll hinzu und rühre es um, bis sich alles gelöst.

Hierauf fülle man auf Flaschen, verkorke dieselben recht gut (Bindfaden über den Kork binden) und lasse den Haustrunk je nach der Witterung 2—3 Tage an einem kühlen Orte stehen. Hefe (Geste) wolle man sich frisch aus Brennereien besorgen.

Aus den Gründen des Erkenntnisses:

Nach § 3 Abs. 2 in Verbindung mit § 1 Abs. 1 des BrauStG. dürfen Farbmittel, die aus gewissen Zuckerarten hergestellt sind, ebenso wie sie als Malzersatzstoffe für die Bereitung obergärigen Bieres zugelassen sind, auch als Mittel der Herstellung von Bier oder bierähnlichen Getränken in den Verkehr gebracht werden. Sie bilden daher eine Ausnahme von dem im § 3 Abs. 2 ausgesprochenen Verbote des Inverkehrbringens der zur Herstellung von Bier oder bierähnlichen Getränken bestimmten Zubereitungen (Bierextrakten u. dgl.). Nach ihrem Wortsinne setzt die Vorschrift in ihrer jetzigen aus der Kommissionsberatung hervorgegangenen Fassung voraus, daß es sich um ein Mittel handelt, das zur Herstellung von Bier oder bierähnlichen Getränken bestimmt ist, sodann, daß dieses Mittel dem herzustellenden Getränke die Farbe des Bieres verleihen soll. Das Gesetz sieht hiernach das Färben als einen Teil des Herstellens an, will jedoch Erzeugnisse aus Zuckerstoffen nur unter der Voraussetzung in den Verkehr treten lassen, daß sie lediglich diesen Teil der Herstellung betreffen. Eine Zubereitung, die zugleich mit der Farbe auch andere Bestandteile des Bieres oder bierähnlicher Getränke der Flüssigkeit verleihen soll, ist von der gesetzlichen Verkehrsbeschränkung nicht befreit. Für die Bestimmung des Begriffs des Farbmittels kann nicht unbedingt seine natürliche Beschaffenheit maßgebend sein. Wenn das Gesetz diejenigen Farbmittel von dem Verbote ausnimmt, die aus technisch reinem Rohr-, Rüben- oder Invertzucker sowie aus Stärkezucker hergestellt sind, also von der Annahme einer bestimmten Zusammensetzung der zugelassenen Farbmittel ausgeht, so kann es unmöglich eines der auf diese Weise hergestellten Farbmittel aus dem Bereich der Ausnahmebestimmung schon aus dem Grunde wieder ausscheiden wollen, daß seine gesetzmäßigen Ursprungsstoffe auch sonst wesentliche Bestandteile des Bieres enthalten, die durch die Verwendung des Mittels der Flüssigkeit mitgeteilt werden. Ein Erzeugnis aus nicht technisch reinem Stärkezucker, wie das vorliegende, genießt, wenn es ein Farbmittel ist, die Vergünstigung des Gesetzes, die ihm folgeweise dadurch nicht entzogen werden kann, daß Stärkezucker der erwähnten Art Dextrine und Karamelverbindungen enthält, die zur Erzeugung des bierartigen Geschmacks verwendet zu werden pflegt. Für die Erkennung des Wesens des Farbmittels kann daher lediglich die Zweckbestimmung der Zubereitung, ihr ernsthaft ins Auge gefaßter Verwendungszweck maßgebend sein, aber nicht bloß der in der Ankündigung und Gebrauchsbestimmung zum Ausdruck gelangende, sondern der wirkliche, aus objektiven Anzeichen sich ergebende usw.

Ist aber, von der Farbe abgesehen, die Flüssigkeit mit den anderen Merkmalen des Bieres oder bierähnlichen Getränkes bereits versehen, so kann dennoch der Begriff des Farbmittels versagen, wenn der Zusatz diese Merkmale schärfer hervortreten lassen oder sie sonst beeinflussen soll. Nur ein Zweck, der diese anderen Merkmale unberührt lassen und nur auf die Farbe einwirken will, ist geeignet, den Begriff des Farbmittels zu begründen. (RGE. 1. Februar 1909, ZBl. 1909 S. 94/96.)

Anm. 13. Nach der Erklärung eines Vertreters des Reichsschatzamts ist der Gebrauch von Färbebier nicht verboten, es muß nur, sofern es als Zusatz zu untergärigem Bier bestimmt ist, ohne Surrogate, also lediglich aus Karamelmalz und, sofern es als Zusatz zu obergärigem Bier bestimmt ist, unter Verwendung der für obergäriges Bier zugelassenen Surrogate (s. § 1 des Ges.) hergestellt werden. (KomBer. v. J. 1906 S. 41.)

Anm. 14. Nur für den Fall, daß bereits versteuerte Braustoffe, z. B. Farbebier, mit Genehmigung der Steuerbehörde unter Anwendung gewisser Kontrollmaßregeln zur Bierbereituug verwendet werden, kann deren steuerfreie Verwendung zugelassen werden.

Die unterlassene Anmeldung der Verwendung bereits anderweitig versteuerter Braustoffe zur Bierbereitung enthält den Tatbestand der Brausteuerdefraudation. (RGE. v. 10. Februar 1891, ZBl. S. 125.)

Anm. 15. Farbebiere dürfen den obergärigen und den untergärigen Bieren zugesetzt werden, den letzteren aber nur dann, wenn die Farbebiere unter Verwendung von Gerstenmalz hergestellt sind (s. § 2 der AB.).

Anm. 16. Das in der Brauerei Weißenburg E. Lewin in Berlin bis zum 1. August 1909 unter Verwendung von Malz und Zucker hergestellte Farbebier darf von der Brauerei an andere Brauereien abgegeben und von letzteren zur Bierbereitung verwendet werden. Diese Vergünstigung hört aber Ende 1909 auf. Das genannte Farbebier ist gemäß § 5 Abs. 2 BrauStG. von den Verwendungsbrauereien als Zucker zu versteuern. FME. v. 3. August 1909 III 12741. Auf den Versendungsanmeldungen ist vom HZA. Berlin vermerkt, daß der Verbrauch des Farbebiers nur bis Ende 1909 gestattet ist.

Anm. 17. Strafbar ist nach § 38 Abs. 5, in dem auf § 38 Abs. 1 verwiesen wird, schon das „Unternehmen" der Verbreitung verbotener Zubereitungen. Demnach verfällt der Hersteller, Zwischenhändler und Verkäufer in die ebenda angedrohte Strafe, nicht aber der Verbraucher.

Anm. 18. Am 1. April 1908 traten in Elsaß-

Lothringen hinsichtlich der Verwendung von Zubereitungen, die zur Herstellung von Bier oder bierähnlichen Getränken bestimmt sind, und des Handels mit solchen, dieselben Gesetzesvorschriften in Kraft, die durch das BrauStG. v. 3. Juni 1906 für das norddeutsche Brausteuergebiet erlassen worden sind. Bei Sendungen von aus dem Auslande eingehenden Zubereitungen der bezeichneten Art nach Elsaß-Lothringen — und ebenso bei derartigen Sendungen nach Luxemburg — ist in gleicher Weise zu verfahren, wie bei solchen nach dem Gebiete der norddeutschen Brausteuergemeinschaft. FME. v. 1. April 1908 III 5887, vgl. auch FME. v. 26. Februar 1907 III 3244.

Anm. 19. In betreff der Zuwiderhandlungen gegen § 3 Abs. 1 u. 2 vgl. § 38 Abs. 5.

Besteuerung der Essig- und Malzextraktbereitung.

§ 4. Ist mit der steuerpflichtigen Bereitung von Bier oder bierähnlichen Getränken zugleich eine Bereitung von Essig oder Malzextrakt und sonstigen Malzauszügen verbunden oder werden diese Erzeugnisse aus Malz in eigens dazu bestimmten Anlagen[1]) zum Verkauf oder zu gewerblichen Zwecken bereitet, so muß die Brausteuer auch von dem zu ihrer Herstellung verwendeten Malze entrichtet werden.

Anm. 1. Was unter besonderen „Anlagen" im Sinne des § 4 zu verstehen ist, ist im Gesetz nicht gesagt, doch wird daran festzuhalten sein, daß eine gelegentliche Benutzung gewöhnlicher Haushaltungsgeräte zu den genannten Zwecken nicht als eine Bier- oder Essigbereitung mit Brauanlage anzusehen ist. Letztere wird an dem Vorhandensein besonderer Braugeräte und Apparate, der Einrichtung der Betriebsräume usw. unschwer zu erkennen sein.

Anm. 2. Hinsichtlich des Steuersatzes für das zur Essigbereitung verwendete Malz s. § 6 Abs. 5.

Steuerpflichtiges Gewicht.

§ 5. Die Versteuerung der im § 2 genannten Stoffe erfolgt nach dem Reingewichte. Die Ermittelung des Reingewichts der zu einem Gebräue verwendeten Gesamtmenge steuerpflichtiger Braustoffe hat bis auf 100 Gramm zu erfolgen. Gewichtsteile, die diese Grenze nicht erreichen, bleiben außer Betracht.

Hat das Malz durch eine andere Bearbeitung als durch Reinigen oder Schroten (z. B. Enthülsen) eine wesentliche Gewichtsverminderung erfahren, so ist diese nach besonderer Bestimmung des Bundesrats dem steuerpflichtigen Gewichte zuzurechnen. Bei Zucker gilt als steuerpflichtiges Gewicht das Gewicht des Zuckers in dem Zustand, in dem er in die Brauerei eingebracht wird (§ 19 Abs. 1).

Bei der Feststellung des für die Höhe der Steuer (§ 6) maßgebenden Gesamtgewichts der verwendeten steuerpflichtigen Braustoffe [1]) ist ein Doppelzentner Zucker gleich eineinhalb Doppelzentner Malz und ein Doppelzentner Weizenmalz gleich vier fünftel Doppelzentner Gerstenmalz zu rechnen [2]). Dabei wird jedoch insoweit, als zur Herstellung obergäriger Biere auf 100 Doppelzentner Malz nicht mehr als 25 Doppelzentner Zucker verwendet werden, der Zucker, welcher auf die ersten 150 Doppelzentner des Jahresverbrauchs an Malz entfällt, außer Ansatz gelassen, der auf die folgenden 100 Doppelzentner Malz entfallende Zucker wird nur mit der Hälfte, der auf die weiteren 100 Doppelzentner Malz entfallende nur mit dem Einfachen seines Gewichts in Rechnung gestellt.

Anm. 1. Als Braustoffe im Sinne des § 5 Abs. 3 sind diejenigen Rohstoffe zu verstehen, die zur Herstellung von Bier verwendet werden dürfen, also Malz und Zucker. (KomBer. S. 33.)

Anm. 2. Die günstigere Behandlung des Weizenmalzes (4/5) ist deshalb in das Gesetz eingefügt worden, um das Berliner Weißbier, das einen schweren Stand hat, noch am Leben zu erhalten. (KomBer. v. J. 1909 S. 33.)

Erhebungssätze der Brausteuer.

§ 6. Die Steuer beträgt für jeden Doppelzentner des nach § 5 Abs. 3 berechneten Gesamtgewichts der in einem Brauereibetrieb innerhalb eines Rechnungsjahrs steuerpflichtig gewordenen Braustoffe

von den ersten	250	Doppelzentern	14 Mark,
„ „ folgenden	1250	„	15 „
„ „ „	1500	„	16 „
„ „ „	2000	„	18 „
„ dem Reste			20 „

Für neue Brauereien, welche nach dem 1. August 1909 in Betrieb genommen werden und mit deren Bau nicht bereits vor dem 1. Januar 1909 begonnen war, sowie für Brauereien, welche nach dem 1. August 1909 wieder in Betrieb genommen werden, nachdem sie mehr als zwei Jahre außer Betrieb waren, erhöhen sich die Steuersätze des Abs. 1 in der Zeit bis zum 31. März 1915 um 50 vom Hundert, in der Zeit vom 1. April 1915 bis 31. März 1918 um 25 vom Hundert.

Für die vor dem 1. Oktober 1908 betriebsfähig hergerichteten Brauereien wird, sofern in ihnen im Durchschnitte der Rechnungsjahre 1906, 1907 und 1908 nicht mehr als 150 Doppelzentner Malz verarbeitet worden sind, die Steuer von den ersten 150 Doppelzentnern des in einem Rechnungsjahre verwendeten Malzes auf 12 Mark für den Doppelzentner ermäßigt. Diese Vergünstigung erlischt mit dem Ablaufe des Rechnungsjahrs, in dem die Brauerei mehr als 150 Doppelzentner Malz verwendet hat. Die verwendete Zuckermenge und das verwendete Weizenmalz sind nach den Vorschriften des § 5 als Malz anzurechnen.

Für Personen, die obergäriges Bier nur für ihren Hausbedarf bereiten, wird, wenn das Gesamtgewicht der steuerpflichtigen Braustoffe (§ 5 Abs. 3) in einem Rechnungsjahre nicht über 5 Doppelzentner beträgt, die Steuer für den Doppelzentner auf 4 Mark ermäßigt. Es ist verboten, Bier, das unter Inanspruchnahme der Steuerermäßigung hergestellt ist, an nicht zum Haushalte gehörige Personen gegen Entgelt abzugeben. Bierverkäufer haben auf die Ermäßigung keinen Anspruch.

Für Malz, das zur Bereitung von Essig verwendet wird (§ 4), beträgt die Steuer drei Zehntel der im Abs. 1 bezeichneten Sätze[1]).

Mehrere Brauereien, die für Rechnung einer und derselben Person oder Gesellschaft betrieben werden, sind im Sinne des Abs. 1 als ein Brauereibetrieb anzusehen[2]). Sind mehrere, zur Zeit des Inkrafttretens dieses Gesetzes für Rechnung einer und derselben Person oder Gesellschaft betriebenen Brauereien bisher steuerlich getrennt behandelt worden, so sind sie auch nach Inkrafttreten dieses Gesetzes getrennt zu behandeln.

Wurde eine Braustätte von mehreren für eigene Rechnung brauenden Personen gemeinsam benutzt[3]), so ist für die Höhe des Steuersatzes nicht die in der Brauerei insgesamt verbrauchte Menge an Braustoffen, sondern die Menge entscheidend, die jede einzelne dieser Personen zur Bierbereitung verwendet. Neu errichtete Brauereien dieser Art erhalten diese Vergünstigung nicht.

Anm. 1. In der Kommission wurde s. Z. ausgeführt, daß Essig kein Konkurrent von Bier sei, sondern nur von Essig. Wolle man dem zur Essigfabrikation verwendeten Malz die gleiche Steuererhöhung auferlegen, wie jetzt dem zur Bierbereitung verwendeten Malze, so werde der Malzessig mit dem Spiritusessig nicht mehr konkurrieren können. (KomBer. S. 46.)

Anm. 2. Wenn die Verbindung, vermöge deren mehrere Brauereien nach § 6 Abs. 6 BrauStG. als ein Brauereibetrieb angesehen werden, innerhalb des Rechnungsjahres aufgehoben wird, so ist für den fortgesetzten Betrieb die Steuer nach der Malzmenge zu erheben, die in den einzelnen Brauereien während des Rechnungsjahres verbraucht wurde. Maßgebend hierfür ist die Erwägung, daß einerseits die frühere Zusammengehörigkeit nicht zum Nachteil der einzelnen Brauereien nachwirken, anderseits aber der in ihnen während des Rechnungsjahres bereits stattgehabte Malzverbrauch nicht unberücksichtigt gelassen werden darf. (FME. v. 18. Dezember 1907 III 21826.)

Anm. 3. Daß eine Braustätte von mehreren Personen gemeinsam benutzt wird, trifft insbesondere bei den Gemeindebrauereien zu. Es entsprach daher die Bestimmung des § 6 Abs. 6 der Billigkeit und der Absicht, die Staffelung der Steuersätze in Rücksicht auf die verschiedenen Verhältnisse der Brauenden und nicht der Braustätten einzuführen. (Vgl. auch Begr. v. J. 1906.)

Person des Steuerpflichtigen; Zeitpunkt des Eintritts der Steuerpflicht.

§ 7. Zur Entrichtung der Steuer ist derjenige verpflichtet, der die Verwendung steuerpflichtiger Braustoffe (§ 2) zur Bierbereitung für seine Rechnung vornimmt oder vornehmen läßt.

Die Steuerpflicht tritt ein, sobald die Absicht der Verwendung der Braustoffe zur Bierbereitung der Hebestelle angezeigt wird oder hätte angezeigt werden sollen (§§ 21, 22) oder, im Falle des § 28, sobald das Malz auf die Malzsteuermühle gebracht wird.

Anm. Der Steuerpflichtige ist daher der Brauereiinhaber (im Gegensatz zum Brauereibesitzer), also der Pächter, der Bevollmächtigte, der Konkursverwalter, Vormund usw.

Fälligkeit, Einzahlung und Stundung der Brausteuer; Unzulässigkeit von Nebenerhebungen.

§ 8. Die Steuer für die in einem Monate verwendeten Braustoffe wird am letzten Tage dieses Monats fällig und ist spätestens am siebenten Tage des nächstfolgenden Monats bei der Hebestelle einzuzahlen[1][3]. Wird die Zahlungsfrist wiederholt versäumt oder liegen Gründe vor, die den Eingang der Steuer gefährdet erscheinen lassen, so kann die Steuerbehörde die Vorausbezahlung oder Sicherstellung der Steuer fordern.

Gegen Sicherheitsbestellung ist die Steuer für eine Frist von sechs Monaten zu stunden; ohne Sicherheitsbestellung kann die Steuer auf drei Monate gestundet werden[1][2].

Nebengebühren, insbesondere für Quittungen und Bescheinigungen der Steuerbehörden, werden nicht erhoben.

Anm. 1. Mit Rücksicht auf die beträchtliche Erhöhung der Brausteuer gegen früher erschien es billig, den Brauern eine Erleichterung nicht allein durch die nachträgliche Steuerzahlung, sondern auch durch die Stundung zu gewähren, zumal auch in Bayern, Württemberg und Baden eine Stundung der Biersteuer stattfindet.

Anm. 2. Die Stundung beginnt mit dem Tage der Fälligkeit der Abgabe (s. § 4 RAStO.), die Stundungsanerkenntnisse sind von diesem Tage auszustellen.

Anm. 3. Der Steuerbetrag, der für den Haustrunk zu entrichten ist, ist gemäß § 19 AB. erst innerhalb der ersten 14 Tage nach Zustellung der geprüften Anmeldung einzuzahlen.

Vergütung der Steuer bei der Ausfuhr aus dem Geltungsbereiche des Gesetzes.

§ 9. Bei der Ausfuhr von Bier aus dem Geltungsbereiche des Gesetzes wird eine Vergütung der Brausteuer unter den vom Bundesrate festzusetzenden und bekanntzumachenden Bedingungen und Maßgaben gewährt.

Anm. Siehe die Brausteuervergütungsordnung.

Erlaß oder Erstattung der Steuer.

§ 10. Ein Erlaß oder eine Erstattung der Brausteuer darf, abgesehen von dem Falle des § 9, mit Genehmigung der Direktivbehörde dann gewährt werden, wenn erwiesen ist, daß

1. entweder die zur Einmaischung bestimmten Braustoffe vor der beabsichtigten Verwendung durch Zufall vernichtet oder derart beschädigt worden sind, daß ihre Verwendung zur Bierbereitung nicht möglich erscheint, oder
2. sonst aus Anlaß unvorhergesehener Hindernisse die angemeldete Bierbereitung nicht hat stattfinden können,

und wenn der Anspruch auf Erlaß oder Erstattung innerhalb einer Frist von 3 Tagen nach der angemeldeten Einmaischungszeit (§ 21) bei der Hebestelle angemeldet ist.

Wird die Brausteuer in der Form der Vermahlungssteuer entrichtet (§ 28), so darf der Erlaß oder die Erstattung nur in dem unter 1 erwähnten Falle und nur dann gewährt werden, wenn der

Anspruch innerhalb einer Frist von 3 Tagen nach der geschehenen Vernichtung oder Beschädigung der Hebestelle angezeigt ist.

Ein Erlaß oder eine Erstattung der Brausteuer kann ferner gewährt werden, wenn die Vernichtung eines ganzen Gebräues unter Aufsicht der Steuerbehörde erfolgt; einem hierauf gerichteten Antrage des Brauers muß entsprochen werden.

Anm. 1. Ein Erlaß oder eine Erstattung der Brausteuer für umgeschlagenes Bier auf gemeinschaftliche Rechnung darf nicht bewilligt werden.

(FME. v. 21. November 1876 III 14603, BRB. v. 2. November 1876, § 336 d. Prot.)

Anm. 2. Für verdorbenes fertiges Bier darf eine Erstattung usw. der Steuer nicht stattfinden, s. aber § 32 Abs. 3 der AB.

Verjährung der Abgabe.

§ 11. Alle Forderungen und Nachforderungen von Brausteuer, desgleichen die Ansprüche auf Ersatz wegen zuviel oder zur Ungebühr entrichteter Steuer, verjähren innerhalb Jahresfrist, von dem Tage des Eintritts der Zahlungsverpflichtung oder der Zahlung an gerechnet.

Auf den Rückgriff des Staates gegen die Steuerbeamten und auf die Nachforderung hinterzogener Brausteuer findet diese Verjährungsfrist keine Anwendung.

Anm. Hinsichtlich der Zahlungsverpflichtung s. §§ 7 u. 8.

Anzeige der Betriebsleiter und Übertragung der strafrechtlichen Verantwortlichkeit auf solche.

§ 12. Brauereibesitzer, die den Betrieb nicht selbst leiten, haben der Verwaltungsbehörde diejenigen Personen zu bezeichnen, die als Betriebsleiter in ihrem Namen zu handeln befugt sind[1-4]).

Anm. 1. Der „Vormund", welcher als Vertreter eines minderjährigen Brauereibesitzers die demselben gehörige Brauerei leitet, ist für den Betrieb der letzteren als „Brauer" im Sinne des BrauStG. verantwortlich. (RGE. v. 27. Januar 1893.)

Anm. 2. Dem Brauer fällt die strafrechtliche Verantwortlichkeit für die Führung des Zuckerverwendungsbuchs auch dann zu, wenn er die Führung dieses Buchs einem Stellvertreter übertragen und dies der zuständigen Behörde angezeigt hat.

(RGE. IV. Straff. v. 21. Januar 1908, Kunckel 1909 S. 32, vgl. auch Ziff. 1 der Anl. z. Gebr. auch des Musters 10 „Zuckerverwendungsbuch".)

Anm. 3. Ob und wie weit die schriftliche Benachrichtigung an die Steuerbehörde stempelpflichtig ist, hängt von der Form und dem Inhalt des betreffenden Schriftstücks ab. Schriftliche Vollmachten oder Aufträge rechtlicher Natur sind nach Tarifst. 73 LStG. stempelpflichtig. Dagegen würde ein an die Steuerbehörde gerichtetes Schreiben, in welchem der N. N. als derjenige bezeichnet wird, der als Betriebsleiter im Namen des Brauereibesitzers zu handeln befugt ist, in sinngemäßer Anwendung des FME. v. 27. Januar 1903 III 833 stempelfrei sein.

Anm. 4. S. die Anm. zu § 31.

§ 13. Brauereibesitzer, die den Betrieb nicht selbst leiten, können die Übertragung der ihnen obliegenden strafrechtlichen Verantwortlichkeit auf den Betriebsleiter (§ 12) bei der Verwaltungs-

behörde beantragen. Falls der Antrag genehmigt wird, geht die strafrechtliche Verantwortlichkeit unbeschadet der im § 51 vorgesehenen Vertretungsverbindlichkeit des Brauereibesitzers auf den Betriebsleiter über. Die Genehmigung ist jederzeit widerruflich.

Anzeige der Brauereiräume und -gefäße.

§ 14. Wer brauen will, hat der Steuerhebestelle, insoweit dies nicht bereits auf Grund der bisherigen gesetzlichen Vorschriften geschehen ist, mindestens 8 Tage vor Anfang des Betriebs eine Nachweisung nach einem besonders vorzuschreibenden Muster in doppelter Ausfertigung einzureichen, in der die Räume zur Aufstellung der Geräte und zum Betriebe der Brauerei, einschließlich der Gärungsräume, die Maisch-, Koch-, Kühl- und Gärgefäße und der in Litern ausgedrückte Raumgehalt jedes einzelnen dieser Gefäße, soweit ihre Beschaffenheit dies gestattet, genau und vollständig angegeben sein müssen[1-3]).

Ferner hat der Brauer, wenn neue Betriebsräume eingerichtet oder Gefäße der vorerwähnten Art angeschafft oder die vorhandenen abgeschafft, geändert oder in einen anderen Raum gebracht werden, innerhalb der nächstfolgenden 3 Tage Anzeige zu machen[4]).

Zu diesen Anmeldungen sind jedoch alle diejenigen nicht verpflichtet, die nur für den ausschließlichen Bedarf des eigenen Haushalts ohne besondere Brauanlage Bier bereiten[5]).

Anm. 1. Zur Abgabe der vorgeschriebenen Anmeldungen der Räume und Geräte und der damit vorgehenden Veränderungen ist bei verpachteten Brauereien nicht der Eigentümer, sondern der Pächter, d. h. derjenige, der die steuerpflichtige Fabrikation betreibt, und mit dem es daher die Steuerverwaltung allein zu tun hat, verpflichtet. Daraus aber folgt, daß auch in den Brauereirollen der Brauereien solche verpachteten Betriebsanstalten nicht auf den Namen des Eigentümers, sondern auf den Namen des Inhabers eingetragen und etwaige Veränderungen hinsichtlich der Person des Inhabers in den Brauereirollen vermerkt werden müssen usw. Dergleichen Veränderungen sind in den Rollen derart nachzutragen, daß in der Überschrift des betreffenden Kontos der Name des bisherigen Inhabers durchstrichen und der Name des folgenden Inhabers darüber oder daneben geschrieben und gleichzeitig in der zu den Bemerkungen bestimmten Spalte der Zeitpunkt einer derartigen Besitzänderung angemerkt wird.

(FME. v. 10. April 1839, Sachsen.)

Anm. 2. Hinsichtlich solcher Brauer, die keine eigenen Brauereien besitzen, sondern zum Kochen und Abkühlen des Bieres die Gemeindebrauerei ihres Wohnortes benutzen und nur eigene Göranlagen halten, kann von einer Anmeldung und Inventarisierung derjenigen Gefäße, in denen sie das Bier zu ihren Göranlagen transportieren und der in letzteren zur Abgärung des Bieres vorhandenen Bottiche und Fässern abgesehen werden. Denn die Vorschrift des § 9 — jetzt 14 — des Ges. bezieht sich nur auf Besitzer von eingerichteten Brauanlagen. Zur Sicherung des Steuerinteresses wird es genügen, eine Anmeldung nur der Gärräume zu fordern und im übrigen die zur Abgärung des Bieres bestimmten Gefäße unter allgemeine amtliche Kontrolle zu stellen.

(FME. v. 13. März 1873 III 2938.)

Anm. 3. Zu den Gärgefäßen im Sinne dieses Paragraphen sind solche Geräte nicht zu rechnen, welche nur ausnahmsweise und vorübergehend zur Abgärung des Bieres benutzt werden, z. B. wenn bei zeitweise verstärktem Betriebe Lagerfässer aufgeschlagen und als Gärgefäße benutzt, demnächst aber wieder zu ihrer ursprünglichen Bestimmung eingerichtet werden.

Die vorübergehende Benutzung solcher Geräte als Gärgefäße kann auf Grund einer schriftlichen Anzeige des Brauereibesitzers, in welcher die Geräte summarisch anzugeben sind, unter Anordnung einer allgemeinen Kontrolle gestattet werden, ohne daß es der Beobachtung der sonstigen Vorschriften über Anmeldung und Inventarisierung der Brauereigefäße bedarf. Bierfässer als solche, ferner Wasserbehälter, Hopfen- und Trebergefäße, Quellbottiche, endlich die kleinen Schöpf- und Füllgefäße gehören nicht zu den anzumeldenden Gefäßen.

(FME. v. 19. Mai 1875 III 17434.)

Anm. 4. Die dreitägige Frist zur Anmeldung wird nur von der Vollendung der Veränderung ab gerechnet.

(FME. v. 2 Dezember 1825.)

Anm. 5. Diejenigen Haustrunkbrauer, welche besondere Brauanlagen haben, sind von der gesetzlichen Anzeigepflicht nicht entbunden. S. im übrigen § 1 Abs. 3 u. § 6 Abs. 4.

§ 15. Inhaber von Brauereien sowie Personen, die Braupfannen verfertigen oder Handel damit treiben, dürfen die Pfannen nicht aus ihren Händen geben, bevor sie es der Steuerhebestelle ihres Wohnorts angezeigt und von dieser eine Bescheinigung darüber erhalten haben.

Vermessung, Bezeichnung und Verschluß der Gefäße.

§ 16. Die nach § 14 anzumeldenden Gefäße werden nach Bestimmung der Steuerbehörde mit

fortlaufenden Zahlen und, soweit tunlich, mit einer amtlichen Bezeichnung versehen. Auch kann die Steuerbehörde eine Vermessung der Maisch-, Koch- und Kühlgefäße sowie der Bier-Sammel- (sogenannten Stell- und dergleichen) Bottiche anordnen. Der Brauereibesitzer hat den Raumgehalt und die Nummer an diesen Gefäßen deutlich bezeichnen und diese Bezeichnung gehörig erhalten zu lassen.

Für die Zeit, in der die Brauereigeräte nicht im Betriebe sein dürfen, können die Geräte, auch nach Umständen die Zugänge zur Braukesselfeuerung, an Ort und Stelle unter amtlichen Verschluß gesetzt werden.

Erfordernis einer Wage.

§ 17. Jede Brauerei soll mit einer geeichten Wage und den erforderlichen geeichten Gewichten versehen sein. Die Wage muß geeignet sein, die einzelnen Maischposten, wenn diese das Gewicht von 2,5 Doppelzentner nicht erreichen, auf einmal, sonst aber mindestens 2,5 Doppelzentner zusammen zu verwiegen.

Bis diesem Erfordernisse genügt ist, kann der Betrieb der Brauerei untersagt werden.

Der Aufstellungsort der Wage wird im Einvernehmen mit der Steuerbehörde bestimmt.

Aufbewahrung der Vorräte an Braustoffen.

§ 18. Jeder Brauer[1]) ist verbunden, Vorräte an Malzschrot und Zucker, soweit sie nach dem

Ermessen der Steuerbehörde den Bedarf des eigenen Haushalts übersteigen, nur an bestimmten, ein für allemal vorher anzuzeigenden geeigneten Orten aufzubewahren [2]) [3]).

Zucker darf nur in Räumen, die von der Braustätte [4]) gänzlich getrennt sind, aufbewahrt werden.

Der Vorrat an Malzschrot darf, sobald Braueinmaischungen angemeldet sind (§ 21), die längstens für den folgenden Tag angemeldete Menge nicht übersteigen [5]).

Will der Brauer Vorräte von Zucker halten, die nicht zur Bierbereitung bestimmt sind [2]), so muß er sie getrennt von den zur Bierbereitung bestimmten Vorräten in anderen, ein für allemal anzuzeigenden Räumen aufbewahren, auch sich den nach Bedürfnis von der Steuerbehörde zu treffenden Anordnungen wegen der Buchführung über solche Vorräte und wegen des Verschlusses, insbesondere zur Zeit des Brauens, unterwerfen.

Die Aufbewahrungsorte stehen ohne Ausnahme unter Aufsicht der Steuerbehörde.

Anm. 1. Unter dem Ausdruck „Brauer" im § 18 des Ges. ist nur derjenige Gewerbetreibende zu verstehen, welcher dem Staate gegenüber als solcher zur Entrichtung der Brausteuer verpflichtet ist.

(OTrE. v. 23. April 1874, ZBl. S. 195.)

Anm. 2. Wenn auch nach § 18 dem Brauer die Verpflichtung, Zuckerstoffe, die nicht zur Bierbereitung bestimmt sind, nur in gewissen ein für allemal anzuzeigenden Räumen aufzubewahren, nur insoweit auferlegt ist, als dieselben nach dem Ermessen der Steuerbehörde den Bedarf des eigenen Haushaltes übersteigen, so kann doch der Brauer, bei dem Zuckerstoffe außerhalb des bestimmten Aufbewahrungsortes vorgefunden werden, sich darauf nur dann berufen, wenn er der Steuerbehörde davon, daß er den Zucker zum Bedarf seines Haushaltes vorrätig halten wolle, Anzeige gemacht und deren Entscheidung über die Höhe dieses Haushaltungsvorrates erwirkt hat.

(OTrE. v. 8. Februar 1877.)

Anm. 3. Die Räume in den Wohnungen der Brauer, welche zur Aufbewahrung und Bereitung des Malzes durch Einquellen, Keimen, Darren und des dazu verwendeten Getreides, sowie zur Lagerung des fertigen Bieres benutzt werden, gehören nicht zu den unter unmittelbarer Steuerkontrolle stehenden Gelassen, deren Anmeldung gesetzlich erfordert werden kann, sondern es sind dahin nur diejenigen Lokalitäten zu rechnen, in welchen das Braumaterial aufbewahrt wird und in welchen die Bereitung des Bieres bis zu dessen Übergang in die Lagerräume erfolgt.

(FME. v. 19. November 1837.)

Anm. 4. Was unter „Braustätte" im Sinne des § 18 Abs. 2 zu verstehen ist, besagt § 53 Abs. 3 der AB.

Anm. 5. Das Vorhandensein von Braumalzschrot in Brauereien an dem deklarierten Aufbewahrungsorte in einer Menge, welche die nach § 18 Abs. 3 des Ges. zulässige Menge übersteigt, aber nicht über 10% derselben hinausgeht, ist nicht mit einer Ordnungsstrafe aus § 41 Abs. 1 bis zu 150 Mk. zu ahnden. Ein derartiges Übergewicht ist zwar straffrei zu lassen, aber nachzuversteuern.

(FME. v. 29. Dezember 1876 III 12663.)

Buchführung über den zur Bierbereitung bestimmten Zucker.

§ 19. 1. Über den zur Bierbereitung bestimmten Vorrat von Zucker hat der Brauer nach näherer Anleitung der Steuerbehörde ein von der letzteren geliefertes Buch zu führen, in das jeder Zugang sofort bei der Einbringung unter Angabe der bezogenen Gattung und Menge, der Zahl der Packstücke und der Verpackungsart, des Bezugsorts, des Namens (der Handelsfirma), des Verkäufers, des Tages und der Stunde der Aufnahme, jeder Abgang aber sogleich bei Ablassung der zur Versteuerung angemeldeten Menge in die Braustätte (§ 25) unter Angabe der Gattung und Menge sowie des Tages und der Stunde der Herausnahme einzutragen ist.

Jeder Zugang muß mit über den Bezug lautenden Versendungspapieren (Fakturen, Frachtbriefen usw.) belegt sein.

2. Die Entnahme von Zucker aus dem Aufbewahrungsraume zu anderen Zwecken, als zur Verwendung in der Brauerei, ist nur in Ausnahmefällen nach vorher besonders einzuholender Genehmigung der Steuerbehörde zulässig.

3. Der Brauer hat das nach der vorstehenden Bestimmung zu 1 zu führende Buch den Steuerbeamten jederzeit auf Verlangen zur Einsicht vorzulegen, auch Rechnungsabschlüsse des Buches und amtliche Bestandsaufnahmen des Vorrats sich gefallen zu lassen.

Ein hierbei gegen den buchmäßigen Sollbestand ermittelter Minderbefund soll als in der Brauerei verwendet angesehen und, wenn er zwei vom Hundert des Sollbestandes übersteigt, nachversteuert, ein Mehrbefund aber dem Buchbestande zugeschrieben werden.

Anm. Hinsichtlich der für Zucker vorgeschriebenen Verwendungserklärung s. § 23.

Vorschriften für den gemeinschaftlichen Betrieb der Brauerei und Brennerei.

§ 20. Bei dem gemeinschaftlichen Betriebe der Brauerei und Brennerei darf für die letztere, falls nicht die von der Brauerei zu entrichtende Steuer in einer Abfindungssumme gezahlt wird (§ 33), reines Malzschrot nicht verwendet[1][2]), das zur Brennerei bestimmte Malz muß vielmehr vor dem Schroten auf der Mühle wenigstens zum vierten Teile mit ungemalztem Roggen vermischt werden. Wird neben der Brauerei Branntwein aus Kartoffeln gebrannt, so ist zu letzterem Zwecke der Gebrauch von reinem Malzschrote zwar gestattet, dieses muß jedoch besonders angemeldet und aufbewahrt werden und steht unter der Aufsicht der Steuerbehörde[1]).

Anm. 1. Dieser Paragraph enthält für solche Brauer, welche zugleich Brennerei treiben, zwar nur bezüglich des reinen Malzschrotes, welches zur Kartoffelbrennerei dienen soll, die ausdrückliche Anordnung, daß das hierzu sowohl als das zur Brauerei zu verwendende Malzschrot besonders deklariert und aufbewahrt werden soll, während bezüglich desjenigen Malzschrotes, welches mit ungemalztem Getreide vermischt zur Branntweinbrennerei verwendet werden soll, eine solche Vorschrift nicht besteht. Jedoch findet sich auch nicht vorgeschrieben, daß über dieses Malzschrot keine Kontrolle geübt werden soll; und da alles Malzschrot, welches nach erfolgter Anmeldung von Braueinmaischungen bei dem Brauer in einer Menge vorgefunden wird, welche die gesetzliche zulässige Menge — s. § 41 Ziff. 1 — um mehr als 10 % übersteigt, als Gegenstand einer beabsichtigten Defraude angesehen werden soll, so erscheint es zulässig, diese allgemeine Vorschrift auch in bezug auf das zur Brennerei bestimmte, aber mit ungemalztem Getreide vermischte Malzschrot Anwendung finden zu lassen, insoweit durch das Gesetz nicht eine Abweichung begründet wird.

(FME. v. 26. November 1847.)

Anm. 2. Als Unterscheidungszeichen des reinen Malzschrots von einem Schrotgemenge aus gemalztem und ungemalztem Getreide gilt folgendes:

Das reine Malzschrot schmeckt süß. Es hat einen süßen Geruch; bei Darrmalz ist dieser brenzlich. Es enthält ferner eine Menge Hülsen, an denen kein Mehl haftet, ist ohne Kleie, leicht, nimmt einen verhältnismäßig großen Raum ein, weicht beim Druck in der Hand und verursacht mehr oder weniger Stechen durch die Hülsen.

Beim Gemenge aus Malz- oder Roggenschrot ist Geschmack und Geruch beinahe dem des Mehles gleich; es enthält Kleie, an der Mehl haftet, fühlt sich fest an, ist schwerer und nimmt weit weniger Raum ein als reines Malzschrot. Das für die Brennerei bestimmte Malzschrot pflegt außerdem kleiner vermahlen zu werden.

Brauanzeige.

§ 21. Wer brauen will, ist verpflichtet, der Steuerhebestelle schriftlich anzuzeigen, welche

Gattung und Menge der im § 2 genannten Stoffe er zu jedem Gebräue nehmen, an welchem Tage und zu welcher Stunde er einmaischen wird und wieviel Bier er aus den angegebenen Braustoffen ziehen will[1–5]. Als Bier in diesem Sinne ist die noch nicht vergorene abgekühlte Würze anzusehen. Es steht dem Steuerpflichtigen frei, diese Anzeige, so oft er braut, zu machen, oder im voraus für einen bestimmten Zeitraum.

Anm. 1. Die von dem Steuerpflichtigen nach § 21 über einen beabsichtigten Brauakt zu erstattende schriftliche Brauanzeige bildet, nachdem sie der Steuerbehörde eingereicht und seitens derselben festgestellt ist, in betreff ihres gesamten Inhalts, insbesondere auch in betreff der darin enthaltenen Deklaration des Bierzugs, eine öffentliche Urkunde.

Eine später in rechtswidriger Absicht zum Zwecke der Täuschung der Behörde einseitig vorgenommene Abänderung derselben, speziell der Deklaration des Bierzugs, fällt unter den Tatbestand der Urkundenfälschung.

Darin, daß der Steuerpflichtige die verfälschte Brauanzeige zur Einsicht des revidierenden Steuerbeamten bereit hält, kann ohne Rechtsirrtum ein Gebrauchmachen von derselben gefunden werden.

Die Abweichung vom deklarierten Bierzuge um mahr als 10% bildet eine neben der (etwaigen) Fälschung der Deklaration besonders zu ahndende Ordnungswidrigkeit.

(OTrE. v. 11. Mai 1876, ZBl. S. 235.)

Anm. 2. Jede Änderung des Inhalts einer mit dem Quittungsvermerk der Steuerhebestelle versehenen Brauanzeige ist objektiv als Fälschung einer öffentlichen Urkunde im Sinne des § 267 StGB. anzusehen.

Eine solche Fälschung ist also auch dann schon als vorliegend zu erachten, wenn an der Mengeangabe des in die Anzeige aufgenommenen und von der Steuerbehörde festgestellten Bierzuges eine Änderung vorgenommen wird.

(RGE. I. Straff. v. 25. Juni 1891, ZBl. S. 279.)

Anm. 3. Die Ordnungsstrafe wegen Einmaischung zu einer anderen als der angezeigten Stunde trifft den Vorstand der Brauerei, auch wenn derselbe bei der Einmaischung nicht zugegen war.

Die geschärfte Ordnungsstrafe des § 47 Abs. 2 Nr. 3 tritt nur dann ein, wenn statt um die angezeigte Vormittagsstunde während der Nachmittagsstunden eingemaischt wird oder umgekehrt.

(OTrE. v. 11. April 1878.) Aus der Begründung: In einer Brauerei waren zwei Einmaischungen, die eine um 6 Uhr vormittags, die andere um 10 Uhr vormittags angemeldet. Die zweite Einmaischung hatte aber erst um 11½ Uhr vormittags begonnen, weil eine Betriebsstörung eingetreten war. Letztere hatte in dem Schadhaftwerden der Wasserpumpe bestanden und konnte erst um 11½ Uhr vormittags beseitigt werden. Die zur Einmaischung bestimmten Maischgeräte waren aber um 10 Uhr vormittags, d. h. zur angezeigten Stunde der zweiten Einmaischung, noch mit Maischgut aus der ersten Einmaischung besetzt, so daß die zweite Einmaischung tatsächlich gar nicht hätte zur angezeigten Stunde stattfinden können. Eine ausreichende Entschuldigung hierfür lag nicht vor. Der Angeklagte machte geltend, daß er an dem Vormittage gar nicht in der Brauerei gewesen sei und deshalb von diesen Vorgängen nichts gewußt habe. Diesen Umstand hielt das Obertribunal aber nicht für geeignet, den Angeklagten von der Strafe zu befreien. Denn wenn auch eine Steuerdefraudationsstrafe nicht immer unbedingt den Vorstand des steuerpflichtigen Gewerbes zu treffen brauche, sondern nach Umständen auch gegen die Gewerbsgehilfen desselben, wenn diese die eigentlich Schuldigen sind, verhängt werden könne, vorbehaltlich der subsidiarischen Haftung des Vorstandes für diese Strafen, und, um den Vorstand unmittelbar haftbar zu machen, mindestens das Bewußtsein desselben von den den Tatbestand der Defraudation bildenden Tatsachen erforderlich sei, so handele es sich hier doch nicht um eine Defraudations-, sondern um eine bloße Ordnungsstrafe wegen Vernachlässigung der im Interesse der Steuererhebung für den äußeren Betrieb des betr. Gewerbes gesetzlich getroffenen Anordnungen. Diese Anordnungen zur Ausführung zu bringen, kann selbstverständlich nur von dem Vorstande der Betriebsstätte gefordert werden. Wie daher der § 21 des Gesetzes den „Brauer", also den Vorstand der Brauerei, verpflichtet, der Steuerbehörde außer über andere Punkte auch darüber Anzeige zu machen, „an welchem Tage und zu welcher Stunde er einmaischen werde", so kann es auch nur Sache des Vorstandes sein, dafür zu sorgen, daß die angezeigte Stunde eingehalten wird. Dieser Sorge kann er sich dadurch nicht entschlagen, daß er seinerseits in der Brauerei nicht erscheint und den Betrieb einem Gewerbsgehilfen überläßt, woraus dann von selbst folgt, daß, wenn er seines Nichterscheinens wegen von dem ordnungswidrigen Verfahren in der Brauerei keine Kenntnis erhalten hat, er dadurch allein von der gesetzlich angedrohten Ordnungsstrafe nicht befreit werden kann. Um auf eine solche Befreiung Anspruch zu machen, hätte er daher mindestens einen unabwendbaren Zufall nachweisen müssen, durch den er am Erscheinen verhindert worden wäre.

Anm. 4. Die Vorschriften des § 18 Abs. 3 und des § 41 Nr. 2 des BrauStG. über die Aufbewahrung von nicht zur Bierbereitung bestimmten Braustoffen finden auch dann Anwendung, wenn der Brauer hinsichtlich der Brausteuer abgefunden worden ist.

(OTrE. v. 22. November 1876, ZBl. 1879 S. 140.)

Anm. 5. Brauanzeigen, welche den Vorschriften des Ges. oder den AB. nicht entsprechen, sind, sofern nicht nach Umständen eine sofortige Berichtigung veranlaßt werden kann, unter Angabe der Mängel zurückzuweisen.

Zeit der Anmeldung und Berichtigung der letzteren.

§ 22. Die Anmeldung (§ 21) muß, wenn Vormittags gemaischt werden soll, spätestens am Nachmittage des vorhergehenden Tages, und wenn Nachmittags gemaischt werden soll, spätestens am Vormittage desselben Tages drei Stunden vorher, in beiden Fällen auch während der Dienststunden, (§ 37) erfolgen. Abänderungen dieser Anmeldungen sind nur innerhalb der für die letzteren selbst vorstehend festgesetzten Frist zulässig.

Erklärung über die Verwendung von Zucker.

§ 23. Wer Zucker zum Brauen verwenden will, hat hierüber, abgesehen von den Anmeldungen für die einzelnen Gebräue (§ 21), mindestens drei Tage vor der ersten derartigen Einmaischung der Steuerhebestelle eine schriftliche Erklärung in doppelter Ausfertigung zu übergeben[1]). In der Erklärung ist die Art und Weise der beabsichtigten Verwendung, insbesondere bei welchem Abschnitte der Bierbereitung sie jedesmal erfolgen soll, und der Raum für die Aufbewahrung des Vorrats (§ 18 Abs. 4) näher zu beschreiben. Bei dem Betrieb ist diese Erklärung genau zu befolgen. Später beabsichtigte dauernde Änderungen sind innerhalb gleicher Frist vorher schriftlich anzuzeigen. Soll von dem Inhalte der Erklärung, von der die eine Ausfertigung demnächst in der Brauerei zur Einsicht der Steuerbeamten ausliegen muß, nur für einzelne bestimmte Einmaischungen abgewichen werden, so genügt es, solches in der nach § 21 abzugebenden Brauanzeige anzumelden.

Anm. 1. Kommen Brauer, welche keine Erklärung über die Verwendung von Zucker (§ 23) abgegeben haben, nach den anderweit hierüber angestellten Beobachtungen, wie z. B. nach den über Bezüge solcher Braustoffe von auswärts erhaltenen Nachrichten in den begründeten Verdacht heimlicher Verwendung von Zucker oder verbotenen Surrogaten, so sind die Brauereien in allen Teilen, insbesondere auch innerhalb der Gärungs- oder Lagerräume, einer geschärften Kontrolle zu unterwerfen, je nach Umständen auch Haussuchungen nach Vorräten an solchen Stoffen in Gemäßheit des § 35 anzuordnen.

Anm. 2. Die Buchführung über Zucker ist in § 19 vorgeschrieben.

Zeit der Einmaischungen.

§ 24. Die Einmaischungen dürfen nur an den Wochentagen geschehen, und zwar in den Monaten vom Oktober bis einschließlich März von Morgens 6 bis Abends 10 Uhr, in den übrigen Monaten aber von Morgens 4 bis Abends 10 Uhr [1]) [3]).

Ausnahmen hiervon können nach Bedürfnis bewilligt und dürfen bei ununterbrochenem Betriebe nicht versagt werden [2-4]).

Als Schluß der Einmaischung gilt der Zeitpunkt, an dem mit dem Ablassen der Würze zum Zwecke des Kochens begonnen wird.

Anm. 1. Bei Prüfung der Brauanzeigen der an die gesetzlichen Einmaischungsstunden gebundenen Brauer ist zu beachten, daß um 10 Uhr abends das gesamte Maischverfahren, d. h. die Behandlung der Maische bis zum Ablassen der Würze zwecks Kochens beendet sein muß. Wird daher für den Beginn der Einmaischung eine so späte Stunde angemeldet, daß von derselben bis 10 Uhr abends der Maischungsakt nach gewöhnlichem Lauf der Dinge nicht bis zu dem bezeichneten Ablassen der Würze fortgeschritten sein kann, so ist die Brauanzeige zurückzuweisen.

Anm. 2. Den Bierbrauern kann gestattet werden, das Malzschrot am Abend vor der eigentlichen Einmaischung — nicht aber während der Nacht — unter Aufsicht von Steuerbeamten kalt einzuteigen. Dieselben haben demnächst die Bottiche mittels eines darauf anzubringenden Deckels unter Verschluß zu nehmen.

Die Einmaischung mit heißem Wasser erfolgt am nächsten Tage, nachdem der Verschluß durch die Steuerbeamten abgenommen ist, darf jedoch nur während der gesetzlich dazu erlaubten Stunden vor sich gehen.

(FME. v. 3. Dezember 1846.)

Diese Vergünstigung kann auch ferner Brauern widerruflich zugestanden werden, sofern ein Bedürfnis dazu nach der besonderen Einrichtung des technischen Betriebes in der betreffenden Brauerei vorhanden ist und durch die vorhandenen Beamtenkräfte eine genügende Kontrolle gehandhabt werden kann, auch gegen die Zuverlässigkeit des Brauers keine Zweifel bestehen.

(FME. v. 19. Mai 1875 III 17 434.)

Die Brauer haben auch die mit dem Verschluß der Maischbottiche etwa verbundenen Kosten zu tragen. Die Weigerung, den Siegellack zu dem Verschlusse der Bottiche zu liefern, ist deshalb als begründet nicht anzuerkennen. Vielmehr würde dem Brauer, wenn er die Bedingung nicht sollte erfüllen wollen, an welche die Erlaubnis zum nächtlichen Einmaischen geknüpft werden muß, die Erlaubnis zur nächtlichen Einmaischung wieder entzogen werden müssen.

(FME. v. 18. April 1849, Westfalen.)

Anm. 3. Für die amtliche Überwachung von Brauakten in Brauereien mit kontinuierlichem Betriebe außerhalb der im § 24 Abs. 1 festgesetzten gewöhnlichen Einmaischungszeiten werden Gebühren nicht erhoben. Diese Gebührenfreiheit hat sich auch auf die an Sonn- und Festtagen vorgenommenen Einmaischungen zu erstrecken (s. Bericht der Reichstagskomm., Aktenst. Nr. 67).

(FME. v. 25. Februar 1898 III 85, ZBl. S. 156.)

Anm. 4. Die Hauptämter können ausnahmsweise Einmaischungen an Sonn- und Festtagen gestatten, falls hierzu polizeiliche Genehmigung erteilt ist.

(FME. v. 17. Juni 1898 III 8592, ZBl. S. 304.)

Erwarten der Steuerbeamten.

§ 25. Der Brauer ist verpflichtet, die Ankunft eines Steuerbeamten zur angezeigten Stunde des Einmaischens (§ 21) abzuwarten.

Findet sich der Beamte ein, so müssen alsdann sogleich in dessen Gegenwart die Braustoffe abgewogen und es muß mit der Einmaischung begonnen werden[1]; der Brauer darf die Einmaischung erst, nachdem eine halbe Stunde gewartet worden ist, ohne Gegenwart des Beamten vornehmen[2][3].

Sind Braustoffe für mehrere angemeldete Einmaischungen (§ 21) am Aufbewahrungsorte vorhanden, so kann der Steuerbeamte die Verwiegung der für die späteren Beschickungen bestimmten Vorräte bis zur Stunde ihrer Einmaischung aussetzen und diese Vorräte selbst an dem angemeldeten

Aufbewahrungsort unter amtlichen Verschluß nehmen[4]).

Zucker darf nicht früher als mit Beginn desjenigen Abschnitts der Bierbereitung, bei dem er nach der Erklärung (§ 23) Verwendung finden soll, und nicht in größerer als der für das betreffende Gebräu angemeldeten Menge in die Braustätte[5]) eingebracht werden.

Anm. 1. Da nach der Verwiegung der Braustoffe sogleich mit der Einmaischung zu beginnen ist, ist das Schroten des abgewogenen Malzes kurz vor der Einmaischung unzulässig. Das Malz muß vielmehr schon vor der Verwiegung geschroten sein. Siehe dagegen § 28 Satz 1.

Anm. 2. Gebührenfrei bleibt die Überwachung von Braueinmaischungen einschließlich der Malzschrotverwiegung sowie die Überwachung der Verwiegung und Aufschüttung des Malzes auf die nicht mit selbsttätigen Verwiegungsvorrichtungen versehenen Malzsteuermühlen auch dann, wenn sie in Brauereien mit ununterbrochenem Betriebe außerhalb der im § 23 Abs. 1 BrauStG. festgesetzten gewöhnlichen Betriebszeiten also auch an Sonn- und Feiertagen, vorgenommen werden. In Brauereien mit nicht ununterbrochenem Betriebe bleiben die gleichen Überwachungen nur gebührenfrei, wenn die gewöhnlichen Betriebszeiten zur Ausführung der Einmaischungen usw. nicht ausreichen und nur aus diesem Grunde nicht eingehalten werden.

(II 8 b. Anh. zur ZGO.)

Anm. 3. Dem Brauer liegt ob, das Brauverfahren vom Beginne der Einmaischung bis zur Verbringung des Bieres auf die Gärgefäße ohne jede willkürliche Unterbrechung fortzusetzen. Wird die Fortsetzung eines willkürlich unterbrochenen Brauverfahrens dem Aufsichtsbeamten gegenüber verweigert, so macht sich der Brauer einer Ordnungswidrigkeit schuldig.

Anm. 4. Ist das für mehrere Einmaischungen angemeldete Braumaterial am Aufbewahrungsorte gleich für beide Tage (§ 18 Abs. 3) vorrätig, so kann der Steuerbeamte gleich bei der ersten Einmaischung die Braustoffe für die folgenden abwiegen und sich überzeugen, daß der Vorrat dadurch erschöpft wird, oder er nimmt den Bestand unter Verschluß, läßt bei den folgenden Einmaischungen jedesmal soviel abwiegen, als nach der Deklaration erforderlich ist, und überzeugt sich, daß nach der letzten Beschickung nichts mehr übrigbleibt.

Anm. 5. Vgl. hinsichtlich des Begriffs „Braustätte" § 53 Abs. 3 der AB.

Nachmaischen.

§ 26. In der Regel soll die ganze Beschickung[1]) auf einmal eingemaischt[2]) werden, so daß keine Nachmaischung[3]) stattfinden darf.

Wird aber eine Brauerei regelmäßig mit Nachmaischen betrieben, so muß ein= für allemal angezeigt werden, in wieviel Abteilungen und mit welchem Gewichte für jede Beschickung gemaischt werden soll.

Anm. 1. Unter Beschickung ist die im § 21 bezeichnete Braustoffmenge zu verstehen.

Anm. 2. Maischen, einmaischen ist das Vermischen der Braustoffe mit Wasser zum Zwecke der Bierbereitung.

Anm. 3. Nachmaischen bedeutet soviel wie nachträglich Braustoffe zusetzen.

Vermahlungssteuer: a) Verpflichtung zum Halten von Malzsteuermühlen mit selbsttätigen Verwiegungsvorrichtungen; deren Aufstellung und Einrichtung.

§ 27. Die Inhaber

1. **der am 1. April 1906 bestehenden Brauereien, in denen**

a) der Verbrauch an Malz und Malzersatzstoffen in den Rechnungsjahren 1904 und 1905 unter Zugrundelegung der Steuersätze des Gesetzes vom 31. Mai 1872 den Steuerwert von 8000 Mark überstiegen hat, oder
b) das Gesamtgewicht (§ 5 Abs. 3) der steuerpflichtigen Braustoffe in einem späteren Jahre 2000 Doppelzentner übersteigt,

2. der nach dem 1. April 1906 errichteten Brauereien, in denen das Gesamtgewicht der in einem Jahre steuerpflichtig werdenden Braustoffe 500 Doppelzentner übersteigt,

sind verpflichtet, in ihrer Brauerei selbst oder doch in räumlicher Verbindung mit ihr eigene Mühlenwerke oder Malzquetschen (Malzsteuermühlen) mit selbsttätiger Verwiegungsvorrichtung [1][2] zu halten und ausschließlich zum Schroten des in ihrer Brauerei zur Bierbereitung bestimmten Malzes zu benutzen.

Die Verpflichtung entsteht für die Inhaber der Brauereien zu 1a am 1. April 1908, für die Inhaber der Brauereien zu 1b und 2 am 1. Oktober nach Ablauf desjenigen Rechnungsjahrs, in dem das Gesamtgewicht der steuerpflichtigen Braustoffe zuerst 2000 oder 500 Doppelzentner übersteigt. Bei einer voraussichtlich nicht andauernden Übersteigung dieser Grenzen oder wenn die räumlichen Verhältnisse den Einbau der Malzsteuermühlen ohne

Aufwendung erheblicher Kosten nicht gestatten, soll die Steuerbehörde die Verpflichtung erlassen.

Die Inhaber anderer als der im Abs. 1 bezeichneten Brauereien sind zur Aufstellung von Malzsteuermühlen mit selbsttätigen Verwiegungsvorrichtungen in ihren Brauereien und zur Bestreitung der durch den Einbau dieser Mühlen entstehenden Kosten verpflichtet, wenn die räumlichen Verhältnisse den Einbau ohne Aufwendung erheblicher Kosten gestatten und die Malzsteuermühlen vom Reiche kostenlos geliefert werden.

Wenn und solange die Brauer in Erfüllung der Verpflichtung säumig sind, kann ihnen die Bierbereitung untersagt werden.

Die Verpflichtung geht im Falle eines Wechsels im Besitze der Brauerei auf den neuen Inhaber über und erlischt nicht durch spätere Verminderung des Verbrauchs an Braustoffen.

Aufstellungsort und Einrichtung der Malzsteuermühlen und der selbsttätigen Verwiegungsvorrichtungen unterliegen der Genehmigung der Steuerbehörde.

Die Verwiegungsvorrichtungen müssen mit den Malzsteuermühlen in feste Verbindung gebracht und beide so eingerichtet sein, daß nach Anlegung des steueramtlichen Verschlusses ohne Anwendung erkennbarer Gewalt Malz nur zum Mahlwerke gelangen kann, nachdem es die Verwiegungsvorrichtung durchlaufen hat[3]).

Anm. 1. Die Erhebung der Brausteuer als Vermahlungssteuer unter Verwendung selbsttätiger Verwiegungsvorrichtungen ist die einfachste und bequemste sowohl für den Brauer, der mit dem Beginn der Vermahlung nicht an das Erscheinen der Verwiegungsbeamten gebunden ist, als auch für die Steuerverwaltung, die durch Wegfall der jedesmaligen amtlichen Verwiegung Beamtenkräfte spart.

Anm. 2. Da die Versteuerung des Malzes in den der Vermahlungssteuer unterliegenden Brauereien lediglich nach der Anzeige der selbsttätigen Verwiegungsvorrichtung erfolgt, indem der Stand des Zählwerks vom Brauer und von den Revisionsbeamten in das vom Brauer monatlich zu führende Mahlbuch eingetragen wird, und sich demnach vor Eingang des Mahlbuchs bei der Hebestelle im amtlichen Gewahrsam keinerlei Anschreibungen über die während des betreffenden Monats zur Mühle gebrachten, der Versteuerung unterliegenden Malzmengen befinden, erscheint es im steuerlichen Interesse geboten, daß alle Aufsichtsbeamten bei der Revision der Brauereien den Stand des Zählwerks nicht nur im ausliegenden Mahlbuche, sondern auch in ihrem Tagebuche vermerken, um im Falle einer Vernichtung des Mahlbuchs durch Feuer usw. eine ziemlich umfassende Unterlage für die Steuerfestsetzung zu haben.

Reichsk. 29. Februar 1908 II 1907, Kunckel 1908 S. 147.

Anm. 3. Unter welchen Bedingungen bei Störung im Gange der selbsttätigen Verwiegungsvorrichtung die Vermahlung von Malz fortgesetzt werden darf, bestimmt Ziff. 2 der Anleit. zum Gebrauch des Mahlbuchs (s. Muster 13). Vgl. § 30 des Ges.

b) Entrichtung der Brausteuer als Vermahlungssteuer.

§ 28. Die im § 27 bezeichneten Brauer haben die Brausteuer für das zur Bierbereitung bestimmte

Malz nach dem Gewichte des auf die Malzsteuermühle gebrachten noch ungeschroteten Malzes zu entrichten (Vermahlungssteuer). Sie sind in bezug auf das auf ihrer Malzsteuermühle geschrotete Malz von den in den §§ 18 Abs. 3, 21, 22, 24, 25 und 26 ausgesprochenen Beschränkungen hinsichtlich der Aufbewahrung der Vorräte an Malzschrot, der Anmeldung jeder Einmaischung, der Zeit der Einmaischung usw. und des Nachmaischens befreit[1]).

Für den verwendeten Zucker ist die Steuer neben der Vermahlungssteuer zu entrichten. Auch unterliegt der Zucker den für ihn in diesem Gesetz allgemein vorgeschriebenen Aufsichtsmaßnahmen.

Für die Feststellung des Gewichts des auf die Malzsteuermühle gebrachten Malzes ist, vorbehaltlich der Vorschrift im § 30, die Anzeige der selbsttätigen Verwiegungsvorrichtung maßgebend.

Anm. 1. Malzschrot darf also an den deklarierten Orten in beliebiger Menge aufbewahrt werden; eine Brauanzeige braucht nicht gemacht zu werden; Einmaischungen können zu jeder Zeit vorgenommen werden; das Eintreffen der Steuerbeamten braucht zur Einmaischung nicht abgewartet zu werden; Nachmaischungen können beliebig vorgenommen werden.

c) Pflichten der Brauer, die Vermahlungssteuer entrichten.

§ 29. Brauer, welche die Brausteuer als Vermahlungssteuer entrichten, dürfen zur Bierbereitung nur Malz verwenden, das auf der eigenen Malzsteuermühle geschrotet worden ist. Die Benutzung der Malzsteuermühle durch andere oder das Ablassen von geschrotetem Malze an andere ist nur mit Genehmigung der Steuerbehörde statthaft.

Besitzt der Brauer außer der von der Steuerbehörde zum Schroten des Braumalzes genehmigten Malzsteuermühle noch andere, für sonstige Zwecke bestimmte, zum Schroten von Malz geeignete Vorrichtungen (Futterschrotmühlen usw.) oder will er sich solche beschaffen, so hat er hiervon der Steuerbehörde Anzeige zu erstatten und sich den für die Benutzung dieser Vorrichtungen etwa angeordneten Maßnahmen zu unterwerfen.

§ 30. Von Beschädigungen der Malzsteuermühle oder der selbsttätigen Verwiegungsvorrichtung, welche die Benutzung unterbrechen oder die Sicherheit mindern, von Unregelmäßigkeiten in der Tätigkeit der Verwiegungsvorrichtung sowie von Verletzungen des amtlichen Verschlusses haben die Brauer ohne Verzug und jedenfalls vor Ablauf von 24 Stunden der Hebestelle Meldung zu machen. Wenn der amtliche Verschluß verletzt oder sonst die Sicherheit gefährdet ist, desgleichen wenn die Verwiegungsvorrichtung die Tätigkeit versagt oder unregelmäßig ausübt, darf der Brauer bis zum Eintreffen eines Steuerbeamten nur unter Zuziehung eines glaubwürdigen Zeugen Malz auf der Malzsteuermühle schroten. Das Gewicht des geschroteten Malzes ist in diesem Falle unter Mitwirkung des zugezogenen Zeugen besonders festzustellen und im Mahlbuche (§ 31) anzuschreiben.

Der Steuerbeamte setzt die schadhaftte oder unzuverlässige Verwiegungsvorrichtung außer Betrieb und gewährt zur Ausbesserung oder Neuaufstellung, desgleichen zur Wiederherstellung der beschädigten Malzsteuermühle eine angemessene Frist. Die einstweilige Benutzung der Malzsteuermühle ohne die Verwiegungsvorrichtung ist, wenn es zur Verhütung einer Betriebsstörung erforderlich ist, unter sichernden Maßnahmen zu gestatten.

Anm. Es empfiehlt sich, als glaubwürdigen Zeugen im Falle des § 30 Abs. 1 zum Schroten und Verwiegen des Malzes eine Person zuzuziehen, die nicht in der Brauerei beschäftigt ist.

§ 31. Jedes Schroten von Malz ist nach der Beendigung sofort in ein Mahlbuch einzutragen, das den Stand des an der Verwiegungsvorrichtung befindlichen Zählwerkes fortlaufend nachweist. Die Eintragung muß von dem Brauer oder dessen bevollmächtigtem Vertreter eigenhändig vollzogen, das Mahlbuch monatlich abgeschlossen und spätestens am dritten Tage des nächstfolgenden Monats der Hebestelle eingereicht werden. Außerdem ist der Brauer verpflichtet, über alle in der Brauerei vorkommenden Einmaischungen ein Anschreibebuch zu führen; auch kann ihm die Führung eines weiteren Buches über den Zu- und Abgang an Braustoffen und des daraus gezogenen Bieres auferlegt werden.

Anm. Leitet der Brauer selbst die Brauerei, o muß er, falls er die Eintragung nicht selbst eigenhändig vollziehen will, den Vertreter schriftlich dazu bevollmächtigen, die Vollziehung zu bewirken. In diesem Falle ist die der Behörde vorher einzureichende schriftliche Vollmacht nach Tarifst. 73 LStG. stempelpflichtig. Ist der Bevollmächtigte dagegen der gemäß § 12 bezeichnete Vertreter, so ist die Ausstellung einer besonderen Vollmacht nicht erforderlich.

d) Zulassung von Genossenschaftsmühlen.

§ 32. Unter den erforderlichen Maßnahmen darf gestattet werden, daß mehrere zur Vermahlungssteuer zugelassene Brauer eine Malzsteuermühle mit selbsttätiger Verwiegungsvorrichtung gemeinschaftlich besitzen oder benutzen. Bezüglich der von der Verwiegungsvorrichtung der gemeinschaftlich benutzten Malzsteuermühle angezeigten Malzmenge findet die Vorschrift des § 6 Abs. 7 entsprechende Anwendung.

Anm. Diese Bestimmung soll die Einführung der Vermahlungssteuer erleichtern.

Abfindung.

§ 33. Für alle Brauereien, die nach den Vorschriften der §§ 27 und 28 zur Entrichtung der Brausteuer als Vermahlungssteuer nicht verpflichtet oder zeitweilig daran gehindert sind, kann nach näherer Bestimmung des Bundesrats die Versteuerung durch Zahlung einer Abfindungssumme für einen bestimmten Zeitraum angeordnet werden.

Anm. Diese Vorschrift soll der Verwaltung die Möglichkeit gewähren, eine Steuerabfindung auch ohne Antrag des Steuerpflichtigen eintreten zu lassen.
(Begr. v. J. 1906.)

Aufsichtsbefugnis der Steuerbeamten:
a) Besuch der Gewerbsräume.

§ 34. Das Gebäude, in dem eine Bbrauerei betrieben wird, einschließlich der zur Aufbewaahrung von geschrotetem Malze oder von Zucker unnd zur Kühlung und Gärung der Gebräue diernenden Räume[4]), darf, wenn die Brauerei nicht im Wbetrieb ist, nur von Mmorgens 6 bis Abends 9 Uhyr von den Steuerbeamten zur Ausübung der SSteuer- aufsicht besucht und muß ihnen hierzu sogleeich ge- öffnet werden[1]). Solange jedoch in der Brrauerei gearbeitet wird, ist der Besuch zu jeder Zeeit zu- lässig. Die Brauerei muß alsdann unverschhlossen und der Zutritt unbehindert sein.

Die Aufsichtsbefugnis[2])[3]) erstreckt sich zuglerich auf die an die Brauerei anstoßenden, mit ihr im Ver- bindung stehenden Räumlichkeiten und im Falle der §§ 27 bis 32 auch auf diejenigen Räumme, in denen Malz geschrotet wird.

Innerhalb der der Steueraufsicht unterlieggenden Räume dürfen keine Einrichtungen gettroffen werden, welche die Ausübung der gesetzlichem Auf- sicht hindern oder erschweren. Die Steuerbeehörde ist befugt, anzuordnen, daß Öffnungen im der Braustätte, die zu unbemerkten Zumaischungen benutzt werden könnten, während der Zeiit des Brauens unter Verschluß gesetzt werden.

Anm. 1. Brauereien dürfen hiernach von 9 Uhr abends bis 6 Uhr morgens nur revidiert werden, wenn sie 1) im Betriebe sind oder 2) wenn darin gearbeitet wird, im letzteren Falle also nur dann, wenn Rauch, Feuer, Licht, Geräusch oder andere Anzeichen darauf hinweisen, daß irgendwelche Arbeiten, mögen dieselben auf den Brauereibetrieb selbst Bezug haben oder nicht, darin ausgeführt werden. Im anderen Falle müssen, wenn gegründeter Verdacht aus anderen Anzeichen als solchen vorliegt, welche das Arbeiten in den zur Brauerei gehörenden Räumen zu erkennen geben, die Vorschriften des § 35 in Anwendung kommen.

Anm. 2. Bei der Abgabe von Prüfungsvermerken in zoll- und steuerpflichtigen Gewerbsanstalten können im Falle des Bedürfnisses Tintenstifte benutzt werden.

(FME. v. 24. Juli 1909 III 11952, ZBl. 1909 S. 240.)

Anm. 3. Zur „Brauerei“, welche zur Ausübung der Steueraufsicht von den Steuerbeamten besucht werden darf, gehören die Malzaufbewahrungsräume nur dann, wenn sie mit der Brauerei in Verbindung stehen und an diese anstoßen, oder wenn in ihnen auch Malzschrot bereitet wird.

b) Haussuchungen.

§ 35. Ist begründeter Verdacht vorhanden, daß Steuerdefraudationen begangen sind oder daß unzulässige Stoffe bei der Bierbereitung verwendet werden, und deshalb eine förmliche Haussuchung erforderlich, es sei bei Personen, die Brauerei betreiben oder bei anderen, so darf die Durchsuchung nur unter Beachtung der für Haussuchungen gesetzlich vorgeschriebenen Formen und nur an solchen Orten stattfinden, die zur Begehung des Unterschleifs oder zur Verheimlichung von Beständen an geschrotetem Malze, an Zucker oder an unzulässigen Ersatz- oder Zusatzstoffen geeignet sind.

Anm. 1. § 35 BrauStG. steht in dem von der „Aufsichtsbefugnis der Steuerbeamten“ handelnden

Abschnitte des Ges. Er bezieht sich also nur auf Haussuchungen im Verwaltungswege. Das BrauStG. unterscheidet vier Hauptgruppen von Straftaten: 1. die Verwendung unzulässiger Stoffe bei der Bierbereitung, 2. Handel mit verbotswidrigen Bierextrakten und dergleichen Zubereitungen (§ 38) 3. Defraudationen (§§ 39—43, 45—46) und 4. Ordnungswidrigkeiten (§§ 44, 47 ff.). Nur in den unter 1 und 3 genannten Fällen ist eine Durchsuchung im Verwaltungswege gesetzlich vorgesehen. Zulässig ist sie sowohl bei Brauerei betreibenden, also tatverdächtigen, als auch bei anderen Personen. Die Leitung und Anordnung derselben erfolgt, da § 34 keine besondere Bestimmung enthält, durch die im § 17 Abs. 2 Satz 1 Verwaltungsstrafgesetzes v. 26. Juli 1897 erwähnten Organe und zwar unter Beobachtung der allgemein gesetzlich für Haussuchungen vorgeschriebenen Formen (s. §§ 104, 105 Abs. 2—4, §§ 106—109 StPO.).

Anm. 2. Verwaltungsdurchsuchungen dürfen in Preußen nur bei begründetem Verdachte, daß Brausteuerhinterziehungen begangen sind, vorgenommen werden. Werden in anderen Fällen Durchsuchungen notwendig, so können dieselben nur von den allgemein zuständigen Behörden angeordnet werden. Die Ausführung erfolgt dann durch die von der anordnenden Behörde (Richter) damit beauftragten oder darum ersuchten Beamten.

Anm. 3. Eine bloße Vermutung, daß Hinterziehungen begangen sind, berechtigt noch nicht zur Vornahme von Haussuchungen.

c) Verhalten der Personen, bei denen eine Aufsichtshandlung vorgenommen wird.

§ 36. Personen, bei denen eine Aufsichtshandlung vorgenommen wird, und ihre Gewerbsgehilfen sind verbunden, den Aufsichtsbeamten die Hilfs-

dienste zu leisten oder leisten zu lassen, die erforderlich sind, um die den letzteren obliegenden Geschäfte, es mögen solche in Prüfung des Betriebs, Nachmessung der Geräte, Anlegung von Verschlüssen, Verwiegung von Vorräten oder Feststellung des Tatbestandes bei vorgefundenen Unrichtigkeiten bestehen, in den vorgeschriebenen Grenzen zu vollziehen. Sie haben die zu diesem Zwecke erforderlichen Hilfsmittel zu beschaffen, auch für hinreichende Beleuchtung zu sorgen.

Anm. Zu den „erforderlichen Hilfsmitteln“ im Sinne dieser Vorschrift sind Schreibmaterialien nicht zu rechnen.

Dienststunden und Abfertigung außerhalb dieser.

§ 37. Die Dienststunden, in denen die Erhebungsbeamten an den Wochentagen zur Abfertigung der Steuerpflichtigen bereit sein müssen, bestimmt die Steuerbehörde. In der Regel sollen die Dienststunden folgende sein:

in den Wintermonaten Oktober bis Februar einschließlich Vormittags von 8 bis 12 Uhr und Nachmittags von 1 bis 5 Uhr,

in den übrigen Monaten von 7 bis 12 Uhr und von 2 bis 5 Uhr.

Abweichungen von vorstehenden Vorschriften sollen an den Orten, wo sie stattfinden, besonders bekannt gemacht werden.

Soweit möglich, muß in dringenden Fällen auch außerhalb der Dienststunden die Abfertigung bewirkt werden.

Strafvorschriften: Strafe für Verwendung unzulässiger Stoffe bei der Bierbereitung und für verbotswidrigen Handel mit Bierextrakten und dergleichen.

§ 38. Wer andere als die nach § 1 zulässigen Stoffe zur Bereitung von Bier verwendet[7]), mitverwendet oder dem fertigen, zum Absatze bestimmten Biere zusetzt oder solche Stoffe zu verwenden, mitzuverwenden oder zuzusetzen unternimmt[1])[2]), verfällt, soweit nicht nach anderen Gesetzen eine höhere Strafe verwirkt ist, in eine Geldstrafe von fünfzig Mark bis fünftausend Mark[3]).

Die Strafe ist schon dann verwirkt, wenn unzulässige Ersatz- oder Zusatzstoffe in irgend einer unter Steueraufsicht stehenden Räumlichkeit (§ 34) vorgefunden werden[8]), sofern nicht nachgewiesen wird, daß die Stoffe ausschließlich zu anderen Zwecken als der Bierbereitung bestimmt sind.

Neben der Geldstrafe hat die Einziehung der Ersatz- oder Zusatzstoffe und des mit solchen Stoffen bereiteten oder versetzten Bieres und der Umschließungen, soweit diese Gegenstände noch vorhanden sind[8]), einzutreten ohne Rücksicht darauf, wem sie gehören[6]).

Sind die Gegenstände nicht mehr vorhanden oder stehen der Einziehung sonst tatsächliche Hindernisse entgegen, so ist dem Schuldigen die Erlegung des Wertes der Gegenstände[4])[5]) oder, wenn dieser nicht zu ermitteln ist, die Zahlung einer Geldsumme von zehn Mark bis eintausend Mark aufzuerlegen[9]).

Die Vorschriften im Abs. 1, 3 und 4 finden auch auf Zuwiderhandlungen gegen ein gemäß § 3 Abs. 1 erlassenes Verbot sowie auf die Verbreitung von Zubereitungen der im § 3 Abs. 2 bezeichneten Art Anwendung. Im letzteren Falle hat sich die Einziehung auf die verbotswidrig in den Verkehr gebrachten Zubereitungen zu erstrecken.

Anm. 1. Aus der Fassung des § 38 Abs. 1 und aus dem Ausdruck „unternimmt" geht hervor, daß die Hinterziehungsabsicht schon strafbar ist. Das Vorfinden unzulässiger Ersatz- oder Zusatzstoffe ist schon deshalb strafbar, weil dadurch die Hinterziehungsabsicht als erwiesen angenommen wird. Der Gegenbeweis liegt dem Brauer ob.

Anm. 2. Aus dem Grundsatze, daß die Ersatzstoffverwendung zwar strafbar ist, aber keine Hinterziehung (s. §§ 39—41) in sich schließt, ergeben sich für die Praxis folgende Gesichtspunkte:

1. der allgemeine Nachweis, daß eine Hinterziehung nicht beabsichtigt oder möglich ist, welchen § 44 des Ges. bei der Defraude zuläßt, ist bei der Ersatzstoffverwendung ausgeschlossen. Es ist vielmehr nur der beschränkte Nachweis des § 38 Abs. 2 zulässig;
2. der Rückfall ist kein Strafschärfungsgrund, gibt namentlich auch keinen Anlaß zur Verhängung einer Freiheitsstrafe, wie sie § 45 Abs. 2 für die Hinterziehung vorsieht;
3. die Umwandlung nicht beizutreibender Geldstrafen ist nicht an die Beschränkungen des § 52 des Ges. gebunden, da diese sich nur auf Defrauden beziehen;
4. ein wegen verbotener Ersatzstoffverwendung bestrafter Verwalter, Geschäftsführer oder Gehilfe

kann wissentlich beibehalten oder auch angestellt werden, ohne daß der Brauer die Vermutung der Fahrlässigkeit nach § 51 Abs. 2 des Ges. gegen sich hat, da diese Vorschrift sich wiederum nur auf Defrauden bezieht.

Anm. 3. Nach § 38 ist bereits das „Unternehmen“ der Verwendung, Mitverwendung, Zusetzung strafbar. Als Unternehmen betrachtet bereits § 38 Abs. 2 das Vorhandensein unzulässiger Ersatz- oder Zusatzstoffe in steuerlich überwachten Räumen. Zwar spricht dieser Absatz von dem Vorfinden der Stoffe. Es wird aber hinreichen, daß das Vorhandensein irgendwie sonst, z. B. durch Zeugenaussagen, nachgewiesen wird, auch wenn die Stoffe von dem Brauer verborgen oder beiseite geschafft worden sind, zumal in § 38 Abs. 3 bestimmt ist, daß die noch vorhandenen der Einziehung unterliegen, hinsichtlich der nicht vorhandenen daher auf Wertersatz zu erkennen ist (s. § 38 Abs. 4).

Anm. 4. Auf Einziehung ist stets auf Grund des BrauStG. zu erkennen, auf Geldstrafe nur, wenn nicht nach anderen Gesetzen eine höhere Strafe verwirkt ist (s. § 38 Abs. 1). Als solche kommen im Hinblick auf § 38 Abs. 1 namentlich das Nahrungsmittelgesetz und das Süßstoffgesetz in Betracht. Nach dem Süßstoffgesetz ist der Versuch nicht strafbar, nach dem Nahrungsmittelgesetz der Versuch des Zusatzes gesundheitsschädlicher Stoffe strafbar. Die Steuerbehörde ist demnach zum Erlaß von Strafbescheiden z. B. dann zuständig, wenn es sich um den nicht zur Vollendung gekommenen Zusatz (Versuch des Zusatzes) von Süßstoff oder nicht gesundheitsschädlicher Stoffe handelt.

Anm. 5. Auf die Einziehung auf Grund des § 38 Abs. 3 kann nicht selbständig erkannt werden, wenn keine bestimmte Person wegen des Unternehmens verurteilt worden ist. Indes, auch wenn die verbotenen Ersatzstoffe oder Zubereitungen und deren Umschließungen nicht dem Täter gehören, kann auf Einziehung erkannt werden (§ 38 Abs. 3). Sie trifft also in diesem Falle den Eigentümer.

Anm. 6. Zu bemerken ist noch, daß bei Anwendung des § 38 Abs. 4 BrauStG. als Wert des einzuziehenden, aber nicht mehr vorhandenen Bieres der Verkaufswert, den es für die Brauerei hatte, anzusetzen gewesen wäre, und daß für die früheren Umschließungen des Bieres ein Wertersatz überhaupt nicht aufzuerlegen war, da sich das Bier zu der Zeit, wo die Einziehung oder der Wertersatz auszusprechen war, nicht mehr in den Fässern befand. (RGE. Strafs. Bd. 41 S. 269, 272, RGE. 21. Mai 1909, FME. III 907[54], ZBl. 1909 S. 229.)

Anm. 7. Zucker, der verbotswidrig zur Bearbeitung untergärigen Bieres verwendet wird, ist brausteuerfrei zu lassen. Deshalb ist neben der Strafe des § 38 BrauStG. die Festsetzung der Defraudestrafe nicht statthaft. (Vgl. FME. 21. Dezember 1907 III 22096.)

Anm. 8. Durch die Fassung des Abs. 3, namentlich durch die Worte, „soweit diese Gegenstände noch vorhanden sind", soll außer Zweifel gestellt werden, daß der Wertersatz an die Stelle der Einziehung des Gegenstandes nicht bloß dann treten soll, wenn der Einziehung sonstige tatsächliche Hindernisse entgegenstehen, sondern auch dann, wenn die Gegenstände nicht mehr vorhanden sind. Die Worte sollen demnach zum Ausdruck bringen, daß die Einziehung nur insoweit auszusprechen ist, als die Ersatz- und Zusatzstoffe noch als solche vorhanden, also nicht schon zur Zubereitung oder Versetzung des Bieres verarbeitet worden sind. Rechtliche Hindernisse der Einziehung bestehen nach Abs. 3 weder hinsichtlich des Bieres noch hinsichtlich der Umschließungen. Ein rechtliches Hindernis bildet namentlich nicht das Eigentum eines Dritten. Die Einziehung muß erfolgen ohne Rücksicht darauf, wem die Gegenstände zur Zeit der Straftat gehörten und ob sie etwa in den Besitz eines gutgläubigen Käufers übergegangen sind. Das BrauStG. steht insoweit auf demselben Standpunkt wie § 18 des RG., betr. den Verkehr mit Wein usw. vom 24. Mai 1901. (Vgl. RGE. III Straff. v. 4. Mai 1908; Kunckel 1909 S. 189.)

Anm. 9. Die Nebenstrafen des § 38 Abs. 4 (Wertersatz oder Zahlung einer Geldsumme) sind nur subsidiär, sie sollen nur eintreten, wenn der Einziehung tatsächliche Hindernisse entgegenstehen, setzen also voraus, daß die Einziehung an sich rechtlich zulässig war. Das Vorhandensein der einzuziehenden Gegenstände ist die selbstverständliche natürliche Voraussetzung jeder Einziehung, denn die Einziehung ist ein Fall der Enteignung, und diese ist ohne einen zu enteignenden Gegenstand überhaupt nicht denkbar. Die Worte „noch vorhandenen" sollen deshalb nur zum Ausdruck bringen, daß die Einziehung der Ersatz- und Zusatzstoffe vom Gericht nur insoweit besonders auszusprechen ist, als diese Stoffe noch als solche vorhanden, also nicht schon zur Zubereitung oder Versetzung des Bieres verarbeitet worden sind.

Das Eigentum eines Dritten bildet kein rechtliches Hindernis der Einziehung. Sie muß erfolgen ohne Rücksicht darauf, wem die Gegenstände zur Zeit der Begehung der Tat gehörten und ob sie etwa in den Besitz eines gutgläubigen Käufers gelangt sind.

Die Zahlung einer Geldsumme ist aber nur aufzuerlegen (s. Abs. 4), wenn der Wert der Gegenstände nicht zu ermitteln ist.

Der Wertersatz, ebenso wie die Einziehung, hat sich nicht nur auf das Bier, sondern auch auf die Umschließungen zu erstrecken, sofern sich das Bier zu der Zeit, wo die Einziehung oder der Wertersatz auszusprechen war, noch darin befand. Auch ist die Frage, ob der Wert der Umhüllungen zu ermitteln ist, einer besonderen Prüfung zu unterziehen und im Verneinungsfalle bei Festsetzung des Betrages der Geldsumme zu berücksichtigen, daß diese zugleich einen Ersatz für die Umhüllungen zu bilden hat. (Aus RGE. III Straff. v. 4. Mai 1908, siehe auch Anm. 8.)

Begriff der Brausteuerdefraudation.

§ 39. Wer es unternimmt, die Brausteuer zu hinterziehen oder eine Vergütung oder Erstattung dieser Steuer zu erlangen, die überhaupt nicht oder nur in geringerem Betrage zu beanspruchen war, macht sich der Brausteuerdefraudation schuldig[1-4]).

Anm. 1. Da das Ges. für die Erhebung der Brausteuer drei Arten kennt: 1. das Brauen auf Brauanzeige (§§ 21 ff.), 2. das Brauen unter Vermahlungssteuerkontrolle (§§ 27 ff.), 3. das Brauen unter Abfindung (§§ 33 ff.), so ist Hinterziehung der Brausteuer das Brauen ohne Anmeldung, das Brauen ohne Benutzung der Malzsteuermühle und ihrer Verwiegungsvorrichtung, ferner das Brauen ohne Eintragung in das Einmaischungsbuch. Der unterlassenen Anmeldung oder Eintragung steht die Anmeldung zu geringer Mengen, der Nichtbenutzung der Verwiegungsvorrichtung, die Benutzung einer nicht oder nicht richtig arbeitenden Verwiegungsvorrichtung gleich (vgl. § 40 Ziff. 1, 3, 4; § 41 Ziff. 5 u. 6). Da aber schon das Unternehmen der Hinterziehung strafbar ist, genügt bereits der Versuch einer der erwähnten Handlungen zur Strafbarkeit. Dieser liegt z. B. dann vor, wenn mit der Verwendung von Braustoffen auch nur begonnen ist, ohne daß die Anmeldung bzw. Eintragung bzw. die Benutzung der Malzsteuermühle oder Verwiegungsvorrichtung erfolgt ist. Für die auf Brauanzeige steuernde Brauerei ist dies in § 40 Ziff. 1 ausdrücklich ausgesprochen, für die Abfindungsbrauerei ergibt sich dies aus der im § 68 AB. enthaltenen Vorschrift, daß die Eintragung mindestens drei Stunden vor Beginn der angemeldeten Einmaischung erfolgt sein muß, für die unter Vermahlungssteuer stehende Brauerei muß es aus dem Begriff „Unternehmen“ und aus dem Wortlaut des § 40 Ziff. 3 gefolgert werden. Denn bereits der Beginn der Einmaischung ist ein „Zur Verwendung gelangen“ des Malzes, und die Steuer muß hinsichtlich der gesamten Menge des vorgefundenen Malzes als hinterzogen betrachtet werden, auch wenn erst ein Teil der Post zur Verwendung gekommen ist.

Ein strafbares Unternehmen der Hinterziehung liegt bei der Vermahlungssteuer bereits dann vor, wenn die Verwiegungsvorrichtung gestört oder eine das Malzgewicht nicht oder zu gering angebende Wage benutzt wird (§ 40 Ziff. 4, 5).

In der auf Brauanzeige steuernden Brauerei ist außerdem durch § 41 Ziff. 1 das Vorhandensein von Malzschrot — entgegen der Vorschrift in § 18 Abs. 3 — bei einem Mehrbefund von über 10 v. H. gegen die Anmeldung strafbar. Diese Vorschriften gelten auch für Abfindungsbrauen, denn der Begriff Anmeldung schließt auch diejenige durch Anmeldezettel (§ 68 AB.) ein, dagegen wird ihre Anwendbarkeit auf die Vermahlungssteuer entrichtenden Brauereien zu verneinen sein, da diese von der Anmeldepflicht befreit sind.

Die Bestimmung des § 41 Ziff. 2, welche schon das Vorhandensein eines die deklarierte Menge um mehr als 5 v. H. übersteigenden Vorrats an Zucker als Hinterziehungsabsicht gelten läßt, bezieht sich nur auf obergäriges Bier bereitende Brauereien, die entweder der Einzelanmeldung, der Vermahlungssteuer oder der Abfindung unterliegen. Das Gleiche gilt hinsichtlich der Strafbestimmung des § 40 Ziff. 2 u. § 41 Ziff. 3.

Daß, wie § 42 Abs. 3 vorschreibt, die Steuer unabhängig von der Strafe zu entrichten ist, ist selbstverständlich. Diese Bestimmung gilt nicht als Strafbestimmung.

Anm. 2. Für Verstöße gegen die zur Sicherung der Steuerentrichtung und zur Verhütung von Defraudationen gegebenen Vorschriften ist der Brauereibesitzer verantwortlich.

Anm. 3. Es bleibt deshalb jedesmal der richterlichen Prüfung überlassen, ob die zeitlich getrennten Defraudationsfälle durch ein und dieselbe Handlung oder durch mehrere selbständige Handlungen begangen sind und daher eine oder mehrere Straftaten vorliegen.

(RGE. II Straff. v. 30. September 1884 1939/84, ZBl. 1885 S. 230ff., vgl. §§ 73ff. RStGB.)

Anm. 4. Die Frage, ob ein Fabrikat im Sinne des BrauStG. als Bier (s. §§ 1, 2 u. 3) zu betrachten ist und demgemäß der Brausteuer unterliegt, ist, sobald ein gerichtliches Strafverfahren eingeleitet ist, von dem Strafrichter, unabhängig von den Entscheidungen der Verwaltungsbehörde, zu entscheiden.

(OTrE. v. 28. September 1877, ZBl. 1878 S. 250.)

Anm. 5. Derjenige, welcher das Brauereigewerbe betreibt, haftet unmittelbar und selbständig für die in seiner Brauerei begangenen Defraudationen und Ordnungswidrigkeiten, wenn der, welcher die betreffende Handlung begangen hat, nicht ermittelt werden kann.

(OTrE. v. 24. Mai 1865.)

§ 40. Die Defraudation wird insbesondere dann als vollbracht angenommen:

1. wenn mit der Verwendung (Einmaischung, Zumaischung, Zusetzung) solcher steuerpflichtigen Braustoffe[1][2], die der Steuerbehörde nicht[3][5] oder für einen anderen Tag oder in unrichtiger, einen geringeren Steuerbetrag bedingender Menge angemeldet sind, zum Brauen auch nur begonnen ist;

2. wenn die Verwendung von Zucker bei einem anderen als dem in der Erklärung (§ 23) angegebenen Abschnitte der Bierbereitung erfolgt;
3. wenn in einer der Vermahlungssteuer unterliegenden Brauerei ohne Genehmigung der Steuerbehörde Malz zur Verwendung gelangt, das auf einer anderen Mahlvorrichtung als der für die Brauerei genehmigten Malzsteuermühle geschrotet worden, oder das (ausgenommen den Fall des § 30) nicht durch die mit der Malzsteuermühle verbundene selbsttätige Verwiegungsvorrichtung gegangen ist;
4. wenn ein Brauer durch unrichtige Anschreibungen in den von ihm zu führenden Büchern oder durch sonstige unrichtige Angaben bewirkt, daß die von ihm geschuldete Brausteuer nach einem niedrigeren als dem der Vorschrift des Gesetzes entsprechenden Satze berechnet wird.

Anm. 1. Hat ein Brauer wegen unangemeldeter Verwendung von Zuckerstoffen die Defraudationsstrafe verwirkt, so kann er noch daneben, wenn er die vorgeschriebene Erklärung über die beabsichtigte Verwendung der Zuckerstoffe (§ 23) unterlassen hat, in eine besondere Ordnungsstrafe verurteilt werden. (S. § 47.)

Dagegen kann er wegen der der Verwendung vorhergegangenen unangemeldeten Aufbewahrung des Stoffes wenigstens dann nicht in eine besondere Ordnungsstrafe verurteilt werden, wenn die Aufbewahrung an sich schon nach § 41 als Defraudation angesehen wird.

(OTrE. v. 20. April 1876.)

Anm. 2. Zusammentreffen mit anderen Vergehen.

Werden Zuckerstoffe unangemeldet durch den Brauer aufbewahrt, wird aber nachgewiesen, daß dieselben in der Absicht, die Brausteuer zu defraudieren, undeklariert zum Brauen verwendet worden sind, und ist deshalb schon die Defraudationsstrafe verhängt worden, so ist die unangemeldete Aufbewahrung an sich nicht ebenfalls mit der Defraudationsstrafe zu ahnden.

(RGE. v. 20. Dezember 1884, ZBl. 1885 S. 337.)

Anm. 3. Die unterlassene Anmeldung der Verwendung bereits anderweit versteuerter Braustoffe zur Bierbereitung enthält den Tatbestand der Brausteuerdefraudation.

(RGE. v. 10. Februar 1891, ZBl. S. 125.)

Anm. 4. Der § 40 zählt nicht alle Fälle auf, in denen die Defraudation als vollbracht angenommen werden soll, der Ausdruck „insbesondere" weist vielmehr darauf hin, daß auch andere, aus dem allgemeinen Begriff des § 39 sich ergebende Defraudationsfälle nicht ausgeschlossen sind.

(Nr. 2 der Drucks. d. Bundesr. f. 1872 S. 33.)

Anm. 5. Wenn Malzschrot an einem nicht angemeldeten Orte aufbewahrt und derart unangezeigt zum Brauen verwendet wird, daß das Hinlagern nicht in unmittelbarem zeitlichen Zusammenhange mit der Einmaischung gestanden hat, so ist neben der Defraudationsstrafe auch eine Ordnungsstrafe verwirkt. Denn die Defraudationsstrafe ist durch die unangezeigte Verwendung zum Brauen und die Ordnungsstrafe durch die unangemeldete Aufbewahrung von Braustoffen verwirkt.

(OTrE. v. 20. April 1876.)

§ 41. Der Defraudation wird gleichgeachtet:

1. wenn Malzschrot nach erfolgter Anmeldung von Braueinmaischungen, sei es an dem dazu bestimmten Orte oder anderwärts bei dem Brauer, in einer Menge vorgefunden [2]) wird, welche die gesetzlich zulässige Menge [1]) (§ 18 Abs. 3) um mehr als 10 vom Hundert übersteigt [6]) [8]);
2. wenn Zucker, der Vorschrift im letzten Absatze des § 25 entgegen, in der Braustätte außer der erlaubten Zeit oder um mehr als fünf vom Hundert über die für das betreffende Gebräu angemeldete Menge oder, der Vorschrift im § 18 entgegen, außerhalb der bestimmten Aufbewahrungsräume [3]) [4]) bei dem Brauer vorgefunden wird [5]) [7]) [8]);
3. wenn sich im Falle des § 19 Ziffer 3 bei einer amtlichen Aufnahme der Lagervorräte Gewichtsabweichungen von mehr als zehn vom Hundert zwischen der vorgefundenen Menge und dem buchmäßigen Sollbestand ergeben;
4. wenn in einer der Vermahlungssteuer unterliegenden Brauerei die Malzsteuermühle mit selbsttätiger Verwiegungsvorrichtung in ihrer regelmäßigen Tätigkeit derart vorsätzlich gestört wird, daß das Gewicht des geschroteten Malzes von dem Zählwerk entweder gar nicht oder zu gering angegeben wird;

5. wenn ein Vermahlungssteuer entrichtender Brauer, obwohl er weiß, daß das Zählwerk der selbsttätigen Verwiegungsvorrichtung seiner Malzsteuermühle das Gewicht des Malzes nicht oder zu niedrig angibt, die Malzsteuermühle zum Schroten benutzt oder benutzen läßt, ohne einen glaubwürdigen Zeugen zuzuziehen und unter dessen Mitbeurkundung das Gewicht des Malzes im Mahlbuch anzuschreiben;
6. wenn in einer Abfindungsbrauerei die gemäß § 33 vom Bundesrate vorgeschriebenen Anmeldungen oder Anschreibungen nicht oder unrichtig bewirkt worden sind;
7. wenn in einem Antrag auf Erlaß, Erstattung oder Vergütung der Brausteuer die Menge der steuerpflichtigen Braustoffe oder die Biermenge zu hoch angegeben ist oder sonst wahrheitswidrige Angaben gemacht worden sind, die geeignet sind, zu einer Verkürzung der Steuer zu führen.

Anm. 1. Die Verpflichtung, Vorräte an Malzschrot an bestimmten Orten und nur in gesetzlich zulässiger Menge aufzubewahren, ist lediglich der die Brauerei als Gewerbe treibenden Person, d. i. dem Brauereibesitzer auferlegt.

(OTrE. v. 23. April 1874.)

Anm. 2. Eine Brausteuerhinterziehung im Sinne des § 41 Nr. 1 u. 2 liegt schon dann vor, wenn Malzschrot bzw. Zucker unter den daselbst bezeichneten Umständen beim Brauer überhaupt vorhanden ist. Erforderlich ist es nicht, daß die genannten Braustoffe im Wege amtlicher Revision bei dem Brauer vorgefunden werden. Es genügt also schon, wenn die Stoffe in unzulässiger Menge bzw. in nicht angemeldeten Räumen beim Brauer überhaupt vorhanden und zu seiner beliebigen Verfügung und jederzeitigen Verwendung zum Brauen bereit gewesen sind.

(RGE. v. 28. Juni 1889, ZBl. S. 375.)

Anm. 3. Die Worte „außerhalb der bestimmten Aufbewahrungsräume" haben nichts weiter zu bedeuten, als „an vorher nicht angezeigten Orten".

(RGE. v. 15. Dezember 1885, ZBl. 1886 S. 220.)

Anm. 4. Die Vorschrift der Ziff. 2 (§ 41) findet auch dann Anwendung, wenn die Räumlichkeit, in der die Stoffe sich vorfinden, nicht im Eigentum oder ausschließlichen Benutzungsrecht des Brauers steht, sofern nur der Brauer rechtlich und tatsächlich in der Lage war, die Stoffe von dort aus ebenso unmittelbar wie von den eigenen Räumlichkeiten aus mit Umgehung der Brausteuer zum Brauen zu verwenden.

(OTrE. v. 8. Februar 1877.)

Anm. 5. Wenn auch nach § 18 dem Brauer die Verpflichtung, Zuckerstoffe, die nicht zur Bierbereitung bestimmt sind, nur in gewissen ein für allemal anzuzeigenden Räumen aufzubewahren, nur insoweit auferlegt ist, als dieselben nach dem Ermessen der Steuerbehörde den Bedarf des eigenen Haushaltes übersteigen, so kann doch der Brauer, bei dem Zuckerstoffe außerhalb des bestimmten Aufbewahrungsortes vorgefunden werden, sich darauf nur dann berufen, wenn er der Steuerbehörde davon, daß er den Zucker zum Bedarf seines Haushaltes vorrätig halten wolle, Anzeige gemacht und deren Entscheidung über die Höhe dieses Haushaltungsvorrates erwirkt hat.

(OTrE. v. 8. Februar 1877.)

Anm. 6. Das Aufbewahren von Malzschrot in einer den Vorschriften des § 18 nicht entsprechenden Weise ist nur am Brauereiinhaber als der die Brauerei als Gewerbe treibenden Person, und nicht an demjenigen zu bestrafen, welcher das Malzschrot an den betreffenden Ort gebracht hat, selbst wenn dieser auch tatsächlich für den Brauereiinhaber den Brauereibetrieb ausübt.

(OTrE. v. 23. April 1874.)

Anm. 7. Die Bestimmung des § 41 Ziff. 2, daß es der Defraudation gleichgeachtet wird, wenn Zucker außerhalb der bestimmten Aufbewahrungsräume bei dem Brauer vorgefunden werden, gilt nicht nur für den Fall, daß von dem Brauer der Steuerbehörde ein bestimmter Aufbewahrungsraum für den Zucker angezeigt ist und nun ein anderer Raum, als der angezeigte, dazu benutzt wird, sondern auch für den Fall, daß der Brauer der Steuerbehörde einen Aufbewahrungsraum für den Zucker überhaupt nicht angezeigt hat. Denn auch in diesem Falle befinden sich die Stoffe nicht in einem Raume, welcher der Steuerbehörde angezeigt ist.

(OTrE. v. 25. Oktober 1877, ZBl. 1878 S. 280.)

Anm. 8. Eine Brausteuerdefraudation im Sinne der vorstehenden Ziffern 1 und 2 (§ 41) liegt schon dann vor, wenn Braumalzschrot nach erfolgter Anmeldung von Braueinmaischungen beim Brauer in einer die gesetzlich zulässige Menge um mehr als 10% übersteigenden Menge oder wenn Zucker außerhalb der bestimmten Aufbewahrungsräume beim Brauer überhaupt vorhanden ist.

(RGE. v. 28. Juni 1889.)

Strafe der Defraudation.

§ 42. Wer eine Brausteuerdefraudation begeht, hat eine Geldstrafe verwirkt, die dem vierfachen Betrage der vorenthaltenen oder zur Ungebühr beanspruchten Steuer oder Vergütung gleichkommt, mindestens aber fünfzig Mark beträgt.

Insoweit Abweichungen von der zulässigen Menge (§ 41 Ziffer 1, 2 und 3) den Tatbestand der Defraudation bilden, wird die Strafe nach dem Steuerbetrage von dem Gewichtsunterschiede bemessen. Im Falle des § 41 Ziffer 6 gilt als vorenthaltene Abgabe der Steuerbetrag von den ohne die vorgeschriebene Anmeldung oder Anschreibung zur Bierbereitung verwendeten Braustoffen.

Die Steuer ist von der Strafe unabhängig zu entrichten.

Anm. Eine Einziehung von Gegenständen findet nur hinsichtlich der verbotswidrig in den Verkehr gebrachten Zubereitungen statt (s. § 38 Abs. 5).

§ 43. Kann der Betrag der hinterzogenen Steuer nicht anders ermittelt werden, so ist er, falls sich die begangene Defraudation nicht bloß auf eine Nachmaischung oder die zusätzliche Verwendung von Zucker bezieht, danach zu bemessen, was an Malz und Zucker zu einem vollen Gebräu in der betreffenden Brauerei genommen zu werden pflegt. Läßt sich letzteres nicht feststellen oder ist die Defraudation nur in bezug auf eine Nachmaischung oder die Zusetzung von Zucker begangen, so tritt statt des vierfachen Betrags der hinterzogenen Steuer eine Geldstrafe von fünfzig bis fünfhundert Mark ein[1])[2]).

Anm. 1. Auch die hier bestimmte Geldstrafe von 50—500 Mk. ist mehrmals verwirkt, wenn die Defraude durch mehrere selbständige Handlungen begangen ist. (RGE. v. 30. September 1884.)

Anm. 2. Wird statt des vierfachen Betrages der hinterzogenen, jedoch ihrem Betrage nach nicht festzustellenden Steuer eine Geldstrafe (50—500 Mk.) festgesetzt, so ist durch diese Straffestsetzung zugleich der Gefällepunkt für erledigt zu erachten. Eine nachträgliche Einziehung der etwa nach dem festgesetzten Strafbetrage zu berechnenden Steuer findet nicht statt.

(FME. v. 19. Mai 1875 Nr. III 17434, ZBl. S. 131.)

§ 44. Kann der Angeschuldigte nachweisen, daß er eine Hinterziehung nicht habe verüben können, oder daß eine solche nicht beabsichtigt gewesen sei, so findet nur eine Ordnungsstrafe nach Vorschrift des § 47 statt.

Anm. Mißglückt dem Angeschuldigten der Nachweis, so wird der Tatbestand der Defraude (s. §§ 40, 41) als erwiesen angenommen.

Strafe des Rückfalls.

§ 45. Im Falle der Wiederholung der Defraudation nach vorhergegangener Bestrafung wird die Strafe auf den achtfachen Betrag der vorenthaltenen Steuer bestimmt. Diese Strafe soll jedoch in keinem Falle weniger als einhundert Mark betragen.

Jeder fernere Rückfall zieht Gefängnisstrafe bis zu zwei Jahren nach sich. Doch kann nach richterlichem Ermessen mit Berücksichtigung aller Umstände des Vergehens und der vorausgegangenen Fälle auf Haft oder auf Geldstrafe nicht unter dem Doppelten der für den ersten Rückfall bestimmten Geldstrafe erkannt werden.

Anm. Eine Rückfallstrafe kann nur dann in Frage kommen, wenn die vorhergegangene Bestrafung zur Zeit der Wiederholung der Straftat bereits rechtskräftig geworden ist.

§ 46. Die Straferhöhung wegen Rückfalls ist verwirkt, auch wenn die früheren Strafen nur teilweise verbüßt oder ganz oder teilweise erlassen sind[1–4].

Sie ist ausgeschlossen, wenn seit der Verbüßung oder dem Erlasse der letzten Strafe bis zur Begehung der neuen Defraudation drei Jahre verflossen sind.

Teilnehmer einer Defraudation unterliegen der Straferhöhung wegen Rückfalls nur insoweit, als sie sich selbst eines Rückfalls schuldig gemacht haben.

Anm. 1. In Ansehung der Frage, ob Rückfall vorliegt, haben die Bestrafungen im Verwaltungswege gleiche Wirkung mit gerichtlichen Urteilen.

Anm. 2. Eine Reihe von Brausteuerdefraudationsdelikten kann zu einer Straftat, dem sogenannten fortgesetzten Vergehen, dann nicht zusammengefaßt werden, wenn einzelne in der Mitte der Reihe liegende Straffälle bereits früher bestraft sind. Gleichgültig ist es, ob die in der Mitte der Defraudationsakte liegenden Bestrafungen im Verwaltungswege durch ein Unterwerfungsverfahren bzw. durch einen Strafbescheid oder durch ein gerichtliches Strafurteil erfolgten.

(RGE. v. 17. März 1890, Entsch. Bd. 20 S. 316, ZBl. 1891 S. 25.)

Anm. 3. Mehrere zu einer Untersuchung zusammengezogene Brausteuerdefraudationsfälle bilden nicht überall nur eine Straftat und können als verschiedene Straftaten in realer Konkurrenz bestraft werden.

(RGE. v. 30. September 1884, ZBl. 1885 S. 230.)

Anm. 4. Unstatthaft ist es, strafbare Handlungen, welche vor und nach einer Bestrafung verübt sind, zwecks Bildung eines fortgesetzten Vergehens zusammenzufassen. Es handelt sich im vorliegenden Falle um die Bestrafung eines im Wege des Strafverfahrens der Verwaltungsbehörde wegen einer am 30. November 1887 bzw. 14. April 1888 verübten Brausteuerdefraude unterm 31. Dezember 1887 bzw. 14. April 1888 bereits bestraften Angeklagten, welcher gegenwärtig wegen in der Zeit von Ende Juni 1886 bis Mitte Juli 1888 fortgesetzten Brausteuerdefrauden angeklagt ist. Diejenigen Defraudationsakte, welche zwischen der ersten Bestrafung vom 31. Dezember 1887 und der zweiten vom 11. Mai 1888 liegen, sind mit der Rückfallstrafe, diejenigen Akte aber, welche in die Zeit hinter den 11. Mai 1888 fallen, sind mit der Strafe des ferneren Rückfalls zu ahnden.

(RGE. v. 17. März 1890, ZBl. 1891 S. 25.)

Ordnungsstrafen.

§ 47. Die Übertretung der Vorschriften dieses Gesetzes[7]) sowie der dazu erlassenen Verwaltungsbestimmungen[7]) wird, sofern nicht die im § 38 angedrohte Strafe oder eine Defraudationsstrafe verwirkt ist[1]), mit einer Ordnungsstrafe bis zu einhundertfünfzig Mark geahndet[2])[9]).

Die Ordnungsstrafe soll jedoch in den nachgenannten Fällen nicht unter fünfzehn Mark und bei Wiederholungen nicht unter dreißig Mark betragen:

1. wenn, den Vorschriften in den §§ 14 und 23 dieses Gesetzes entgegen, die Anzeige der Brauereiräume und -gefäße oder die Einreichung der Erklärung unterblieben ist;

2. wenn Malzschrot entgegen der Vorschrift im § 18 an einem anderen als dem dazu angezeigten Orte bei dem Brauer vorgefunden wird[3][4][8];
3. wenn zu einer anderen Tageszeit als der angemeldeten (§ 21) oder vor Ablauf der halben Stunde, die auf den Steuerbeamten gewartet werden muß (§ 25), eingemaischt worden ist[6];
4. wenn die zu einem Gebräue gehörige Biermenge um mehr als zehn vom Hundert von dem angemeldeten Bierzuge (§ 21) abweicht[5][10];
5. wenn unbefugterweise Nachmaischungen (§ 26) vorgenommen worden sind, insoweit dadurch nicht etwa die Defraudationsstrafe nach § 40 verwirkt ist;
6. wenn jemand, der die Brausteuer zum Satze von vier Mark für den Doppelzentner entrichtet, Bier an nicht zum Haushalte gehörige Personen gegen Entgelt abläßt;
7. wenn Brauer, welche die Brausteuer als Vermahlungssteuer entrichten, die ihnen in Gemäßheit der §§ 27 bis 31 obliegenden Pflichten verletzen.

Die Übertretung einzelner für die Sicherung der Steuer besonders wichtiger Vorschriften kann in dem letztgedachten Falle (zu 7) mit Ordnungsstrafe bis zum Betrage von sechshundert Mark belegt werden.

Anm. 1. Nur dann, wenn durch die Übertretung einer Vorschrift des Ges. die Defraudationsstrafe verwirkt ist, soll die Übertretung nicht außerdem noch mit einer Ordnungsstrafe belegt werden, wogegen in jedem anderen Falle die Nichtbefolgung der in dem BrauStG. gegebenen Vorschriften durch eine Ordnungsstrafe gerügt werden kann und soll.

(RGE. v. 18. März 1877, Bd. 9 S. 186, ZBl. 1891 S. 26.)

Anm. 2. Ein vorsätzliches Handeln ist kein Erfordernis des § 47 Abs. 1.

(RGE. IV. Strafs. v. 27. Oktober 1893 ZBl. 1894 S. 148.)

Anm. 3. Die strafrechtliche Verantwortlichkeit des Bierbrauers ist ausgeschlossen im Falle der durch ihn nicht verschuldeten Aufbewahrung von Braustoffen an einem der Behörde nicht angezeigten Orte.

Der Brauer soll danach zu verhindern verpflichtet sein, daß das Malzschrot nicht an einem anderen als dem dazu angezeigten Orte aufbewahrt wird, wenn auch nur vorübergehend, da diese Gesetzesstelle auf das bloße Vorfinden entscheidendes Gewicht legt.

Dadurch, daß diese Pflicht dem Brauer allein auferlegt ist, ergibt sich, daß derselbe auch für sein Personal einzustehen hat, indem er verpflichtet ist, dasselbe zu überwachen und Zuwiderhandlungen zu verhindern. Der Beweis, dieser Verpflichtung nachgekommen zu sein, liegt zwar nach der Gestaltung unseres heutigen Prozesses nicht mehr dem Brauer ob. Um aber Strafe auszuschließen, wenn sich objektiv eine Zuwiderhandlung gegen das Gesetz durch Vorfinden eines Vorrats von Malzschrot an einem nicht angezeigten Orte ergibt, ist es erforderlich, daß das erkennende Gericht feststellt, daß ihn ein Verschulden nicht treffe. Im vorliegenden Falle ist festgestellt, daß der Brauer alle erforderlichen Anordnungen getroffen, auch die nötige Kontrolle über seine

Bediensteten ausgeübt hat, so daß ihn keinerlei Verschulden trifft. Er war mithin den ihm vom Gesetz auferlegten Verpflichtungen nachgekommen und konnte ihn deshalb eine Strafe nicht treffen.

(RGE. III v. 12. Oktober 1896, ZBl. S. 45.)

Anm. 4. Für die Beachtung der wegen der Aufbewahrung der Braustoffe gegebenen Ordnungsvorschriften ist es nicht von Erheblichkeit, ob diese Braustoffe zur Bierbereitung tauglich sind oder nicht.

(RGE. v. 8. Oktober 1891.)

Anm. 5. Ist die beabsichtigte Änderung des deklarierten Bierzuges zwar angemeldet, wird aber die Anmeldung wegen des zu späten Eingangs nicht berücksichtigt, der Brauer vielmehr wegen Abweichung von dem ursprünglich deklarierten Bierzuge bestraft, so kann er nicht noch außerdem wegen nicht rechtzeitiger Anmeldung der Änderung bestraft werden.

(RGE. v. 11. Juni 1876.)

Anm. 6. Die Ordnungsstrafe wegen Einmaischung zu einer anderen als der angezeigten Stunde trifft den Vorstand der Brauerei, auch wenn derselbe bei der Einmaischung nicht zugegen war. Die geschärfte Ordnungsstrafe des § 47 Ziff. 3 tritt nur dann ein, wenn statt um die angezeigte Vormittagsstunde während der Nachmittagsstunden, oder umgekehrt eingemaischt wird.

(OTrE. v. 11. April 1878, ZBl. 1879 S. 140.)

Anm. 7. Für Verstöße gegen die zur Sicherung der Steuerentrichtung und zur Verhütung von Defraudationen gegebenen Vorschriften ist der Brauereibesitzer verantwortlich.

Anm. 8. Das Aufbewahren von Malzschrot in einer den Vorschriften des § 18 nicht entsprechenden Weise ist nur am Brauereiinhaber als der die Brauerei als Gewerbe treibenden Person, und nicht an demjenigen zu bestrafen, welcher das Malzschrot an den betreffenden Ort gebracht hat, selbst wenn dieser auch tatsächlich für den Brauereiinhaber den Brauereibetrieb ausübt.

(OTrE. v. 23. April 1874.)

Anm. 9. Für eine in der Brauerei verübte Ordnungswidrigkeit kann der „Brauer“ auch dann, wenn der eigentliche Täter ermittelt ist, neben diesem selbständig zur Bestrafung gezogen werden, sofern ihm ein eigenes Verschulden bei der festgestellten Ordnungswidrigkeit zur Last fällt, z. B. wenn der Brauer durch eingehendere Beaufsichtigung des Betriebes, Zuwiderhandlungen seiner Leute zu hindern, unterlassen hat.

(RGE. IV Strafs. v. 27. Oktober 1893, ZBl. 1894 S. 147, 149.)

Anm. 10. Die Abweichung der zu einem Gebräu gehörigen Biermenge um mehr als 10 % von dem deklarierten Bierzuge ist nicht nur dann, wenn sie in einem Mehr, sondern auch wenn sie in einem Weniger besteht, ohne daß es auf die Feststellung der Ursache dieser Abweichung ankommt, strafbar.

(OTrE. v. 15. März 1876, ZBl. S. 234.)

§ 48. Mit Ordnungsstrafe (§ 47 Abs. 1) wird außerdem belegt:

1. **wer einem zur Wahrnehmung des Steuerinteresses verpflichteten Beamten oder dessen Angehörigen wegen einer auf die Erhebung oder Beaufsichtigung der Brausteuer bezüglichen Handlung oder Unterlassung einer solchen Geschenke oder andere Vorteile anbietet, verspricht oder gewährt, sofern nicht der Tatbestand der Bestechung (§ 333 des Strafgesetzbuchs)[1]) vorliegt;**

2. wer sich Handlungen oder Unterlassungen zuschulden kommen läßt, durch die ein solcher Beamter an der rechtmäßigen Ausübung seines Amtes in bezug auf die Brausteuer verhindert wird, sofern nicht der Tatbestand der strafbaren Widersetzlichkeit (§ 113 des Strafgesetzbuchs)[2]) vorliegt.

Anm. 1. § 333 des Strafgesetzbuches lautet:

Wer einem Beamten oder einem Mitgliede der bewaffneten Macht Geschenke oder andere Vorteile anbietet, verspricht oder gewährt, um ihn zu einer Handlung, die eine Verletzung einer Amts- oder Dienstpflicht enthält, zu bestimmen, wird wegen Bestechung mit Gefängnis bestraft; auch kann auf Verlust der bürgerlichen Ehrenrechte erkannt werden.

Sind mildernde Umstände vorhanden, so kann auf Geldstrafe bis zu eintausendfünfhundert Mark erkannt werden.

Anm. 2. § 113 Abs. 1, 2 des Strafgesetzbuches lautet:

Wer einem Beamten, welcher zur Vollstreckung von Gesetzen, von Befehlen und Anordnungen der Verwaltungsbehörden oder von Urteilen und Verfügungen der Gerichte berufen ist, in der rechtmäßigen Ausübung seines Amtes durch Gewalt oder durch Bedrohung mit Gewalt Widerstand leistet, oder wer einen solchen Beamten während der rechtmäßigen Ausübung seines Amtes tätlich angreift, wird mit Gefängnis von vierzehn Tagen bis zu zwei Jahren bestraft.

Sind mildernde Umstände vorhanden, so tritt Gefängnisstrafe bis zu einem Jahre oder Geldstrafe bis zu eintausend Mark ein.

Zusammentreffen mehrerer Zuwiderhandlungen.

§ 49. Im Falle mehrerer oder wiederholter Zuwiderhandlungen gegen dieses Gesetz, die nicht in Defraudationen bestehen, soll, wenn die Zuwiderhandlungen derselben Art sind und gleichzeitig entdeckt werden, die Strafe gegen denselben Täter sowie gegen mehrere Täter und Teilnehmer zusammen nur im einmaligen Betrage festgesetzt werden.

Zwangsmaßregeln.

§ 50. Unbeschadet der verwirkten Ordnungsstrafen kann die Steuerbehörde die Beobachtung der Anordnungen, die auf Grund der Vorschriften dieses Gesetzes und der dazu erlassenen Verwaltungsbestimmungen getroffen worden sind, durch Androhung und Einziehung von Geldstrafen bis zu fünfhundert Mark erzwingen, auch, wenn eine vorgeschriebene Einrichtung nicht getroffen wird, diese auf Kosten der Pflichtigen herstellen lassen. Die Einziehung der hierdurch erwachsenen Auslagen erfolgt in dem Verfahren für die Beitreibung von Zollgefällen und mit dem Vorzugsrechte der letzteren.

Vertretungsverbindlichkeit für verwirkte Geldstrafen.

§ 51. Wer Brauerei als Gewerbe betreibt, haftet[1])[2]) für die von seinen Verwaltern, Geschäftsführern, Gehilfen und sonstigen in seinem Dienste oder Lohne stehenden Personen sowie von seinen Familien- oder Haushaltungsmitgliedern auf Grund dieses Gesetzes verwirkten Geldstrafen und Kosten des Strafverfahrens sowie für die nachzuzahlende Steuer im Falle des Unvermögens der eigentlich Schuldigen, wenn nachgewiesen wird:

1. daß die Zuwiderhandlung mit seinem Wissen verübt ist oder
2. daß er bei Auswahl und Anstellung der Verwalter, Geschäftsführer, Gehilfen und sonstigen in seinem Dienste oder Lohne stehenden Personen oder bei Beaufsichtigung dieser sowie der bezeichneten Familien- oder Haushaltungsmitglieder nicht mit der Sorgfalt eines ordentlichen Geschäftsmanns zu Werke gegangen ist.

Als Verletzung der Sorgfalt eines ordentlichen Geschäftsmanns gilt insbesondere die wissentliche Anstellung oder Beibehaltung eines wegen Brausteuerdefraudation bereits bestraften Verwalters, Geschäftsführers oder Gehilfen, falls nicht die Verwaltungsbehörde die Anstellung oder Beibehaltung genehmigt hat.

Wird weder das eine noch das andere nachgewiesen, so haftet der Brauereitreibende, auch soweit er nicht ohnehin zur Entrichtung der Steuer verpflichtet ist, für die Steuer.

Anm. 1. Der Brauereibesitzer haftet für die durch seine Gewerbegehilfen usw. verwirkten Defraudationsstrafen auch dann, wenn er sich selbst an der Defraudation beteiligt hat und deshalb als Mittäter zu bestrafen ist.
(OTrE. v. 23. September 1870.)

Anm. 2. Eine eigene Zuwiderhandlung des Angeklagten liegt zwar nicht vor, es könnte aber in Frage kommen, ob bezüglich dieser Zuwiderhandlung, deren eigentliche Täter ermittelt sind, der Angeklagte noch selbst zu bestrafen, oder nur aus § 38 — jetzt § 51 d. Ges. — subsidiarisch verantwortlich zu machen ist. Allein die subsidiäre Haftbarkeit, welche das Gesetz dem Brauer als Gewerbetreibenden auferlegt, hat mit der prinzipalen Verantwortlichkeit für eigene Verfehlungen nichts zu tun.

(Aus den Gründen RGE. IV Straff. v. 27. Oktober 1893, ZBl. 1894 S. 148.)

§ 52. Läßt sich die Geldstrafe von dem Schuldigen nicht beitreiben, so kann die Verwaltungsbehörde davon absehen, den für die Geldstrafe Haftenden in Anspruch zu nehmen, und die an die Stelle der Geldstrafe tretende Freiheitsstrafe an dem Schuldigen vollstrecken lassen.

Umwandlung der Geld- in Freiheitsstrafen.

§ 53. Die Umwandlung der nicht beizutreibenden Geldstrafen [1]) in Freiheitsstrafen erfolgt gemäß §§ 28 und 29 des Strafgesetzbuchs [2]), jedoch darf die Freiheitsstrafe

im ersten Falle der Defraudation sechs Monate,
im ersten Rückfall ein Jahr,
im ferneren Rückfalle zwei Jahre

nicht überschreiten.

Anm. 1. Unter den nach § 53 g. F. in Freiheitsstrafen umzuwandelnden „Geldstrafen" sind auch die Ordnungsstrafen einbegriffen.

(RGE. v. 25. Juni 1891, ZBl. S. 279.)

Anm. 2. § 28 RStGB. lautet: Eine nicht beizutreibende Geldstrafe ist in Gefängnis und, wenn sie wegen einer Übertretung erkannt worden ist, in Haft umzuwandeln.

Ist bei einem Vergehen Geldstrafe allein oder an erster Stelle, oder wahlweise neben Haft angedroht, so kann die Geldstrafe in Haft umgewandelt werden, wenn die erkannte Strafe nicht den Betrag von sechshundert Mark und die an ihre Stelle tretende Freiheitsstrafe nicht die Dauer von sechs Wochen übersteigt.

War neben der Geldstrafe auf Zuchthaus erkannt, so ist die an deren Stelle tretende Gefängnisstrafe nach Maßgabe des § 21 in Zuchthausstrafe umzuwandeln.

Der Verurteilte kann sich durch Erlegung des Strafbetrages, soweit dieser durch die erstandene Freiheitsstrafe noch nicht getilgt ist, von der letzteren freimachen.

§ 29. Bei Umwandelung einer wegen eines Verbrechens oder Vergehens erkannten Geldstrafe ist der Betrag von drei bis zu fünfzehn Mark, bei Umwandelung einer wegen einer Übertretung erkannten Geldstrafe der Betrag von einer bis zu fünfzehn Mark einer eintägigen Freiheitsstrafe gleichzuachten.

Der Mindestbetrag der an Stelle einer Geldstrafe tretenden Freiheitsstrafe ist ein Tag, ihr Höchstbetrag bei Haft sechs Wochen, bei Gefängnis ein Jahr. Wenn jedoch eine neben der Geldstrafe wahlweise angedrohte Freiheitsstrafe ihrer Dauer nach den vorgedachten Höchstbetrag nicht erreicht, so darf die an Stelle der Geldstrafe tretende Freiheitsstrafe den angedrohten Höchstbetrag jener Freiheitsstrafe nicht übersteigen.

Verjährung.

§ 54. Die Strafverfolgung von Zuwiderhandlungen gegen die in den §§ 1 und 3 getroffenen Vorschriften (§ 38) und von Brausteuerdefraudationen (§§ 39 bis 41) verjährt in drei Jahren, die Strafverfolgung von Zuwiderhandlungen gegen dieses Gesetz, die mit Ordnungsstrafen bedroht sind, in einem Jahre[1]), von dem Tage an gerechnet, an dem sie begangen sind.

Der Anspruch auf Nachzahlung hinterzogener Gefälle erlischt in drei Jahren.

Anm. 1. Die Verurteilung wegen Brausteuerdefraudation gemäß §§ 39—43 setzt die Feststellung einer Defraudationsabsicht nicht voraus. Das Gesetz läßt aber im § 44 dem Angeschuldigten den Nachweis nach, daß von ihm eine Defraudation nicht beabsichtigt gewesen sei, es scheidet also den Fall, daß objektiv zwar eine den Tatbestand der Defraude im Sinne der §§ 39—43 erfüllende Handlung vorliegt, diese aber ohne Hinterziehungsabsicht begangen worden ist, von den in den angezogenen Paragraphen bezeichneten Fällen verübter Defraudation aus und weist ihn dem Gebiete der lediglich mit einer Ordnungsstrafe bedrohten Übertretungen der Bestimmungen des Ges. zu. Deshalb tritt in denjenigen Fällen der Brausteuerdefraude, welche gemäß § 44 mit Ordnungsstrafen zu ahnden sind, die Verjährung der Strafverfolgung in einem Jahre ein.

(Vgl. RGE. IV. Strafs. v. 4. März 1886 251/86, ZBl. S. 260.)

Anm. 2. Vgl. §§ 47, 48 wegen der angedrohten Ordnungsstrafen.

Strafverfahren.

§ 55. Für die Feststellung, Untersuchung und Entscheidung [1])[3]) der Brausteuervergehen sowie für die Strafmilderung und den Erlaß der Strafe im Gnadenwege [2]) kommen die Vorschriften zur Anwendung, nach denen sich das Verfahren wegen Vergehen gegen die Zollgesetze bestimmt.

Die nach den Vorschriften dieses Gesetzes verwirkten Geldstrafen fallen dem Fiskus desjenigen Staates zu, von dessen Behörden die Strafentscheidung erlassen ist.

Anm. 1. Das Strafverfahren ist im Geltungsbereiche des BrauStG. kein einheitliches, denn nach Artikel 36 der Reichsverfassung bleibt die Erhebung und Verwaltung der Zölle und der Verbrauchssteuern jedem Bundesstaate überlassen. Im Strafverfahren kommen demnach die entsprechenden Landesgesetze mit den durch die Reichsstrafprozeßordnung bestimmten Einschränkungen zur Anwendung.

Für das Königreich Preußen gilt das Verwaltungsstrafgesetz vom 26. Juli 1897 (GS. S. 237ff.).

Anm. 2. Allerhöchster Erlaß v. 26. September 1897, betr. die Übertragung von Strafniederschlagungs- und Strafmilderungsbefugnissen in Zoll- und Steuersachen (GS. S. 402.)

Allg. Verf. des preuß. FM., betr. die Weiterübertragung von Strafniederschlagungs- und Strafmilderungsbefugnissen in Zoll- und Steuersachen, v. 6. Oktober 1897 III 12757 (ZBl. S. 408).

Anm. 3. Vgl. das Verwaltungsstrafgesetz nebst AusfBest. von Troje-Düsse 1909, 7. Aufl.

§ 56. Jede von einer nach § 55 zuständigen Behörde wegen Brausteuervergehens einzuleitende Untersuchung und zu erlassende Strafentscheidung kann auch auf diejenigen Teilnehmer des Vergehens, die anderen Bundesstaaten angehören, ausgedehnt werden.

Die Strafvollstreckung ist nötigenfalls durch Ersuchen der zuständigen Behörden und Beamten desjenigen Staates zu bewirken, in dessen Gebiete die Vollstreckungsmaßregel zur Ausführung kommen soll[1]).

Die Behörden und Beamten der Bundesstaaten

sollen sich gegenseitig tätig und ohne Verzug den verlangten Beistand[1]) in allen gesetzlichen Maßregeln leisten, die zur Entdeckung oder Bestrafung der Brausteuer-Hinterziehungen oder der Verfehlungen gegen die Vorschriften über die Bierbereitung dienlich sind.

Anm. Vgl. Reichsgesetz, betr. den Beistand von Abgaben und Vollstreckung von Vermögensstrafen v. 9. Juni 1895 (RGBl. S. 256).

Strafe bei Verfehlungen gegen die Vorschriften über die Erhebung der Bierübergangsabgabe.

§ 57. Auf die Bestrafung von Hinterziehungen der Übergangsabgabe vom Biere sowie von sonstigen Zuwiderhandlungen gegen die Bestimmungen über den Verkehr mit übergangsabgabepflichtigem Biere finden die Vorschriften über die Bestrafung der Zollhinterziehungen (§§ 135 ff. des Vereinszollgesetzes vom 1. Juli 1869 — Bundes-Gesetzbl. S. 317 —) und der Zollordnungswidrigkeiten (§ 152 daselbst) Anwendung.

Anm. Hinsichtlich der Übergangsabgaben siehe den betreffenden Abschnitt dieses Buches.

Abgabenerhebung von Bier für Rechnung von Gemeinden.

§ 58. Hinsichtlich der Abgabenerhebung von Bier, Essig und Malz für Rechnung von Gemeinden kommen die Bestimmungen im Artikel 5 II § 7 des Vertrags vom 8. Juli 1867, die Fortdauer des Deutschen Zoll- und Handelsvereins betreffend, mit den in Abs. 2 bis 5 enthaltenen Änderungen in Anwendung.

Die Grenze, bis zu der das Bier für Rechnung von Gemeinden besteuert werden darf, wird auf 65 Pfennig für ein Hektoliter Bier festgesetzt[1]). Für Bier mit einem Alkoholgehalte von höchstens $1^3/_4$ vom Hundert der Menge darf die Abgabe nicht mehr als 30 Pfennig für 1 Hektoliter betragen[2]).

Soweit auf Grund der bisherigen Vorschriften Gemeinden höhere Abgaben von den Braustoffen[3]) oder dem Biere erheben, dürfen diese höheren Abgaben bis zum 1. Oktober 1915 forterhoben werden[1]).

Soweit die Bierabgabe von dem zur Biererzeugung verwendeten Malze erhoben wird, ist sie auf den Doppelzentner ungeschroteten Malzes in einem solchen Verhältnisse zu bestimmen, daß die Höhe des Malzabgabesatzes der Höhe der Abgabe entspricht, die von dem in die Gemeinde eingeführten Biere erhoben wird. Die Festsetzung dieses Verhältnisses unterliegt der Genehmigung der Landesregierungen.

Abgaben von Bier für Rechnung von Gemeinden sind bei dem Übergange des versteuerten Bieres nach anderen Orten von den Gemeinden in dem nachweislich gezahlten Betrage zu erstatten. In Fällen, in denen bisher eine solche Erstattung nicht stattgefunden hat, kann die oberste Landesverwaltungsbehörde den bisherigen Zustand bis zur Dauer von zehn Jahren noch fortdauern lassen.

Für die Fälligkeit, Einzahlung und Stundung

der von Gemeinden erhobenen Abgaben vom Biere gelten die im § 8 festgesetzten Fristen.

Anm. 1. Die Erhebung von Abgaben von Bier, Essig und Malz für Rechnung von Kommunen oder Korporationen ist beim Bier reichsgesetzlich dahin eingeschränkt, daß der Satz von 20% des für die Staatssteuer zulässigen Maximalsatzes nicht überschritten werden darf.

Da der Höchstbetrag der Biersteuer nach den in dem Zollvereinigungsvertrage vom 6. Juli 1867 getroffenen Vereinbarungen nicht mehr als 1 Taler 15 Silbergroschen für 1 Ohm zu 120 Quart preußisch = 137,4 Liter, d. h. von 1 Hektoliter Bier nicht mehr als 3,275 Mark betragen soll, so dürfen Kommunen und Korporationen nicht mehr als 20% dieses Betrages, d. i. rund 0,65 Mark für 1 Hektoliter Bier, erheben. (Ausnahmen hiervon sind nur insoweit zulässig, als einzelne Kommunen schon vor 1867 eine höhere Abgabe erhoben haben.)

Anm. 2. Bei der Beratung des § 58 in der Kommission führte der Regierungsvertreter aus, es müsse das Reich einmal wünschen, daß nicht durch andere Körperschaften das Bier neben der Reichsabgabe noch so stark in Anspruch genommen werde, daß ein Konsumrückgang befürchtet werden müsse. Anderseits müsse aber auf die Gemeindeinteressen billige Rücksicht genommen werden. (KomBer. v. J. 1909 S. 67.)

Anm. 3. Von dem zur Bierbereitung verwendeten Zucker ist, auch wenn er nach § 2 Abs. 1 BrauStG. v. 3. Juni 1906 u. § 4 AB. von der Brausteuer befreit ist, der Gemeindezuschlag zu dem bis 1. Juli 1906 gültigen Satze zu erheben. Der Berechnung sind die Eintragungen im Zuckerverwendungsbuche (Sp. 4 Abgang) zugrunde zu legen. FME. v. 4. September 1906 III 14249, II 8822.

Beitritt Elsaß-Lothringens zur Brausteuergemeinschaft.

§ 59. Durch Beschluß des Bundesrats kann die Einbeziehung Elsaß-Lothringens in den Geltungsbereich des Brausteuergesetzes erfolgen.

Verhältnis zu Luxemburg in Ansehung der Brausteuer.

§ 60. Der Reichskanzler ist befugt, für den Fall, daß das Großherzogtum Luxemburg eine mit diesem Gesetz übereinstimmende Besteuerung der Braustoffe nicht einführt oder den mit ihm wegen Beitritts zur Norddeutschen Brausteuergemeinschaft abgeschlossenen Vertrag vom 2. März 1907 (Reichs-Gesetzbl. S. 149) kündigt, mit der Großherzoglich Luxemburgischen Regierung unter Zustimmung des Bundesrats die wegen anderweiter Regelung des Verhältnisses in Ansehung der Besteuerung der Braustoffe und des wechselseitigen Verkehrs mit Bier erforderlichen Vereinbarungen zu treffen[1])[2]).

Anm. 1. Das Großherzogtum Luxemburg ist infolge Kündigung des Vertrages vom 2. März 1907 mit dem 1. August 1909 aus der norddeutschen Brausteuergemeinschaft wieder ausgeschieden, womit auch die zwischen den zur norddeutschen Brausteuergemeinschaft gehörigen Staaten und dem Großherzogtume Luxemburg früher bestehende Gemeinschaft der Übergangsabgabe von Bier aufgehoben ist. Von dem gleichen Zeitpunkte finden die für den Bierverkehr zwischen dem norddeutschen Brausteuergebiet und den nicht zu diesem gehörigen deutschen Staaten und Gebietsteilen erlassenen Bestimmungen auch auf den Bierverkehr zwischen dem norddeutschen Brausteuergebiete und Luxemburg Anwendung.

(Bek. d. RK. v. 29. September 1909, RGBl. 1909 S. 933/4.)

Zoll.

§ 61. Die Nummer 186 des Zolltarifs vom 25. Dezember 1902 erhält folgende Fassung:

Bier aller Art; Malzextrakt in dünnflüssigem Zustand, auch mit Heilmittelzusätzen 9,65 Mark.

Anmerkung[1].

Der Bundesrat kann für Bier in amtlich geeichten Fässern, auf denen der Eichstempel, das Jahr der Eichung und der Raumgehalt nach Litern deutlich und dauerhaft angegeben sind, wenn seit der Eichung nicht mehr als fünf Jahre verflossen sind, die Verzollung nach dem Raumgehalte der Fässer zum Zollsatze von 12,70 Mark für ein Hektoliter zulassen[2].

Anm. 1. Zur Begründung dieser Vorschrift führte der Antragsteller bei der Kommissionsberatung aus, daß eine Ungleichheit in bezug auf die zu zahlende Steuer dadurch bei der Einfuhr von Bier herbeigeführt werde, daß die Gefäße ein sehr verschiedenes Gewicht hätten. Der Antrag bezweckte hier eine paritätische Behandlung in steuerlicher Beziehung.

(KomBer. v. J. 1909 S. 74.)

Anm. 2. Zufolge BRB. v. 24. Juli 1909 kann vom 1. August 1909 ab die Verzollung nach dem Raumgehalte der Fässer im Sinne der Anmerkung erfolgen.

Anm. 3. Der Raumgehalt ist auf Bierfässern, wenn es vom Einlieferer verlangt wird, bei den Fässern unter 30 Liter auf halbe Liter, bei den größeren Fässern auf ganze Liter unter Fortlassung der überschießenden Zehntelliter anzugeben.

Bierfässer, welche die abgerundete Raumgehaltsangabe erhalten, sind durch ein deutliches über der Bezeichnung angebrachtes B besonders zu kennzeichnen, falls ihre Zweckbestimmung nicht schon sonst unzweideutig ersichtlich ist.

(§ 20 Abs. 3 der Eichordnung, Bek. v. 3. August 1909, Beil. zu Nr. 52 RGBl.)

Förderung des Braugewerbes.

§ 62. Zur technischen und wissenschaftlichen Förderung des Braugewerbes darf aus der Brausteuereinnahme ein Betrag bis zur Höhe von 30000 Mark pro Jahr nach näherer Bestimmung des Bundesrats verwendet werden.

Übergangsvorschriften.

§ 63. Soweit beim Inkrafttreten dieses Gesetzes Verträge über Lieferung von Bier durch den Brauer bestehen, ist der Abnehmer verpflichtet, dem Brauer einen Zuschlag zum Hektoliterpreis in dem Betrage zu zahlen, um den die Brausteuer für 1 Hektoliter des in der Brauerei hergestellten Bieres durch dieses Gesetz erhöht wird. Für die Berechnung ist der Betriebsumfang der Brauerei zur Zeit des Vertragsschlusses maßgebend.

Soweit beim Inkrafttreten dieses Gesetzes ein Bierabnehmer vertraglich verpflichtet ist, bestimmte Ausschankpreise des von einer Brauerei bezogenen Bieres einzuhalten, ist der Abnehmer berechtigt, eine dem erhöhten Bezugspreis entsprechende Erhöhung der Ausschankpreise für Bier eintreten zu lassen.

Die Vorschriften der Abs. 1 und 2 finden keine Anwendung, wenn ausdrückliche Vertragsbestimmungen entgegenstehen.

§ 64. Dieses Gesetz tritt am 1. August 1909 in Kraft, ausgenommen die Vorschriften im § 58, welche erst mit dem 1. April 1910 in Kraft treten.

Brausteuer-Ausführungsbestimmungen*)

nach der Bekanntmachung des Bundesrats vom 24. Juli 1909 (ZBl. f. d. D. R., Nr. 35, S. 413 ff.).

Erster Abschnitt.

Allgemeine Bestimmungen.

Zu § 1 Abs. 1 des Gesetzes.

Begriff der Bierbereitung.

§ 1. Die Ausdrücke „Bereitung von Bier" und „Bierbereitung" im Brausteuergesetze sind im weitesten Sinne zu verstehen. Sie umfassen alle Teile der Herstellung und Behandlung des Bieres in der Brauerei selbst wie außerhalb dieser — beim Bierverleger, Wirt und dergleichen[1]) — bis zur Abgabe des Bieres an den Verbraucher.

Anm. 1. Das Zusetzen von Zucker zu fertigem untergärigen Biere ist auch dann verboten und nach § 38 BrauStG. strafbar, wenn es außerhalb der Brauerei durch Flaschenbierhändler, Wirte usw. vorgenommen wird.
(FME. v. 30. Januar 1908 III 1379.)

---

*) Zum Abdruck sind nur die in den Ausführungsbestimmungen erwähnten Muster 1, 2, 10, 11, 12, 13 und 18 gelangt.

Braustoffe.

§ 2. (1) Bei der Bereitung von Bier ist nicht nur die Verwendung von Malzersatzstoffen aller Art — mit der für obergärige Biere im § 1 Abs. 1 des Gesetzes zugelassenen Ausnahme —, sondern auch aller Hopfenersatzstoffe sowie aller Zutaten irgendwelcher Art[1])[2]), auch wenn sie nicht unter den Begriff der Malz- oder Hopfenersatzstoffe gebracht werden können[14]), verboten. Ausgenommen von diesem Verbot ist nach § 3 Abs. 3 des Gesetzes die Verwendung von aus Malz, Hopfen, Hefe und Wasser hergestelltem Farbebiere[13]). Untergärigem Biere darf nur Farbebier zugesetzt werden, das unter Verwendung von Gerstenmalz hergestellt ist[13]).

(2) Die Verwendung von Bierklärmitteln, die rein mechanisch wirken und vollständig oder doch nahezu vollständig wieder ausscheiden, wie Holzspäne[6]), frisch ausgeglühte Holzkohle, ungelöste oder nur in Wasser oder Weinsteinsäure gelöste Hausenblase[4])[5]), verstößt nicht gegen das Verbot der Verwendung von Ersatz- und Zusatzstoffen bei der Bierbereitung. Dagegen ist die Verwendung von Bierklärmitteln, die nur unvollständig wieder ausgeschieden werden, wie Gelatine, Wahls Brewers Isinglass (eine Art künstlicher Hausenblase, die größtenteils aus Gelatine besteht), isländisches Moos, Caragaheen (Carrageen, irländisches Moos, ein Gemenge von Seealgen) usw., bei der Bierbereitung nicht zulässig.

(3) Die Verwendung von Kohlensäure[3]) beim Abziehen des Bieres sowie beim Bierausschank ist gestattet.

(4) Die zulässigen Braustoffe müssen in der Beschaffenheit verwendet werden, in der ihnen die im Gesetze gewählte Bezeichnung zukommt[7]).

(5) Hinsichtlich der Zulässigkeit der Verwendung macht es keinen Unterschied, ob das Malz in ganzen Körnern — mit Hülsen oder ganz oder teilweise enthülst (§ 13 $_2$) —, zerkleinert, trocken oder angefeuchtet, ungedarrt, gedarrt oder geröstet zur Bierbereitung verwendet wird. Die Verwendung von Malzschrot, aus dem die Hülsen ganz oder teilweise entfernt sind, sowie von Malzmehl ist, soweit nicht von der Direktivbehörde Ausnahmen zugelassen werden, nur unter der Bedingung statthaft, daß das Entfernen der Hülsen oder die Vermahlung zu Mehl[7]) in der Brauerei selbst erfolgt.

(6) Die obersten Landesfinanzbehörden sind befugt, auch die Verwendung von Malzextrakt und sonstigen Malzauszügen, deren Versteuerung nachweislich erfolgt ist (§ 4 des Gesetzes), bei der Bierbereitung zu gestatten.

(7) Zur Bereitung von obergärigem Biere darf Malz aus Getreide aller Art, auch aus Buchweizen, nicht aber aus Reis, Mais oder Dari verwendet werden.

(8) Als technisch rein gilt Zucker von solcher Reinheit, wie sie in dem bei der Herstellung von Zucker gebräuchlichen Verfahren erreicht wird. Invertzucker ist das aus Rohr- oder Rübenzucker durch Spaltung mit Säuren gewonnene Gemenge von Traubenzucker und Fruchtzucker. Als Stärkezucker gilt derjenige Zucker, der durch Einwirkung von Säure auf Stärke gebildet wird. Es ist zulässig, den Zucker auch in der Form von wässerigen Lösungen zu verwenden.

(9) Als Wasser im Sinne des § 1 Abs. 1 des Gesetzes ist alles in der Natur vorkommende Wasser anzusehen. Eine Vorbehandlung des Brauwassers durch Entziehen des Eisengehalts, Entkeimen, Filtrieren, Kochen, Destillieren ist allgemein gestattet. Eine Vorbehandlung des Brauwassers durch Beifügung von Mineralsalzen[8]), (z. B. kohlensaurem oder schwefelsaurem Kalke) kann von der Direktivbehörde bei nachgewiesenem Bedürfnis insoweit gestattet werden, als dadurch das Wasser keine andere Zusammensetzung erhält, als sie für Brauzwecke geeignete Naturwässer besitzen. Die Beifügung der Mineralsalze muß vor Beginn des Brauens geschehen[9])[10]). Ein Zusatz von Säuren zum Brauwasser ist verboten.

(10) Unter sichernden Bedingungen darf das Hauptamt die Verwendung von in der Brauerei selbst gewonnenen Rückständen der Bierbereitung (Glattwasser[11])[12]), Hopfenbrühe[11])[12]), abgefangene

Kohlensäure und dergleichen) gestatten. Die Verwendung von Rückständen, die bei der Bereitung obergärigen Bieres verbleiben, zu dem anderes Malz als Gerstenmalz oder Zucker verwendet wurden, ist bei der Bereitung untergärigen Bieres nicht zulässig.

Anm. 1. Nach einem Gutachten des Kais. Gesundheitsamtes verstößt das Eckardtsche Brauverfahren — patent. „Sudverfahren des Kammerrats a. D. Albert Eckardt in Wilmersdorf bei Berlin zur beliebigen Herstellung von hoch oder niedrig vergärenden Bierwürzen“ (RPat. Nr. 133960, Kl. 6b) s. FME. v. 29. Oktober 1906 III 17627 — sowohl gegen § 1 des BrauStG. wie gegen § 10 des Nahrungsmittelgesetzes. Seine Anwendung ist daher allgemein, also auch in denjenigen Brauereien zu untersagen, in denen es bisher vom FM. zugelassen war.

(FME. v. 16. Juli 1908 III 12584.)

Das genannte Verfahren für die Herstellung von Bier kennzeichnet sich dadurch, daß zur Maische basische oder kohlensaure Alkalien oder dergleichen Erdalkalien bis zur Zerstörung der Verzuckerungs- bzw. Gärungsfähigkeit zugesetzt werden, wonach aber der die Verzuckerung bzw. Gärung hindernde Einfluß des Alkalis durch Zusatz von Säure (Mineralsäure) bis zur schwachsauren Reaktion in geringerem oder höherem Grade wieder aufgehoben wird.

Anm. 2. Von der Firma E. G. Kahlert Nachf. (Inhaber Max Held) in Görlitz 12 bezogenes Süßholzmehl, welches unter der Bezeichnung „Klärmehl“ zum Versand gelangt, ist verbotswidrig als Surrogat (Malzersatzstoff) bei der Bierbereitung verwendet worden. Die Aufsichtsbeamten haben ihr Augenmerk auf diesen Gegenstand zu lenken.

(FME. v. 14. September 1907 III 16303.)

Anm. 3. Die Verwendung von künstlicher Kohlensäure als Zusatz bei der Bierbereitung ist sowohl nach der Vorschrift im § 1 Abs. 1 des BrauStG. als auch im Sinne des Nahrungsmittelgesetzes als unzulässig zu betrachten, gegen die Verwendung künstlicher Kohlensäure beim Bierausschank mittels der sogen. Bierdruckapparate dagegen bestehen keine Bedenken.

Als Zusatz (Zutat) zum Biere findet künstliche Kohlensäure hauptsächlich bei der Karbonisation Verwendung. Bei diesem Verfahren, zu dem sich jeder Apparat zum Sättigen von Flüssigkeiten mit Gasen oder zur Herstellung von kohlensäurehaltigem Wasser eignet, wird das Bier durch Einpressen von künstlicher Kohlensäure mit einem geeigneten Kohlensäuregehalt versehen. Bei den Bierdruckapparaten verfolgt die Verwendung künstlicher Kohlensäure einen doppelten Zweck; einerseits verhindert sie ein Entweichen der im Bier enthaltenen Gärungskohlensäure und verzögert dadurch das Verderben des Bieres, anderseits dient sie als Druckmittel zur Beförderung des Bieres vom Faß in andere Gefäße oder zum Schankhahn. Die geringen Mengen Kohlensäure, die dabei in das Bier gelangen, entweichen nach kurzer Zeit, so daß von einer Zutat im Sinne des § 1 Abs. 1 AB. nicht gesprochen werden kann.

(FME. v. 6. Oktober 1908 III 17579.)

Anm. 4. Die Verwendung von in Weinsteinsäure gelöster Hausenblase ist nur insoweit zulässig, als sie als Bierklärmittel dient. Einen sauren Geschmack des Bieres darf sie nicht zur Folge haben.

(FME. v. 4. August 1909 III 12919.)

Anm. 5. In Weinsteinsäure aufgelöste Hausenblase wird namentlich bei Bereitung von säuerlichen Bieren von der Art des Berliner Weißbiers verwendet.

Die Festsetzung eines Mengenverhältnisses schien entbehrlich, da bei dem hohen Preise der

Hausenblase ihre Verwendung auf das Bedürfnis beschränkt bleiben wird.

(FME. v. 24. November 1908 III 20009.)

Anm. 6. Buchen-, Haselnuß- u. dgl. Späne sind zugelassen worden, weil sie nur mechanisch wirken.

Anm. 7. Damit es bei der Verwendung von Malzmehl möglich wird, das ursprüngliche Gewicht des Malzes behufs Versteuerung festzustellen, mußte in den Brauereien, die die Brausteuer auf Brauanzeige oder im Wege der Abfindung entrichten, die Verwendung von Malzmehl an die Bedingung geknüpft werden, daß die Herstellung des Malzmehls in der Brauerei selbst erfolgt. Auch ist dafür zu sorgen, daß eine Vertauschung usw. des in der Brauerei hergestellten Malzmehls mit anderem Mehle ausgeschlossen wird. (Vgl. § 12 AB.)

Anm. 8. Zu den Mineralsalzen gehört auch das Kochsalz.

(FME. v. 4. August 1909 III 12919.)

Anm. 9. Es hat sich herausgestellt, daß die Zulassung einer Härtung des Brauwassers durch Zusetzen von Gipspulver oder Einlegen von Gipssteinen in die Brunnen oder Wasserbehälter namentlich bei Bereitung lichter Biere im Bedürfnisse liegt. Der Zusatz ist gestattet unter der Bedingung, daß er vor Beginn des Braukts erfolgt.

(Hamburg, 23. Juli 1907 2478, Kunckel 1907 S. 213.)

Anm. 10. Die Oberzolldirektionen in Königsberg, Berlin und Breslau sind ermächtigt worden, Brauern bei nachgewiesenem Bedürfnisse den Zusatz von Gips zum Brunnenwasser unter der Bedingung zu gestatten, daß der Zusatz vor Beginn des Braukts erfolgt.

(FME. v. 24. Juni 1907 III 11412.)

Anm. 11. Die steuerfreie Verwendung selbstgewonnener Hopfenbrühe (d. h. des Auszuges aus den bei der Bierbereitung zurückgebliebenen, Bierwürze enthaltenden

Hopfentrebern mittels heißen Wassers) und selbstgewonnenen Glattwassers (d. h. des letzten, beim Abläutern von Trebern abfließenden Würzanteils, welcher nach wiederholtem Aufgießen [Anschwänzen] von heißem oder kaltem Wasser gewonnen wird) ist bei der Bierbereitung unter folgenden Bedingungen und Kontrollvorschriften gemäß FME. v. 29. April 1900 III 5082 zu gestatten:

1. Die fraglichen Stoffe sind nur in bestimmten, ein für allemal vorher anzuzeigenden Geräten aufzubewahren.
2. Der Brauer hat ein in der Brauerei aufzubewahrendes, jederzeit zugängliches Revisionsbuch zu führen, worin er unter fortlaufender Nummer (Spalte 1) den Tag und die Stunde (Spalte 2) der Einmaischung, unter Berücksichtigung der (jetzt) im § 19 Abs. 1 BrauStG. gegebenen Vorschriften zu deklarieren.
3. Seitens der Aufsichtsbeamten ist häufiger, insbesondere aber kurz vor der Einmaischung mittels eines vom Brauer zu stellenden, jederzeit zugänglichen Saccharimeters der Zuckergehalt der Hopfenbrühe bzw. des Glattwassers festzustellen und das Ergebnis
4. in Spalte 3 des Revisionsbuchs einzutragen.
5. Die Genehmigung der steuerfreien Verwendung ist nur unter Vorbehalt jederzeitigen Widerrufs zu erteilen.

Anm. 12. Die dem Hauptzollamte erteilte Ermächtigung, den Brauern auf Antrag die steuerfreie Verwendung von selbstgewonnenem Glattwasser und von selbstgewonnener Hefenbrühe zu gestatten, bleibt auch unter der Herrschaft des neuen BrauStG. aufrechterhalten mit der Maßgabe, daß diejenigen Brauer, welche ober- und untergäriges Bier nebeneinander herstellen, je ein Revisionsbuch für das aus obergärigem und für das aus untergärigem Bier stammende Glattwasser zu führen haben, und daß das aus obergärigem Bier stammende Glattwasser nur bei Herstellung obergärigen und ebenso das bei Herstellung untergärigen Biers gewonnene Glattwasser nur zur Bereitung untergärigen Biers verwendet werden darf. Ferner hat der Bezirksoberkontrolleur eine bestimmte, vom Hauptzollamt festzusetzende Anzahl von Prüfungen des Glattwassers auf seinen Zuckergehalt mittels Saccharimeter vorzunehmen.

Im übrigen verbleibt es bei den im FME. v. 29. April 1800 III 5082 bisher vorgeschriebenen Bedingungen und Kontrollmaßregeln.

Anm. 13. Den Direktivbehörden ist im Interesse der Vereinfachung des Geschäftsganges und zur Vermeidung des Schreibwerks bei Ausführung des BrauStG. die Ermächtigung beigelegt worden, den Hauptämtern die Befugnis zur Genehmigung der Zusetzung von Surrogaten zu dem bereits gekochten Biere zu übertragen.

(FME. v. 17. Juni 1898 III 8592.)

Diese Befugnis ist auch durch den FME. v. 26. März 1907 III 3933 nicht beseitigt worden.

Daher können die Hauptämter wie bisher Anträgen auf Verwendung von Farbebier nach Abschluß des Brauverfahrens selbständig stattgeben.

Daß der Zusatz von Farbebier oder Zucker auch zum fertigen Biere oder nach dem Kochen zur Würze erfolgen darf, geht aus der Anl. z. Gebr. des Steuerbuchs (Muster 12) Ziffer 2d hervor.

Anm. 14. Sogenannte Hefenbrühe, welche bei der Preßhefenfabrikation als Nebenprodukt gewonnen und neben anderer Verwendung insbesondere zur Essigbereitung verwendet wird, ist für ein zur Bierbereitung geeignetes Material nicht zu erachten. Es unterliegt daher die Bereitung von Essig aus Hefenbrühe weder

der Kontrollierung noch der Besteuerung nach Maßgabe des Ges.

(FME. v. 26. April 1873 III 5721.)

Anm. 15. In betreff des Spitzmalzes s. § 7 der AB.

Ober- und untergäriges Bier.

§ 3. (1) Als obergärig gelten die mit obergäriger, Austrieb gebender Hefe hergestellten, als untergärig die mit untergäriger, ausschließlich zu Boden gehender Hefe bereiteten Biere. Der Alkoholgehalt der Biere ist für die Unterscheidung ohne Belang. Eine Anleitung für die Unterscheidung zwischen ober- und untergärigem Biere enthält die Anlage A.

(2) Die Verwendung von Zucker ist nur bei der Bereitung von solchem Biere zulässig, dessen Würze mit reiner obergäriger Hefe, also weder mit untergäriger Hefe noch mit einer aus obergäriger und untergäriger Hefe zusammengesetzten Mischhefe angestellt worden ist[1]. Das Hauptamt kann jedoch im Bedürfnisfalle die Zuckerverwendung auch bei der Bereitung solcher Biere widerruflich gestatten, die in der Hauptgärung mit reiner Oberhefe vergoren werden, denen jedoch nachher eine verhältnismäßig geringe Menge untergäriger Hefe oder untergäriger Kräusen (in Gärung befindlicher, mit untergäriger Hefe angestellter Würze) zum Zwecke einer besseren Klärung oder zur Erzielung eines festeren Absetzens der Hefe

zugesetzt wird. Die Genehmigung ist an folgende Bedingungen zu knüpfen:

a) der Zusatz der untergärigen Kräusen darf 15 vom Hundert der Menge der mit reiner obergäriger Hefe angestellten Würze nicht überschreiten;

b) der Zusatz von untergäriger Hefe oder untergärigen Kräusen darf niemals in den Anstell- oder Gärbottichen erfolgen, sondern, sofern das Bier die Haupt- und Nachgärung in der Brauerei durchmacht, erst in den Gär- und Lagerfässern und auch hier erst, wenn keine Hefe mehr ausgestoßen wird und der auftretende zarte weiße Schaum erkennen läßt, daß die Hauptgärung und der erste Teil der Nachgärung — die sogenannte beschleunigte Nachgärung — beendet ist. Sofern das Bier in der Brauerei nur angegoren wird, darf der Zusatz erst in den Versandgefäßen stattfinden.

Anm. Da es verschiedentlich vorgekommen ist, daß Brauereien, die sowohl obergäriges als auch untergäriges Bier herstellen und bei der Herstellung obergärigen Bieres Zuckerstoffe verwenden, auch dem untergärigen Biere Zucker zugesetzt haben, weist ein FME. darauf hin, daß es geboten erscheine, daß die Steuerbeamten von der ihnen nach § 34 des BrauStG. zustehenden Befugnis, die Steueraufsicht auch auf die Gärräume und Gärbottiche sowie auf die Aufbewahrungsräume für Zucker, Malz, Hefe usw. auszudehnen, in ausreichender Weise Gebrauch machen.

Zu § 1 Abs. 2 des Gesetzes.

Abweichungen von der Vorschrift im § 1 Abs. 1 des Gesetzes.

§ 4. (1) **Die nach** § 1 **Abs.** 2 **des Gesetzes zulässigen Abweichungen von der Vorschrift im** § 1 **Abs.** 1 **des Gesetzes für besondere Biere und für Bier, das nachweislich zur Ausfuhr bestimmt ist, unterliegen der Genehmigung der obersten Landesfinanzbehörde und den von ihr angeordneten Bedingungen**[1].

(2) **Zur erstmaligen Zulassung von Abweichungen für jede Art der besonderen Biere bedarf die oberste Landesfinanzbehörde der Zustimmung des Reichskanzlers.**

Anm. 1. In den Brauereien, in denen für die Bereitung des nachweislich zur Ausfuhr bestimmten Bieres Abweichungen von der Vorschrift des § 1 BrauStG. gestattet worden sind, sind die nachstehenden Aufsichtsmaßnahmen angeordnet worden. Etwaige Abweichungen hat sich der Herr FM. vorbehalten.

(FME. v. 6. August 1907 III 8615.)

Aufsichtsmaßnahmen für die Verwendung von Ersatzstoffen bei der Herstellung von nachweislich zur Ausfuhr bestimmtem Bier.

1. Wer andere Stoffe als Gerstenmalz, Hopfen, Hefe und Wasser zur Bereitung von untergärigem Bier, das zur Ausfuhr bestimmt ist, verwenden will, hat der Steuerhebestelle eine schriftliche Erklärung in doppelter Ausfertigung abzugeben. In der Erklärung sind die Ausnahmestoffe zu bezeichnen, und es ist die Art der beabsichtigten Verwendung, insbesondere bei welchem Abschnitte der Bierbereitung sie jedesmal erfolgen soll, näher zu beschreiben. Ferner ist darin die Sonderbenennung und Farbe (hell oder dunkel) der herzustellenden Ausfuhr-

biere anzugeben. Nach Prüfung der Erklärung durch den Oberkontrolleur ist die eine Ausfertigung dem Brauer zur Aufnahme in das Brauereibelegheft zu übersenden. Bei dem Betriebe ist die Erklärung genau zu befolgen. Spätere Änderungen sind vorher in der obigen Weise schriftlich anzuzeigen.

2. Als Ausnahmestoffe dürfen nur Reis, Zucker und Zuckerfarbmittel (Zuckercouleur) verwendet werden.

Die Zuckerstoffe unterliegen der gesetzlichen Brausteuer (§ 5 Abs. 3 u. § 6 BrauStG.).

3. Die Ausnahmestoffe dürfen nur in den besonders anzumeldenden und vom Oberkontrolleur genehmigten Räumen, die von der Braustätte gänzlich getrennt sein müssen, aufbewahrt und nicht früher als mit Beginn desjenigen Abschnitts der Bierbereitung, bei dem sie nach der Erklärung (Ziff. 1) Verwendung finden sollen, und nicht in größerer als der für das betreffende Gebräu angemeldeten Menge in die Braustätte eingebracht oder dem fertigen Biere zugesetzt werden. Der zur Herstellung des Ausfuhrbieres bestimmte Zucker kann dauernd unter amtlichen Verschluß genommen werden. Der zur Herstellung von obergärigem Bier bestimmte Zucker ist von dem für das Ausfuhrbier bestimmten getrennt zu halten. Er darf ebenfalls nur in besonders angemeldeten und vom Oberkontrolleur genehmigten Räumen, die aber dieselben wie die zur Aufbewahrung der Ausnahmestoffe für das Ausfuhrbier bestimmt sein können, gelagert werden. In anderen als den angemeldeten Räumen des Brauereigrundstücks dürfen Zuckerstoffe nicht aufbewahrt werden; ausgenommen sind Zuckervorräte, die sich in den auf dem Brauereigrundstücke belegenen Privatwohnungen befinden und lediglich zum Verbrauch im Haushalte der Wohnungsinhaber bestimmt sind.

4. Die Aufbewahrungsräume sind durch eine Tafel mit entsprechender Aufschrift, z. B. „Zucker und Reis nur

für Ausfuhrbier" oder „Zucker für obergäriges Bier" oder „Zucker für obergäriges und für Ausfuhrbier" kenntlich zu machen.

5. Über die **Ausnahmestoffe** hat der Brauer ein Verwendungsbuch (nach Muster 9 der AB. zum BrauStG.) zu führen.

Für jede Gattung ist darin eine besondere Abteilung anzulegen.

6. Die Zuckerstoffe (§ 2 Abs. 2 des BrauStG.) sind im Steuerbuche mit dem Zusatze „für Ausfuhrbier" zur Versteuerung anzumelden (§ 21 a. a. O.), ihre Verwendung ist amtlich zu beaufsichtigen (§ 25 a. a. O.).

7. Im Einmaischungsbuche sind die Zuckerstoffe und die steuerfreien Ausnahmestoffe bei dem betreffenden Sude in Spalte 4 u. 5 nach dem Zeitpunkte ihrer Verwendung und in Spalte 6 u. 7 nach ihrer Gattung und Menge vor ihrer Verbringung in die Braustätte (Ziff. 3) einzutragen. In Spalte 8 des Einmaischungsbuchs ist das Ausfuhrbier als solches und mit seiner Sonderbenennung und Farbe zu bezeichnen.

Werden Zuckerstoffe dem **fertigen** Biere zugesetzt, so sind sie unter einer besonderen Nummer einzutragen; in Spalte 8 u. 9 ist der Zweck der Verwendung und die Menge und Art des Bieres anzugeben, z. B. „zum Färben von 35 hl hellem Ausfuhrbier."

8. Die gleichzeitige Einmaischung von Braustoffen für Inlandsbier und Ausfuhrbier und die **zeitlich zusammenliegende** Benutzung desselben Sudhauses für beide Biere ist untersagt.

9. Die Gär- und Lagerfässer, in denen sich Ausfuhrbier befindet, sind mit einer die Bezeichnung „Ausfuhrbier" aufweisenden Tafel zu versehen. Das Hauptamt kann anordnen, daß das Ausfuhrbier in besonderen, von den übrigen Gär- und Lagerräumen getrennten Räumen aufbewahrt wird. In diesem Falle genügt die Anbringung

einer die Bestimmung des Raumes kennzeichnenden Tafel am Eingange des Raumes.

10. Das unter Verwendung von Ausnahmestoffen bereitete Bier darf **nur** zur **Ausfuhr aus dem Deutschen Reiche**, keinesfalls aber in den **Inlandsverbrauch** gelangen. Die Ausfuhr muß unmittelbar von der Brauerei aus erfolgen.

11. Der Brauer selbst oder sein mit Genehmigung des Oberkontrolleurs ein für allemal dazu bestimmter Vertreter hat ein Brau- und Versandbuch nach dem besonders vorgeschriebenen Muster zu führen.

Die Oberbeamten der Steuerverwaltung sind befugt, die Bücher des Brauers, die über die Bereitung und den Verbleib des Ausfuhrbiers Auskunft geben müssen, jederzeit einzusehen.

12. In den Ausfuhranmeldungen, die auch dann abzugeben sind, wenn eine Steuervergütung nicht beansprucht wird, ist das Ausfuhrbier mit seiner Sonderbenennung und Farbe zu bezeichnen.

13. Jährlich mindestens zweimal sind von dem Oberkontrolleur unter Zuziehung des Brauers oder seines Vertreters **Bestandsaufnahmen** der Ausnahmestoffe und der Ausfuhrbiere vorzunehmen. Zu diesem Zwecke sind das Verwendungsbuch und das Brau- und Versandbuch in Zu- und Abgang abzuschließen zwecks Darstellung des Sollbestandes. Die Menge des Biers kann unter Berücksichtigung der auf den Gefäßen eingebrannten Literzahl durch Schätzung ermittelt werden. Über das Ergebnis der Bestandsaufnahme ist eine Verhandlung aufzunehmen und dem Hauptamte einzureichen.

Die bei der Bestandaufnahme erforderlichen Hilfsdienste hat der Brauer, wie in § 36 des BrauStG. vorgeschrieben, zu leisten oder leisten zu lassen.

14. Der Brauer unterwirft sich für den Fall, daß die vorstehenden und die etwa noch vorzuschreibenden Aufsichtsmaßnahmen von ihm selbst oder von seinen Ver-

waltern, Gewerbsgehilfen sowie von denjenigen Hausgenossen nicht befolgt werden, die in der Lage sind, auf den Gewerbebetrieb Einfluß zu üben — unabhängig von etwaigen gegen den Schuldigen zu erkennenden gesetzlichen Strafen —, einer von dem Hauptamte unter Ausschluß des Rechtsweges festzusetzenden, im Verwaltungswege einzuziehenden Vertragsstrafe bis zu 500 Mk. für jeden Fall der Zuwiderhandlung. Außerdem kann die Befugnis zur Verwendung von Ausnahmestoffen für das zur Ausfuhr bestimmte Bier entzogen werden.

Zu § 1 Abs. 4 des Gesetzes.

Gegorene Getränke.

§ 5. Ein Getränk, bei dem die Gärung (Alkoholerzeugung) durch Erhitzen (Pasteurisieren) unterbrochen worden ist, ist als gegoren im Sinne des Gesetzes anzusehen.

Malzbier.

§ 6. (1) Unter der Bezeichnung „Malzbier" oder einer sonstigen Bezeichnung, die das Wort Malz enthält, darf ein Bier, das unter Mitverwendung von Zucker hergestellt worden ist, nur dann in den Verkehr gebracht werden, wenn neben dem Zucker noch mindestens 15 Kilogramm Malz zur Bereitung von einem Hektoliter Bier verwendet worden sind.

(2) Die Verwendung von Zucker bei der Herstellung von Malzbier ist in den auf den Gefäßen (Fässern, Flaschen) anzubringenden Etiketten sowie auf den von der Brauerei herausgegebenen Plakaten und sonstigen Anpreisungen des Malzbieres

in deutlich lesbarer Schrift an augenfälliger Stelle anzugeben.

Anm. Siehe Anm. 23 zu § 1.

Anm. FME. v. 1. September 1909 III 14141.

Zur Ermöglichung des Aufbrauchens der noch im Besitze der Malzbierbrauereien befindlichen alten Etiketten, die den Vorschriften des § 6 Abs. 2 der Brausteuer-ausführungsbestimmungen nicht entsprechen, ist für die Verwendung vorschriftsmäßiger Etiketten eine Übergangsfrist von drei Monaten und für den Ersatz der alten Plakate eine solche von sechs Monaten zuzulassen.

Zu § 2 des Gesetzes.

Spitzmalz.

§ 7. Sogenanntes Spitzmalz, das ist angekeimtes Getreide, bei dem die Keimung so zeitig unterbrochen worden ist, daß die gebildete Diastase ohne Hinzunahme anderen Malzes zur Verzuckerung der Maische nicht ausreicht, ist nicht als Malz im Sinne des Gesetzes anzusehen.

Zu § 3 des Gesetzes.

Bierähnliche Getränke.

§ 8. (1) Als bierähnlich im Sinne des § 3 des Gesetzes sind diejenigen Getränke anzusehen, welche unter Verwendung oder Mitverwendung von Malz oder Malzauszügen[1]) oder durch Vergärung von Zucker hergestellt sind und als Ersatz für Bier in den Handel gebracht oder genossen zu werden pflegen[2]). Die Verwendung anderer Malzersatzstoffe als Zucker ist bei der Herstellung dieser Getränke verboten. Die Verwendung von Erzeugnissen der Malzdestillation gilt nicht als Malzverwendung in obigem Sinne[3]).

(2) Malz und Zucker, die zur Bereitung der bierähnlichen Getränke unmittelbar oder mittelbar (z. B. in Gestalt von Malzauszügen) verwendet werden, unterliegen der Brausteuer.

(3) Die Anstalten, in denen die Bereitung bierähnlicher Getränke stattfindet, sind als Brauereien anzusehen.

Anm. 1. Bei der mittelbaren Verwendung von Malz zur Herstellung bierähnlicher Getränke ist die Brausteuer von der Malzmenge zu erheben, die zur Herstellung des Zwischenerzeugnisses (z. B. der Malzauszüge) erforderlich war. Das im einzelnen Falle anzuwendende Umrechnungsverhältnis ist von dem Hauptamte festzusetzen.

(FME. v. 20. Juni 1906 III 9722.)

Anm. 2. Unter Berücksichtigung der Vorschrift in § 8 der AB. zu § 3 muß das bierähnliche Getränk

1. unter Verwendung oder unter Mitverwendung von Malz oder Malzauszügen oder durch Vergärung von Zucker hergestellt sein und
2. ein Biererſatzgetränk darstellen.

Demnach fallen unter den Begriff „bierähnliches Getränk“ (s. FME. v. 16. April 1908 III 6595) nicht die Limonaden und ähnliche kohlensaure Erfrischungsgetränke sowie die Malzbrauselimonaden, soweit sie sich von den anderen Limonaden lediglich dadurch unterscheiden, daß sie statt des Fruchtgeschmacks einen Geschmack nach Malz aufweisen, ohne die gärungsfähigen Bestandteile des Malzes (Kochauszüge) zu enthalten, und soweit sie auch nur als Limonaden in den Verkehr gebracht werden.

Anm. 3. Die Annahme, daß im § 1 BrauStG. der Begriff des Bieres und im § 8 Abs. 1 AB. derjenige der bierähnlichen Getränke gegeben sei, und daß deshalb nur Getränke, die Malz enthalten, als Bier oder bierähnlich angesehen werden könnten, ist nicht zutreffend.

Der Erlaß des Surrogatverbots hat zur Voraussetzung, daß Bier auch aus anderen als den zugelassenen Stoffen herzustellen ist. Aus demselben Grunde ist auch der Kreis der bierähnlichen Getränke an und für sich weiter als § 8 AB. es angibt. Wie aus seinem Inhalte zweifelsfrei hervorgeht, bezieht sich dieser Paragraph auch nur auf den ersten Abs. des § 3 des Ges. und nicht auf den Abs. 2, dessen Auslegung in Frage steht.

Zur Anwendung dieser letzteren Vorschrift ist es nicht erforderlich, daß die Bierextrakte und dgl. Malz oder Malzauszüge enthalten. Nach dem Wortlaute und der Absicht des § 3 Abs. 2 des Ges. kommt es überhaupt nicht darauf an, ob die Bierextrakte ihren Bestandteilen nach zur Bereitung von Bier oder bierähnlichen Getränken geeignet sind. Die Vorschrift verdankt ihre Entstehung dem Bestreben, die als „Bierextrakte" oder unter einer ähnlichen Bezeichnung zum Verkauf gelangenden Erzeugnisse schlechthin zu unterdrücken. Die Zusammensetzung dieser Erzeugnisse konnte schon wegen ihrer großen Verschiedenheit nicht zum maßgebenden Unterscheidungsmerkmal gemacht werden. Es wurde deshalb durch die Fassung: „zur Herstellung .... bestimmten" der Verwendungszweck in den Vordergrund gestellt und zwar dergestalt, daß, sofern über diesen kein Zweifel besteht, es einer Untersuchung, ob das Erzeugnis den Zweck auch erfüllt, nicht mehr bedarf.

Hiernach unterliegen dem Verkehrsverbote auch solche Bierextrakte, die lediglich aus Zuckercouleur bestehen. Die in § 3 Abs. 2 vorgesehene Ausnahme bezieht sich nur auf die aus technisch reinem Rohr-, Rüben- oder Invertzucker sowie aus Stärkezucker hergestellten Farbmittel (zur Verwendung bei der Bierbereitung). Dieser Ausdruck ist mit Absicht gewählt (s. § 1 Abs. 1). Es geht aus ihm hervor, daß es nicht allein auf die Art der Herstellung, sondern auch auf den Verwendungszweck der Zubereitungen ankommt; nur solche in der angegebenen Weise hergestellten Zubereitungen sind von dem Verbote ausgeschlossen, die dazu bestimmt sind, bei der Bereitung von Bier oder bierähnlichen Getränken als Farbmittel verwendet zu werden.

Nach dem Gesagten sind endlich auch solche Bierextrakte, die lediglich aus den in § 1 Abs. 1 des Ges. zugelassenen Stoffen bestehen, dem Verkehrsverbote unterworfen.

(FME. v. 26. Februar 1907 III 2550.)

Verbotene Zubereitungen.

§ 9. Das Verbot des § 3 Abs. 2 des Gesetzes bezieht sich auf solche Zubereitungen, die nach ihrer Bezeichnung, Gebrauchsanweisung oder Anpreisung usw. zur Herstellung der in § 8_1 genannten bierähnlichen Getränke oder von Bier bestimmt sind. Die Lösung einer der in § 1 Abs. 1 des Gesetzes bezeichneten Zuckerarten in Wasser gilt nicht als Zubereitung, wohl aber ein Gemisch von Lösungen verschiedener Zuckerarten, oder von Zuckerlösungen mit Farbmitteln, Malzauszügen, Bier oder anderen Stoffen, ebenso Malzauszüge oder Bier allein.

Farbebier.

§ 10. (1) Für das zur Bereitung von Farbebier verwendete Malz ist die Brausteuer zu entrichten.

(2) Die Bestimmungen über die Herstellung

und Verwendung von Farbebier sind in der Anlage B enthalten.

(3) Farbebiere, die außerhalb des Geltungsgebiets des Brausteuergesetzes hergestellt sind, dürfen nicht verwendet werden.

Anm. Die Verwendung solcher Farbebiere darf auch nicht zur Bereitung von obergärigen Bieren erfolgen

Zu § 4 des Gesetzes.

Besteuerung der Essig- und Malzextraktbereitung.

§ 11. (1) Das zur Essigbereitung verwendete Malz ist auch in dem Falle steuerpflichtig, wenn aus der zur Herstellung des Essigs dienenden Malzwürze zugleich flüssige Hefe gewonnen wird.

(2) Erfolgt die Essigbereitung vorwiegend aus Branntwein, so bleibt ein Zusatz von Malz steuerfrei.

(3) Die Bereitung von Malzextrakt zu Heilzwecken in Apotheken und pharmazeutischen Laboratorien nach den Vorschriften des Deutschen Arzneibuchs[1]) und ebenso die Bereitung von Malzextrakten und sonstigen Malzauszügen in Anlagen, in denen diese Erzeugnisse zur Herstellung anderer Waren, z. B. Zucker- und Malzzuckerwaren, Malzessenz und dergleichen restlos weiterverarbeitet oder mitverarbeitet werden, ist der Brausteuer nicht unterworfen. Die Bereitung von Malzextrakt und sonstigen Malzauszügen in diesen Anlagen ist jedoch, wenn sie gewerbsmäßig erfolgt,

dem zuständigen Hauptamt anzumelden und unterliegt den von diesem erforderlichenfalls anzuordnenden Überwachungsmaßnahmen.

(4) Wird Malz in anderen als den in Abs. 3 bezeichneten Anlagen zur Herstellung von Malzextrakt oder sonstigen Malzauszügen verwendet oder wird von den in Abs. 3 bezeichneten Anlagen ein Teil der gewonnenen Malzauszüge verkauft oder zur Herstellung von Bier, bierähnlichen Getränken oder Essig weiterverarbeitet, so ist die Brausteuer von der gesamten verwendeten Malzmenge zu entrichten. Die Anlagen sind in diesem Falle als Brauereien anzusehen.

Anm. Die Einmaischung von Gerstenmalzschrot zur Bereitung von Malzextrakt nach den Vorschriften der Pharmacopoea germanica (extractum malti) kann ohne Rechtsirrtum als eine nicht zum Zwecke der Bierbereitung erfolgte Einmaischung angesehen werden. (OTrE. v. 28. September 1877.)

Zu § 5 des Gesetzes.

Ermittelung des steuerpflichtigen Gewichts. a) im allgemeinen.

§ 12. (1) Das Reingewicht der Braustoffe ist entweder durch Verwiegung der Braustoffe allein oder in der Weise zu ermitteln, daß das Rohgewicht festgestellt und davon das nach der Entleerung zu ermittelnde Gewicht der Umschließung abgezogen wird.

(2) Kommen die Braustoffe regelmäßig in Umschließungen von gleicher Beschaffenheit und Größe zur Wage, so sind Probeverwiegungen zulässig[1]).

(3) Werden die Braustoffe unverpackt in Kasten oder sonstigen festen Behältern zur Wage abgelassen und bedarf es zur Ermittelung ihres Reingewichts der Verwiegung des Kastens oder der Behälter in leerem Zustande, so kann, sofern eine Vertauschung der Behälter oder eine Gewichtsänderung nicht zu besorgen ist oder durch geeignete Maßnahmen verhütet werden kann, das einmal ermittelte Gewicht der Behälter bei späteren Verwiegungen in Rechnung gestellt werden. Dieses Gewicht ist auf dem Behälter deutlich und in dauerhafter Weise zu bezeichnen; ferner hat der Brauer jede beabsichtigte Änderung der Größe oder der sonstigen Beschaffenheit des Behälters der Hebestelle vorher schriftlich anzuzeigen[2]. Das Gewicht ist von Zeit zu Zeit von den Aufsichtsbeamten nachzuprüfen. Der Prüfungsbefund ist im Einmaischungsbuche (§ 61 $_1$) oder Steuerbuche (§ 61 $_2$) zu vermerken.

(4) Bildet der Kasten oder sonstige feste Behälter mit der Wage dergestalt ein zusammengehöriges Ganze, daß die Wage im Gleichgewichte steht, wenn der Behälter leer ist und auf der Wagschale keine Gewichte aufliegen, so ist der Brauer dafür verantwortlich, daß die Wage jederzeit richtig eingestellt ist. Die Aufsichtsbeamten haben sich gelegentlich der Abfertigungen von Zeit zu Zeit entweder unmittelbar vor der Befüllung oder unmittelbar nach der — in diesem Falle zu

überwachenden — Entleerung des Behälters von der richtigen Einstellung der Wage zu überzeugen.

Anm. 1. In welchem Umfange die nachgelassenen Probeverwiegungen stattzufinden haben, ist dem Ermessen der betreffenden Aufsichtsbeamten überlassen. Den Oberzolldirektionen bleibt es jedoch vorbehalten, nach Bedürfnis dahin Anordnung zu treffen, daß die Probeverwiegungen sich mindestens auf einen gewissen Prozentsatz (etwa 10% der Maischpost) zu erstrecken haben.

(FME. v. 28. November 1872 III 17609, ZBl. S. 343.)

Anm. 2. Wenn eine Tarierung der von der Wage getrennten festen Behälter ein für allemal stattfindet, so ist das Ergebnis alsbald durch einen Vermerk in dem in der Brauerei befindlichen Exemplar der Nachweisung der Räume und Gefäße (s. Muster 3 S. 4) bzw. auf einen angehefteten Bogen zu machen.

b) bei Malz, das eine Gewichtsverminderung erlitten hat.

§ 13. (1) **Wird in der Brauerei selbst hergestelltes Malzmehl oder Malzschrot, aus dem in der Brauerei die Hülsen (Spelzen) durch Sichten, Sieben, Sortieren oder auf andere Weise ganz oder teilweise entfernt worden sind (§ 2_5 Satz 2) zur Bierbereitung verwendet, so gilt als steuerpflichtiges Gewicht das nach § 12 zu ermittelnde Gewicht des Malzes vor der Vermahlung oder des Malzschrots vor der Entfernung der Hülsen.**

(2) **Gelangt Malz, das vor dem Schroten — vor der Vermahlung — durch völliges oder teilweises Schälen — völliges oder teilweises Enthülsen — (§ 2_5 Satz 1) oder durch eine sonstige Bearbeitung, mit Ausnahme des Reinigens, eine**

wesentliche Gewichtsverminderung erlitten hat, oder aus solchem Malze hergestelltes Malzschrot zur Verwendung, so sind dem nach § 12 zu ermittelnden Gewichte dieses geschälten Malzes oder des daraus hergestellten Malzschrots 18 vom Hundert zuzuschlagen, sofern von dem Brauer nicht nachgewiesen wird, daß die durch die Vorbearbeitung herbeigeführte Gewichtsverminderung weniger als 15 vom Hundert des ursprünglichen Gewichts des Malzes betragen hat. Der Nachweis kann, wenn das Enthülsen oder die sonstige Gewichtsverminderung nicht in der Brauerei selbst stattgefunden hat, durch eine Bescheinigung des Steueramts geführt werden, in dessen Bezirke die Anstalt liegt, in welcher die das Gewicht vermindernde Bearbeitung des Malzes vorgenommen worden ist.

(3) Als eine wesentliche Gewichtsverminderung im Sinne des § 5 Abs. 2 des Gesetzes ist eine Verminderung um mehr als 1 vom Hundert des ursprünglichen Malzgewichts anzusehen.

(4) Das Entfernen der Wurzel- und Blattkeime des Malzes vor der Verwiegung gilt als ein Teil der Reinigung und bedingt einen Gewichtszuschlag (Abs. 2) nicht.

c) für Brauzucker.

§ 14. (1) Bei der Feststellung des für die Berechnung der Steuer maßgebenden Gesamtgewichts der steuerpflichtigen Braustoffe werden im Laufe des Rechnungsjahrs von der verwendeten Zuckermenge die ersten 37,5 Doppelzentner außer Ansatz gelassen, die folgenden 25 Doppelzentner nur mit der Hälfte, die darauf folgenden 25 Doppelzentner nur mit dem Einfachen und erst der Rest mit dem Anderthalbfachen des Gewichts in Ansatz gebracht.

(2) Am Schlusse des Rechnungsjahrs hat die Hebestelle an Hand der Anschreibungen im Brausteuer-Gegenbuche (§ 94_1) zu prüfen, ob die Gesamtmenge des verwendeten Zuckers nicht mehr als 25 vom Hundert des Gesamtgewichts des zur Herstellung von obergärigen Bieren verwendeten Malzes betragen hat und, wenn dies der Fall ist, ob die überschießende Zuckermenge mit dem Anderthalbfachen ihres Gewichts bei der Steuerberechnung in Ansatz gebracht worden ist. Verwendetes Weizenmalz ist hierzu mit seinem vollen Gewichte zu berücksichtigen.

(3) Stellt sich bei der Prüfung heraus, daß ein Teil der über 25 vom Hundert des Gewichts des zu obergärigen Bieren verbrauchten Malzes hinaus verwendeten Zuckermenge mit weniger als dem Anderthalbfachen seines Gewichts zur Steuerberechnung herangezogen worden ist, so hat für diesen Teil eine Umrechnung stattzufinden. Das sich hierbei ergebende Mehrgewicht ist dem bis dahin angeschriebenen Gesamtgewichte der steuerpflichtigen Braustoffe zuzusetzen, der darauf ent-

fallende Steuerbetrag dem Brauer mitzuteilen und von letzterem sofort bar einzuzahlen.

(4) Sind z. B. in einer Brauerei im Laufe des Rechnungsjahrs im ganzen zur Herstellung von obergärigen Bieren 100 Doppelzentner Weizenmalz, 200 Doppelzentner anderes Malz und 100 Doppelzentner Zucker verwendet worden, so müssen *im Laufe des Rechnungsjahres* als steuerpflichtiges Gesamtgewicht gemäß Abs. 1 und der Vorschrift in § 5 Abs. 3 des Gesetzes angeschrieben sein:

für die 100 dz Weizenmalz	80	dz,
„ „ 200 „ anderes Malz	200	„
„ „ ersten 37,5 dz Zucker (frei) . .	—	„
„ „ folgenden 25 dz Zucker (halbes Gewicht)	12,50	„
„ „ „ 25 „ „ (einfaches Gewicht)	25	„
„ den Rest von 12,5 „ „ (einein- halbfaches Gewicht)	18,75	„
Versteuert sind also im ganzen	336,25	dz.

(5) Die Steuervergünstigung für Brauzucker kommt aber nur für 25 vom Hundert des Gesamtgewichts des verwendeten Malzes (Weizen- und anderen Malzes), also nur für 75 Doppelzentner Zucker in Frage. Es hätten also 25 Doppelzentner Zucker mit dem Anderthalbfachen des Gewichts in Ansatz kommen müssen, während nur

12,50 Doppelzentner mit dem Anderthalbfachen, der Rest von 12,50 Doppelzentner aber nur mit 12,50 Doppelzentner (dem Einfachen des Gewichts) zum Ansatze gekommen sind. Diese 12,50 Doppelzentner sind in 18,75 Doppelzentner umzurechnen, das Mehrgewicht von 6,25 Doppelzentner dem bis dahin angeschriebenen Gesamtgewichte der steuerpflichtigen Braustoffe von 336,25 Doppelzentner zuzusetzen und der Brausteuerbetrag für das zugesetzte Mehrgewicht von 6,25 Doppelzentner zum Satze von 15 Mk. für einen Doppelzentner mit 93,75 Mk. nachzuerheben.

Zu § 6 des Gesetzes.

Berechnung der Brausteuer beim Wechsel des Besitzers der Brauerei usw.

§ 15. Die Berechnung der Brausteuer nach den verschiedenen Steuersätzen erfolgt nach dem Gesamtgewichte der in einem Brauereibetrieb innerhalb eines Rechnungsjahrs steuerpflichtig gewordenen Braustoffe auch dann, wenn der Betrieb innerhalb des Jahres seinen Besitzer wechselt oder in ein anderes Gebäude verlegt wird, sowie wenn ein innerhalb des Jahres abgemeldeter Brauereibetrieb wieder aufgenommen wird.

Steuerermäßigung für Haustrunkbier. a) Anmeldung.

§ 16. (1) Wer die Ermäßigung der Brausteuer für die zur Bereitung von Haustrunkbier verwendeten steuerpflichtigen Braustoffe (§ 6 Abs. 4 des Gesetzes) in Anspruch nehmen will, hat der

Hebestelle unter Benutzung der von dieser unentgeltlich zu verabfolgenden amtlichen Vordrucke eine Anmeldung in doppelter Ausfertigung einzureichen.

(2) In der Anmeldung ist anzugeben, wie oft und zu welcher Zeit innerhalb eines Rechnungsjahres Haustrunk bereitet werden soll, welche Menge jedesmal hergestellt sowie welche Braustoffe und wieviel von den einzelnen Braustoffen zu jedem Gebräu verwendet werden sollen. Diese Angaben sind schätzungsweise nach bestem Wissen zu machen. Der Anmelder ist jedoch an ihre Einhaltung nicht streng gebunden; er kann, wenn es die Witterung oder andere Umstände erfordern, einen oder einige Sude mehr oder weniger herstellen und bei dem einzelnen Sude hinsichtlich der Menge der verwendeten Braustoffe und des gezogenen Bieres von der Anmeldung etwas abweichen, ohne verpflichtet zu sein, diese Abweichungen der Hebestelle besonders anzumelden, sofern das Gesamtgewicht der steuerpflichtigen Braustoffe die Grenze von 5 Doppelzentner nicht überschreitet (§ 20$_4$).

(3) In der Anmeldung ist ferner die Erklärung abzugeben, daß zur Herstellung des Haustrunks nur obergärige Hefe verwendet und das hergestellte Haustrunkbier nur im Haushalte des Anmelders verbraucht werden soll, sowie daß der Anmelder nicht mit Bier handelt. Diese Erklärungen sind bindend. Eine Abweichung davon

hat den sofortigen Verlust des Anrechts auf die Steuerermäßigung und, wenn die Abweichung darin besteht, daß Haustrunk an nicht zum Haushalte gehörige Personen gegen Entgelt abgegeben wird, oder daß der Anmelder entgegen der abgegebenen Erklärung mit Bier handelt[1]), die Einleitung des Strafverfahrens zur Folge.

(4) Vorübergehend angenommene Arbeiter oder Dienstleute werden zum Haushalte gerechnet, wenn sie dort Kost erhalten.

Anm. Unter Bierhandel wird jeder gewerbsmäßige Absatz von Bier gegen Zahlung verstanden.

b) Geltungsdauer der Anmeldung.

§ 17. Die Anmeldung hat sich auf ein volles Rechnungsjahr oder, sofern ein Teil des Rechnungsjahrs bereits abgelaufen ist, auf den noch nicht abgelaufenen Teil zu erstrecken. Sie gilt auf je ein weiteres Rechnungsjahr bis zur Höchstdauer von weiteren 4 Jahren verlängert, falls nicht in der Anmeldung selbst oder innerhalb 14 Tagen nach Ablauf eines Rechnungsjahrs ausdrücklich ein früherer Zeitpunkt für den Ablauf der Gültigkeit bei der Hebestelle schriftlich angezeigt wird.

c) Feststellung der Steuer.

§ 18. (1) Die Hebestelle hat die eingereichten Anmeldungen zu prüfen und, wenn sich dabei keine Anstände ergeben oder diese sofort beseitigt werden können, den für das laufende Rechnungsjahr zu zahlenden Steuerbetrag unveränderlich, also mit Ausschluß einer Nach- oder Rückzahlung, festzustellen und in beiden Ausfertigungen der Anmeldung sowie im Anhange zum Brausteuer-Gegenbuche (§ 94_2) dem Vordrucke gemäß zu vermerken.

(2) Die Feststellung erfolgt für das erste Jahr auf Grund der Angaben des Haustrunkbrauers in der Anmeldung (§ 16_2); für das zweite und jedes weitere Jahr auf Grund der von dem Haustrunkbrauer auf Seite 3 der Anmeldung über die tatsächliche Verwendung von Malz und Zucker im Vorjahre gemachten Angaben. Beziehen sich die Eintragungen auf Seite 3 der Anmeldung nur auf einen Teil der im voraufgegangenen Rechnungsjahr ausgeführten Gebräue, so sind für die fehlenden Gebräue die Angaben der Anmeldung zugrunde zu legen.

(3) Bei der Steuerfestsetzung sind die Vorschriften über die Steuervergünstigungen für Brauzucker (§ 2 Abs. 3 und § 5 Abs. 3 des Gesetzes und § 14 der Ausführungsbestimmungen) zu berücksichtigen.

(4) Nach bewirkter Steuerfestsetzung erhält der Anmeldende die eine Ausfertigung der Anmeldung zurück; die zweite bleibt bei der Hebestelle.

d) Steuerzahlung.

§ 19. (1) Der festgesetzte Steuerbetrag (§ 18) ist — unbeschadet der dem Haustrunkbrauer wegen der Höhe des Betrags zustehenden Beschwerde im Verwaltungswege — innerhalb 14 Tagen bei der Hebestelle unter Wiedervorlegung der Anmeldung einzuzahlen.

(2) Die Hebestelle hat die Zahlung auf Seite 3 der Anmeldung zu bescheinigen und letztere zurückzugeben.

e) Aufbewahrung der Anmeldung, Anschreibung über die Haustrunkbereitung und Wiedervorlegung der Anmeldung durch den Haustrunkbrauer.

§ 20. (1) Die zurückerhaltene Anmeldung ist vom Haustrunkbrauer aufzubewahren.

(2) Bei jeder Bereitung von Haustrunkbier hat der Haustrunkbrauer auf Seite 3 in die dafür vorgesehenen Spalten Jahr und Tag der Bereitung, das Gewicht des dazu verbrauchten Malzes und Zuckers sowie die Menge des gewonnenen Haustrunks — letztere nach Schätzung — einzutragen und die Richtigkeit der Eintragung durch Namensbeischrift zu bescheinigen [1]).

(3) Alljährlich in der Zeit vom 1. bis 15. April ist die Anmeldung der Hebestelle zur Feststellung des Steuerbetrags für das neue Rechnungsjahr wieder vorzulegen.

(4) Treten im Laufe eines Rechnungsjahrs Umstände ein, durch welche die Anwendung des ermäßigten Steuersatzes gesetzlich ausgeschlossen ist, — das heißt, soll untergärige Hefe zum Anstellen des Haustrunkbiers verwendet werden, oder überschreitet die Gesamtmenge der im Laufe des

Rechnungsjahrs verwendeten steuerpflichtigen Braustoffe die Grenze von 5 Doppelzentner (§ 16₂), oder soll Haustrunkbier an nicht zum Haushalte gehörige Personen gegen Entgelt abgegeben oder sonst ein Verkauf oder Ausschank von Bier eröffnet werden — oder verzichtet der Brauer auf die weitere Herstellung von Haustrunkbier zum ermäßigten Steuersatze, so ist dies der Hebestelle innerhalb 14 Tagen unter Rückreichung der Anmeldung anzuzeigen.

Anm. Die Aufsichtsbeamten haben von der Richtigkeit der Anmeldungen je nach der Bestimmung des Hauptamts entweder durchweg oder probeweise an Ort und Stelle Überzeugung zu nehmen und den Prüfungsbefund in der Anmeldung zu vermerken. Die Prüfung der Aufsichtsbeamten hat sich auch darauf zu erstrecken, ob seit der Anmeldung Veränderungen eingetreten sind, welche das Erlöschen der Steuerfreiheit mit sich bringen.

f) Anwendbarkeit anderer Vorschriften.

§ 21. Die Vorschriften in den §§ 8 bis 10 und 12 bis 33 des Brausteuergesetzes und die dazu erlassenen Ausführungsbestimmungen finden auf Personen, die Haustrunkbier zum ermäßigten Steuersatze herstellen, keine Anwendung.

g) Entziehung der Vergünstigungen.

§ 22. (1) Die Entziehung der Steuerermäßigung wegen Mißbrauchs oder, weil eine der gesetzlichen Voraussetzungen in Fortfall gekommen ist, erfolgt durch das Hauptamt.

(2) Das Hauptamt ist befugt, auch in anderen als den in Abs. 1 bezeichneten Fällen dem Haus-

trunkbrauer die Vergünstigung der Behandlung nach den erleichterten Bestimmungen der §§ 16 bis 21 zu entziehen und auf ihn die Vorschriften der §§ 8 bis 10 und 12 bis 33 des Gesetzes in Anwendung bringen zu lassen, sobald der Haustrunkbrauer wiederholt die ihm nach §§ 16, 17, 19 und 20 obliegenden Verpflichtungen verletzt.

Steuerermäßigung für Essigbrauereien.

§ 23. (1) Die Ermäßigung der Steuersätze (§ 6 Abs. 5 des Gesetzes) erstreckt sich nur auf das zur Bereitung von Essig verwendete Malz, nicht aber auf das in Essigbrauereien zur Herstellung von Bier oder bierähnlichen Getränken verwendete Malz und den verwendeten Zucker.

(2) Die in Essigbrauereien verwendeten steuerpflichtigen Braustoffe sind mit ihrem vollen Gewicht im Steuer- oder Einmaischungsbuch und im Brausteuer-Gegenbuch anzuschreiben. Hieraus ist — zutreffendenfalls unter Berücksichtigung der Vorschriften in § 2 Abs. 3, § 5 Abs. 3 des Gesetzes und § 14 der Ausführungsbestimmungen — das Gesamtgewicht der steuerpflichtigen Braustoffe und daraus zunächst unter Anwendung der vollen in § 6 Abs. 1 des Gesetzes bezeichneten Steuersätze der volle Steuerbetrag zu errechnen. Hiervon kommen sieben Zehntel der Steuer, die nach dieser Berechnung auf das zur Bereitung von Essig verwendete Malz entfällt, in Abzug. Der Rest bildet die Steuerschuld.

Behandlung mehrerer zu einem Brauereibetriebe vereinigter Brauereien.

§ 24. (1) Eine Person oder Gesellschaft, für deren Rechnung mehrere Brauereien betrieben werden oder betrieben werden sollen, hat dies mindestens 8 Tage vor Beginn des Betriebs derjenigen Hebestelle, in deren Bezirke sich die größte der Brauereien befindet, anzuzeigen, sofern eine solche Anzeige nicht bereits auf Grund der bisherigen gesetzlichen Vorschriften erstattet worden ist. In der Anzeige sind Bezeichnung und Ort jeder Brauerei und die Hebestelle, in deren Bezirke sie liegt, anzugeben. Je eine Abschrift der Anzeige ist von dem Brauer denjenigen Hebestellen zuzustellen, in deren Bezirken sich die anderen Brauereien befinden.

(2) Brauereien, die schon vor dem 1. August 1909 für Rechnung einer und derselben Person oder Gesellschaft betrieben worden sind, werden nur dann als ein Brauereibetrieb im Sinne des § 6 Abs. 6 des Gesetzes behandelt, wenn sie bereits auf Grund des § 6 Abs. 2 des Brausteuergesetzes vom 3. Juni 1906 als ein Brauereibetrieb gegolten haben[1]) Ist letzteres nicht der Fall, so sind sie als selbständige Betriebe anzusehen.

(3) Brauereien, die vor dem 1. August 1909 für Rechnung verschiedener Personen oder Gesellschaften betrieben worden sind, nach dem 1. August 1909 aber für Rechnung einer und derselben Person

oder Gesellschaft betrieben werden, sind von dem Zeitpunkt ab, an dem diese Änderung eintritt, als ein Brauereibetrieb zu behandeln.

Anm. Nach dem angezogenen § 6 Abs. 2 BrauStG. v. 3. Juni 1906 wurden mehrere in einer Hand befindliche Brauereien im Sinne des Abs. 1 ebenda als ein Brauereibetrieb angesehen, wenn sie ein wirtschaftlich zusammengehöriges Unternehmen bildeten oder wenn sie innerhalb derselben Gemeinde oder nicht weiter als 10 km voneinander entfernt gelegen waren.

§ 25. (1) Befinden sich die zusammengehörigen Brauereien in demselben Hebebezirke, so ist in dem Brausteuer-Gegenbuche der Hebestelle für sie nur eine gemeinschaftliche Abteilung für die Anschreibung der verwendeten steuerpflichtigen Braustoffe und für die Berechnung der Steuerbeträge zu eröffnen und bei den Berechnungen der Steuerbeträge so zu verfahren, als ob es sich nur um eine einzige Brauerei handele.

(2) Befinden sich die als zusammengehörig zu behandelnden Brauereien in verschiedenen Hebebezirken, so sind die zu den einzelnen Staffelsätzen steuerpflichtigen Braustoffmengen nach dem voraussichtlichen, auf volle 100 Doppelzentner abzurundenden Braustoffverbrauche der in Frage kommenden Brauereien zu teilen und die Brausteuerbeträge nach der so berechneten Staffel für jede Brauerei einzeln festzusetzen und zu erheben.

(3) Kommen z. B. drei Brauereien A, B und C

in Frage, deren voraussichtlicher Braustoffverbrauch nach dem Betriebsumfange der vorhergehenden Jahre oder nach der Größe der einzelnen Brauerei auf 151, 4024, 25049, also rund 200, 4000 und 25000 Doppelzentner anzunehmen ist, so hätte die Teilung im Verhältnisse von 2 zu 40 zu 250 zu erfolgen, und es wäre zu erheben:

	von A	von B	von C
14 Mk. von den ersten . .	2 dz	34 dz	214 dz
15 „ „ „ folgenden	9 „	171 „	1070 „
16 „ „ „ „	10 „	204 „	1286 „
18 „ „ „ „	14 „	274 „	1712 „
20 „ von dem Reste.			

(4) Die Teilung geschieht durch diejenige Hebestelle, in deren Bezirke sich die größte der zusammengehörigen Brauereien befindet (§ 24 1). Zu diesem Zwecke ist dieser Hebestelle bis zum 1. Februar jeden Jahres der voraussichtliche Braustoffverbrauch der übrigen zu dem Brauereibetriebe gehörigen Brauereien von den betreffenden Hebestellen mitzuteilen.

(5) Am Schlusse des Rechnungsjahrs haben die für die einzelnen Brauereien zuständigen Hebestellen je einen Auszug aus dem für die betreffende Brauerei ihres Bezirkes in ihrem Brausteuer-Gegenbuche geführten Anschreibungen derjenigen Hebestelle mitzuteilen, in deren Bezirke sich die größte der zusammengehörigen Brauereien befindet. Es genügt hierbei die Mitteilung der Schluß-

summen der Spalten 5 bis 9 und 12 bis 22 des Brausteuer-Gegenbuchs.

(6) Die Hebestelle, in deren Bezirke die größte der zusammengehörigen Brauereien liegt, hat diese Auszüge mit dem von ihr selbst aufgestellten Auszuge dem vorgesetzten Hauptamte zur Festsetzung eines etwa zuviel oder zuwenig erhobenen Betrags vorzulegen. Die Rückzahlung überhobener und die nachträgliche Einziehung zuwenig gezahlter Beträge hat von derjenigen Hebestelle zu erfolgen, bei der die Überhebung oder die zu geringe Erhebung vorgekommen ist. Zu diesem Zwecke hat das die Überhebung oder Nacherhebung festsetzende Hauptamt den anderen in Betracht kommenden Hauptämtern je eine beglaubigte Abschrift der Festsetzung zuzusenden.

(7) Für die Festsetzung haben die im Muster 2 gegebenen Beispiele als Anleitung zu dienen.

§ 26. Bilden mehrere Brauereien im Sinne des § 6 Abs. 6 des Gesetzes einen Brauereibetrieb, so treten die in § 2 Abs. 3 und § 5 Abs. 3 des Gesetzes vorgesehenen Steuervergünstigungen für Brauzucker nur insoweit ein, als in sämtlichen Brauereien zusammen die verwendete Zuckermenge nicht mehr als 25 vom Hundert des Gewichts des zu obergärigen Bieren verwendeten Malzes beträgt.

§ 27. (1) Wird die Verbindung, wegen der mehrere Brauereien als ein Brauereibetrieb im

Sinne des § 6 Abs. 6 des Gesetzes angesehen werden, innerhalb des Rechnungsjahrs aufgehoben, so ist für den fortgesetzten Betrieb die Steuer nach der Braustoffmenge (Gesamtgewicht der steuerpflichtig gewordenen Braustoffe) zu erheben, die in den einzelnen Brauereien während des Rechnungsjahrs verbraucht wurde.

(2) Tritt eine solche Verbindung erst im Laufe eines Rechnungsjahrs ein, so wird für den fortgesetzten Betrieb die Steuer nach der Braustoffmenge berechnet, die in den nunmehr einen Brauereibetrieb bildenden Einzelbrauereien im Laufe des Rechnungsjahrs zusammen verwendet worden ist.

Zu § 8 des Gesetzes. Stundung.

§ 28. In welcher Weise für gestundete Brausteuer Sicherheit zu leisten ist, und unter welchen Voraussetzungen Stundungen ohne Sicherheitsleistung gewährt oder die gestundeten Steuerbeträge vor Ablauf der Stundungsfrist eingezogen werden können, bestimmt die oberste Landesfinanzbehörde [1]).

Anm. Auf die Sicherheitsleistung für gestundete Brausteuer und die Einziehung gestundeter Abgabenbeträge vor Ablauf der Stundungsfrist sind die hinsichtlich der Zölle bestehenden allgemeinen Bestimmungen anzuwenden (s. auch § 38 Reichsabgabenstundungsordnung und FME. v. 20. Juni 1906 III 9722).

§ 29. (1) Bei Stundung der Brausteuer ist über jeden im Brausteuer-Einnahmebuche (§ 94_3)

anzuschreibenden Betrag ein Stundungsanerkenntnis abzugeben.

(2) Der Betrag jedes Anerkenntnisses muß mindestens 50 Mark erreichen.

§ 30. (1) Die Stundungsfrist beginnt mit dem Tage der Fälligkeit.

(2) Die gestundeten Beträge sind spätestens am 25. Tage des Monats, in dem die Stundungsfrist abläuft, und, wenn dieser ein Sonn- oder Festtag ist, am vorhergehenden Werktag einzuzahlen.

Zu § 9 des Gesetzes.

Vergütung der Brausteuer bei der Ausfuhr von Bier.

§ 31. Die Bestimmungen über die Vergütung der Brausteuer bei der Ausfuhr von Bier sind in der Anlage C enthalten.

Zu § 10 des Gesetzes.

Erlaß oder Erstattung der Brausteuer.

§ 32. (1) Der Brauer, der auf Grund der Ziffern 1 oder 2 in § 10 des Gesetzes Erlaß oder Erstattung der Brausteuer in Anspruch nimmt, hat den Tatbestand und die Ursachen der unvorhergesehenen Betriebshinderung der Hebestelle schriftlich so zeitig anzuzeigen, daß die Anzeige vor Ablauf der gesetzlichen Frist von 3 Tagen bei der Hebestelle eingehen kann[1]).

(2) Innerhalb 24 Stunden nach dem Eintreffen

der Anzeige ist der Tatbestand an Ort und Stelle unter Zuziehung des Brauers zu ermitteln.

(3) Die beschädigten Braustoffe und die verdorbene Maische oder Würze sind unter amtlicher Aufsicht zur Bierbereitung unbrauchbar zu machen und alle Anordnungen zu treffen, die zur Ausschließung einer mißbräuchlichen Inanspruchnahme eines Steuererlasses notwendig erscheinen.

(4) Über das Ergebnis der Ermittelungen und die getroffenen Anordnungen ist eine Verhandlung aufzunehmen. Der Oberkontrolleur hat, wenn er die Verhandlung nicht selbst aufgenommen hat, den Tatbestand und die Zweckmäßigkeit der getroffenen Anordnungen — in allen wichtigen Fällen an Ort und Stelle — nachzuprüfen. Die Verhandlung ist mit einem Auszug aus dem Einmaischungsbuche, Steuerbuch oder Mahlbuche (§ 63) dem Hauptamte vorzulegen.

Anm. Es genügt nicht, wenn die Brauer ihre Erstattungsanträge lediglich in den Verhandlungen angeben lassen, welche von den Aufsichtsbeamten etwa behufs Feststellung von Betriebsunterbrechungen aufgenommen werden. Ein solches Verfahren kann die Steuerpflichtigen bezüglich ihrer gesetzlichen Verpflichtungen irreführen und dazu Anlaß geben, unter Umständen den verhandelnden Aufsichtsbeamten, der nicht verpflichtet ist, derartige Anträge aufzunehmen, für den Nachteil des Brauers verantwortlich zu machen.

Vernichtung eines ganzen Gebräus.

§ 33. (1) Wird die Vernichtung eines ganzen Gebräus beantragt, so hat sich der Oberkontrolleur mit einem Aufseher spätestens innerhalb 3 Tagen in die Brauerei zu begeben. Vor der Vernichtung ist die Menge und Beschaffenheit der zu vernichtenden Flüssigkeit zu ermitteln und festzustellen, von welcher Einmaischung sie herrührt und ob das Ergebnis der Einmaischung vollständig vorhanden ist. Die Vernichtung hat unter amtlicher Aufsicht zu erfolgen.

(2) Hinsichtlich der Zuziehung des Brauers und der aufzunehmenden Verhandlung finden die in § 32 getroffenen Anordnungen sinngemäße Anwendung.

Erlaß aus Billigkeitsgründen.

§ 34. (1) In anderen als den in § 10 des Gesetzes vorgesehenen Fällen darf von der obersten Landesfinanzbehörde der Erlaß oder die Erstattung eines Brausteuerbetrags auf gemeinschaftliche Rechnung bewilligt werden, wenn überwiegende Gründe der Billigkeit dafür sprechen.

(2) In dem von der Direktivbehörde über die Bewilligung eines solchen Steuererlasses zu erstattenden Bericht ist anzugeben, ob der der Direktivbehörde beigeordnete Reichsbevollmächtigte für Zölle und Steuern mit dem Erlaß auf gemeinschaftliche Rechnung sich einverstanden erklärt hat.

(3) Alljährlich ist ein bei der Direktivbehörde aufzustellendes Verzeichnis über die im abgelaufenen Rechnungsjahre — für 1909 über die in der Zeit

vom 1. Januar 1909 bis 31. März 1910 — bewilligten Erlasse der bezeichneten Art von der obersten Landesfinanzbehörde dem Reichskanzler zur Vorlegung an den Bundesrat mitzuteilen. In dem Verzeichnis ist für jeden Fall eine kurze Darstellung des Sachverhalts zu geben. Das Verzeichnis ist von dem Reichsbevollmächtigten mit zu unterzeichnen mit der Angabe, daß er sich mit den einzelnen Bewilligungen einverstanden erklärt hat oder aus welchen Gründen dies nicht geschehen ist.

Zu den §§ 12 und 13 des Gesetzes.

Betriebsleiter.

§ 35. (1) Die im § 12 des Gesetzes vorgeschriebene Anzeige des Brauereibesitzers über die Bestellung eines Betriebsleiters und der Antrag auf Übertragung der strafrechtlichen Verantwortlichkeit des Brauereibesitzers auf den Betriebsleiter sind von letzterem zum Zeichen des Einverständnisses mit zu unterschreiben.

(2) Der Antrag auf Übertragung der strafrechtlichen Verantwortlichkeit unterliegt der Entscheidung des Hauptamts, gegen welche die Beschwerde im Verwaltungswege zulässig ist. Die Genehmigung der Übertragung ist dem Brauereibesitzer und dem Betriebsleiter mitzuteilen.

(3) Die Bestellung des Betriebsleiters und gegebenenfalls die Übertragung der strafrechtlichen Verantwortlichkeit auf ihn ist von der Hebestelle

in der Brauereirolle und dem Brausteuer-Gegenbuche zu vermerken.

Anm. Vgl. auch § 57 der AB.

Zu den §§ 14 bis 16 des Gesetzes.

Nachweisung der Brauereiräume und -Gefäße.

§ 36. (1) Zur Nachweisung der Brauereiräume und -Gefäße, mit der auch der Aufstellungsort der Wage (§ 17 des Gesetzes) sowie der Malzsteuermühle und der selbsttätigen Verwiegungsvorrichtung (§ 27 des Gesetzes) und die Aufbewahrungsorte für die Vorräte an Malzschrot und Zucker (§ 18 des Gesetzes) anzuzeigen sind, sind Vordrucke nach Muster 3 zu benutzen.

(2) Bei größeren Betrieben kann von dem Hauptamte die Beifügung eines Grundrisses der Brauereiräume, in dem die Gerätestellung und die Rohrleitungen für Würze und Bier einzuzeichnen sind, ferner bei Brauereien, in denen eine Malzsteuermühle aufgestellt ist, außerdem die Beifügung einer genauen Beschreibung und Zeichnung der Mühle und der selbsttätigen Verwiegungsvorrichtung sowie der Einrichtungen, die zur Beförderung des vermahlenen Malzes bis zum Sudhause dienen, und der Räume, die es dabei durchläuft, verlangt werden.

(3) Die Aufstellungsorte der Wage, der Malzsteuermühle und der selbsttätigen Verwiegungsvorrichtung sowie die Aufbewahrungsorte für die

Vorräte an Malzschrot und Zucker unterliegen der Genehmigung des Oberkontrolleurs.

§ 37. Die Nachweisung ist von der Hebestelle nach Eintragung in die Brauereirolle (§ 42) dem Oberkontrolleur zuzustellen. Dieser hat ihren Inhalt an Ort und Stelle mit dem Bestande zu vergleichen, die Gefäße soweit erforderlich zu vermessen, das Ergebnis in die Nachweisung einzutragen und diese sodann mit den Vermessungsverhandlungen (§ 48) der Hebestelle zurückzugeben. Nach Prüfung der Vermessungsverhandlungen übermittelt die Hebestelle je eine Ausfertigung der Nachweisung und der Vermessungsverhandlungen dem Brauer.

Änderungen. a) Wechsel im Besitze der Brauerei.

§ 38. Jeder Wechsel im Besitz einer Brauerei, z. B. durch Erbgang, Verkauf oder Verpachtung, ist der Hebestelle binnen drei Tagen vom neuen und in Fällen freiwilliger Besitzübertragung auch vom bisherigen Besitzer schriftlich anzuzeigen. Der neue Besitzer hat die Richtigkeit der gemäß § 36 von dem Vorbesitzer abgegebenen Nachweisung und des Raumgehalts der einzelnen Gefäße schriftlich anzuerkennen oder eine neue Nachweisung der Räume und Gefäße abzugeben.

b) Änderungen der Räume und Gefäße.

§ 39. (1) Die im § 14 Abs. 2 des Gesetzes vorgeschriebenen Anzeigen über Änderungen in den Betriebsräumen oder an den Gefäßen [1]) sind nach Muster 4 der Hebestelle in doppelter Ausfertigung einzureichen. Die eine Ausfertigung ist von der Hebestelle mit der Bescheinigung über die erfolgte Anzeige zu versehen und dem Anmeldenden zur Aufbewahrung bei dem Brauereibelegheft (§ 44) zurückzugeben, die andere ist dem Oberkontrolleur vorzulegen.

(2) Der Oberkontrolleur hat sich von der Richtigkeit der Anzeige zu überzeugen, erforderlichenfalls für die Vermessung und Bezeichnung der Gefäße zu sorgen und die eingetretenen Änderungen in die in der Brauerei ausliegende Nachweisung der Räume und Gefäße einzutragen; der Befund oder das Geschehene ist von ihm auf der Änderungsanzeige zu bescheinigen. Sodann ist die Anzeige mit den etwa aufgenommenen Vermessungsverhandlungen an die Hebestelle zurückzugeben, die beim Brauereibelegheft aufbewahrte Änderungsanzeige aber zu entfernen.

(3) Die Hebestelle vermerkt die Änderung in der Brauereirolle und nimmt die Anzeige mit ihren Anlagen zum Beleghefte der Hebestelle (§ 43).

(4) Hat der Oberkontrolleur einen anderen Beamten mit der Ausführung der erforderlichen Maßnahmen beauftragt, so hat er die von diesem in dem Brauereibeleghefte gemachten Eintragungen bei seiner nächsten Anwesenheit zu prüfen und zu bescheinigen.

Anm. Der Brauer kann die Änderungsanzeige auch zu der ihm obliegenden Anmeldung einer Änderung des Aufstellungsortes der Wage, der Malzsteuermühle oder der selbsttätigen Verwiegungsvorrichtung sowie der für die Aufbewahrung der Vorräte an Malzschrot und Zucker bestimmten Orte benutzen (s. Anl. z. Gebr.-Muster 4).

c) Besitzwechsel von Braupfannen.

§ 40. (1) Die im § 15 des Gesetzes vorgesehenen Anzeigen über den Besitzwechsel von Braupfannen sind nach Muster 4 der Hebestelle in doppelter Ausfertigung einzureichen.

(2) Sollen Braupfannen in einen anderen Hebebezirk versandt werden, so ist die zweite Ausfertigung der Änderungsanzeige mit den betreffenden Vermessungsverhandlungen der Hebestelle des Bestimmungsorts zu übersenden[1]. Diese bescheinigt die erfolgte Meldung auf der Änderungsanzeige und sendet letztere an die Hebestelle des Absendungsorts zurück, die damit nach § 39 Abs. 3 verfährt.

Anm. Sinnentsprechend ist bei den Zollstellen an der Grenze zu verfahren, wenn bei ihnen Braupfannen zur Eingangsabfertigung gelangen.

d) Einreichung neuer Nachweisungen.

§ 41. Wenn die Nachweisung der Räume und Gefäße oder der Grundriß und die sonstigen gemäß § 36_2 verlangten Beschreibungen durch Nachträge unübersichtlich oder sonst unbrauchbar geworden sind, ist der Oberkontrolleur befugt, die Einreichung neuer Ausfertigungen anzuordnen.

Brauereirolle und Belegheft der Hebestelle.

§ 42. Die Hebestelle hat eine Brauereirolle nach Muster 5 zu führen, in der sämtliche im Bezirke vorhandenen Brauereien, soweit deren Inhaber nicht nach § 21 von der Anmeldung der Betriebsräume usw. befreit sind, nachgewiesen werden.

§ 43. (1) Die Belege für die Eintragungen in der Brauereirolle sind in einem Hefte zu vereinigen und darin in folgender Reihenfolge zu ordnen:

a) die Nachweisung der Räume und Gefäße,
b) der etwa eingereichte Grundriß,
c) Zeichnung und Beschreibung der Malzsteuermühlen und der selbsttätigen Verwiegungsvorrichtungen und die sonstigen gemäß § 36, verlangten Nachweise,
d) die Verhandlung über die steueramtliche Verschließung der Malzsteuermühlen und der selbsttätigen Verwiegungsvorrichtungen,
e) die Vermessungsverhandlungen,
f) die Änderungsanzeigen,
g) die bei Verwendung von Zucker abzugebende Erklärung (§ 23 des Gesetzes),
h) die für den Betrieb mit Nachmaischen vorgeschriebene Anzeige (§ 26 Abs. 2 des Gesetzes),
i) die amtlichen Verfügungen über besondere Vergünstigungen,
k) die sonstigen amtlichen Verfügungen und Papiere über besondere Verhältnisse der Brauerei.

(2) Später hinzukommende Schriftstücke sind der Zeitfolge nach einzuheften. Nicht mehr gültige Belege sind zu durchkreuzen und einzuschlagen.

Brauereibelegheft.

§ 44. (1) Die an den Brauer gelangenden Ausfertigungen oder beglaubigten Abschriften der im § 43 unter a bis e, g bis k aufgeführten Schriftstücke — mit Ausnahme der Zeichnung und Beschreibung der Malzsteuermühlen und der selbsttätigen Verwiegungsvorrichtungen — sind in einem Brauereibeleghefte zu vereinigen. Darin bilden die unter a bis d fallenden Belege in dieser Reihenfolge stets die ersten Stücke, dann folgen die Vermessungsverhandlungen nach den Nummern der Gefäße, hierauf die Bescheinigungen über die Eichung und Nacheichung der Wagen und Gewichte einschließlich der selbsttätigen Verwiegungsvorrichtung (§ 52) und endlich die übrigen Belege in der im § 43 Abs. 1 bezeichneten Reihenfolge.

(2) Das Brauereibelegheft ist mit Umschlag zu versehen und nach näherer Bestimmung des Oberkontrolleurs an einem den Aufsichtsbamten jederzeit zugänglichen hellen Orte in einem besonderen Behältnis aufzubewahren. Nicht mehr gültige Belege sind vom Oberkontrolleur aus dem Brauereibeleghefte zu entfernen.

(3) In dem Behältnisse sind, soweit der Oberkontrolleur nichts anderes bestimmt, auch alle von dem Brauer für steuerliche Zwecke zu führende

Bücher — mit Ausnahme des Mahlbuchs — aufzubewahren.

(4) Das Mahlbuch und die Zeichnung und Beschreibung der Malzsteuermühlen und der selbsttätigen Verwiegungsvorrichtungen sind in einem nach näherer Bestimmung des Oberkontrolleurs in der Nähe der Verwiegungsvorrichtung anzubringenden besonderen Behältnis aufzubewahren.

Hauptbrauereirolle.

§ 45. (1) Die Hebestelle hat eine vom Oberkontrolleur bescheinigte Abschrift der Brauereirolle an das Hauptamt einzusenden. Die Abschriften bilden zusammen mit der Brauereirolle für den Sonderhebebezirk des Hauptamts die Hauptbrauereirolle.

(2) Vierteljährlich ist ferner eine vom Oberkontrolleur bescheinigte Nachweisung der in der Brauereirolle vermerkten Änderungen nach Muster 6 aufzustellen und einzureichen.

(3) Die angezeigten Änderungen sind in der Hauptbrauereirolle zu vermerken.

Vermessung der Gefäße.

§ 46. (1) Die Gefäße, in denen die Menge des gezogenen Bieres ermittelt werden soll, sind auf trockenem und nassem Wege zu vermessen.

(2) Alle übrigen Gefäße sind auf trockenem Wege zu vermessen[1]. Das Hauptamt kann jedoch auch für diese Gefäße die Vermessung auf nassem Wege anordnen. Anderseits kann das Hauptamt

bei diesen Gefäßen von einer Vermessung ganz absehen, wenn solche entbehrlich erscheint und gegen die Richtigkeit des in der Nachweisung angegebenen Inhalts keine Bedenken bestehen.

(3) Die nasse Vermessung der zur Ermittelung des Bierzugs dienenden Gefäße kann mit Genehmigung des Hauptamts unterbleiben, wenn sie mit besonderen Schwierigkeiten oder Kosten verknüpft sein würde und die steuerliche Überwachung der Brauerei auch ohne sie hinreichend gesichert ist.

Anm. Die trockene Vermessung erfolgt auch fernerhin nach der Conradischen „Anleitung zur Bestimmung des Literinhalts der Brennerei- und Brauereigeräte durch Vermessung auf trockenem Wege nebst Tabellen zur Feststellung des Literinhalts zylindrischer Räume".
(FME. v. 20. Juni 1906 III 9722.)

Ausführung der Vermessung.

§ 47. (1) Die Vermessungen auf nassem Wege sind durch den Oberkontrolleur unter Zuziehung eines anderen Beamten, die Vermessungen auf trockenem Wege durch den Oberkontrolleur oder einen anderen Beamten zu bewirken. Der Brauer oder Betriebsleiter (§ 35) hat der Vermessung beizuwohnen und ihre Richtigkeit durch Unterzeichnung der Verhandlungen (§ 48) anzuerkennen.

(2) Die trockene Vermessung erfolgt nach einer amtlich zu liefernden Anleitung.

(3) Bei der nassen Vermessung haben die Beamten darauf zu achten, daß das Gefäß völlig dicht

und leer ist und auf seinen Unterlagen fest aufliegt.

(4) Sind die Unterlagen des Gefäßes verrückbar, z. B. bei Kühlschiffen, die zum leichteren Ablassen des Bieres auf der einen Seite gehoben werden können, so hat der Brauereibesitzer Einrichtungen zu treffen, durch welche die Lage, die das Gefäß bei der nassen Vermessung hatte, genau festgehalten wird und jederzeit leicht wiederhergestellt werden kann.

(5) Die Vermessung hat entweder in der Weise zu erfolgen, daß das Gefäß mit vorher abgemessenem Wasser bis zu der für den Zweck der Vermessung notwendigen Höhe oder bis zum Überlaufen gefüllt oder daß nach vorheriger Füllung das abfließende Wasser gemessen wird.

(6) Zum Abmessen des Wassers sind geeichte Gefäße zu verwenden. Es ist gestattet, Hilfsgefäße zu benutzen, die vorher mit geeichten Gefäßen auszumessen sind.

(7) Im Endergebnisse bleiben Bruchteile eines Liters außer Betracht.

(8) Die Wassermengen sind an einem von dem Brauereibesitzer zu liefernden Senkstab oder einer anderen ähnlichen Einrichtung in Abschnitten, die eine tunlichst genaue Ablesung gestatten, fortlaufend festzustellen. Der Senkstab ist gegen Änderung oder Vertauschung amtlich zu sichern.

(9) Der Brauer ist dafür verantwortlich, daß das vermessene Gefäß — unbeschadet der durch seinen Gebrauch bedingten Lageänderung (Abs. 4) — in der bei der Vermessung festgestellten Lage erhalten bleibt. Unbeabsichtigte Lageänderungen sind sofort nach ihrer Wahrnehmung, beabsichtigte innerhalb drei Tagen nach ihrer Ausführung der Hebestelle mittels Änderungsanzeige zu melden.

Vermessungsverhandlungen.

§ 48. (1) Über die Vermessung sind für jedes Gefäß zwei gleichlautende Verhandlungen nach Muster 7, 8 oder 9 aufzunehmen. Nötigenfalls sind die Muster zu ändern oder zu ergänzen.

(2) Die Vermessungsverhandlungen sind von der Hebestelle rechnerisch zu prüfen. Die Verhandlungen über die Vermessung der zur Ermittlung des Bierzugs bestimmten Gefäße sind außerdem dem Hauptamte zur Prüfung vorzulegen.

Nachvermessung.

§ 49. Wenn vermessene Brauereigefäße eine Änderung ihres Raumgehalts erfahren haben oder die Vermutung einer solchen Änderung vorliegt, sowie wenn die Lage von Gefäßen, die zur Ermittelung des Bierzugs dienen, geändert worden ist oder eine solche Änderung zu vermuten ist, ist eine neue Vermessung vorzunehmen.

Bezeichnung der Gefäße.

§ 50. (1) Der Brauer hat jedes in der Nachweisung (§ 36) aufgenommene Gefäß mit Nummer und Raumgehalt in Übereinstimmung mit der Nachweisung deutlich zu bezeichnen, diese Bezeichnung zu erhalten und nötigenfalls zu erneuern.

(2) Die Bezeichnung ist an dem Gefäß an einer in die Augen fallenden Stelle mit Ölfarbe oder in anderer dauerhafter Weise anzubringen. Ist dies nicht möglich, so ist sie in gleicher Weise außerhalb des Gefäßes so anzubringen, daß ihre Zugehörigkeit zu dem Gefäße sofort erkennbar ist.

(3) Die näheren Anordnungen trifft der Oberkontrolleur.

Verschluß der Brauereigeräte.

§ 51. (1) Der im § 16 Abs. 2 des Gesetzes vorgesehene Verschluß der Geräte[1]) geschieht in der Regel durch Befestigen von Papierstreifen mittels amtlicher Siegelabdrucke an dem Boden oder den inneren Seitenflächen der Gefäße. Der Brauer ist für die Erhaltung der Verschlüsse verantwortlich.

(2) Die Abnahme der Verschlüsse zum Zwecke des Wiedergebrauchs oder der Reinigung der Gefäße ist bei der Hebestelle schriftlich oder mündlich unter Angabe von Tag und Stunde der gewünschten Abnahme zu beantragen. Findet sich zu der angegebenen Zeit kein Aufsichtsbeamter zur Abnahme der Verschlüsse in der Brauerei ein, so kann der Brauer nach Ablauf einer Stunde unter Zuziehung eines glaubwürdigen Zeugen die Verschlüsse selbst lösen.

(3) Die Anlage und Lösung der Verschlüsse ist von dem Aufsichtsbeamten oder dem Brauer und dem Zeugen in dem Steuer- oder Einmaischungsbuch oder, wenn ein solches nicht aufliegt, in dem Aufsichtsbuche (§ 91) unter Angabe von Tag und Stunde und unter Beisetzung des Namens zu vermerken.

Anm. Darüber, wie der Verschluß an den Zugängen zur Braukesselfeuerung anzubringen ist, ist nichts Näheres bestimmt.

Gewöhnlich geschieht der Verschluß in der Art, daß zwei Stäbe — der eine außerhalb, der andere innerhalb der Feuerung — durch Bindfäden verbunden und durch Siegelabdrücke so gesichert werden, daß eine Entfernung derselben nicht möglich ist.

Zu § 17 des Gesetzes.

Eichung und eichamtliche Nachprüfung der Wagen und Gewichte.

§ 52. (1) Wagen, die für eine größte zulässige Last von mehr als 20 Doppelzentner bestimmt sind oder die auf einem festen Unterbaue ruhen, müssen binnen drei Jahren, andere Wagen und Gewichte sowie die selbsttätigen Verwiegungsvorrichtungen binnen Jahresfrist nach dem Jahre ihrer letzten eichamtlichen Prüfung einer eichamtlichen Nachprüfung unterzogen werden. Die Direktivbehörden sind befugt, die letztere Frist für Wagen und Gewichte in Brauereien, die nicht mehr als 500 Doppelzentner steuerpflichtige Braustoffe jährlich verwenden, bis auf drei Jahre zu verlängern.

(2) Die Aufsichtsbeamten haben die Wiegegeräte von Zeit zu Zeit zu prüfen. Ergeben sich hierbei Zweifel an der Richtigkeit der Geräte, so kann die Steuerbehörde die sofortige Vornahme der eichamtlichen Nachprüfung fordern.

Anm. Die Wagen und Gewichte müssen den Vorschriften der Maß- und Gewichtsordnung vom 30. Mai 1908 (RGBl. 1908 S. 349) bzw. der Bek., betr. Änderung u. Ergänzung der Eichordnung und Eichgebührentaxe v. 3. August 1909 (RGBl. S. 924) entsprechen und mit dem Eichstempel versehen sein. Darauf ist von den Aufsichtsbeamten zu achten.

Zu den §§ 18 und 19 Ziffer 2 des Gesetzes.

Aufbewahrung der Braustoffe.

§ 53. (1) Der Aufbewahrungsort für die Vorräte an Malzschrot soll sich tunlichst nahe der Wage und den Maischgefäßen befinden.

(2) Der Aufbewahrungsort für Zucker muß sich außerhalb der Braustätte und abseits von den Räumen, in denen das Bier auf die Versandgefäße abgefüllt wird, befinden und derart gelegen sein, daß die Überführung von Zucker von seinem Aufbewahrungsorte nach der Braustätte und den Abfüllräumen der Aufmerksamkeit eines in der Brauerei anwesenden Steuerbeamten und des Brauereipersonals nicht würde entgehen können.

(3) Zur Braustätte gehören alle Räume eines Brauereigrundstücks, in denen das Einmaischen des Malzschrots, das Kochen der Maische, das Kochen, Abläutern, Kühlen und Anstellen der Würze sowie die Gärung erfolgt.

(4) Die Aufbewahrungsorte (Abs. 1 und 2) sind durch eine Tafel mit dauerhafter Inschrift kenntlich zu machen.

§ 54. (1) Solange Braueinmaischungen nicht angemeldet sind, darf an dem Aufbewahrungsorte Malzschrot in beliebiger Menge vorhanden sein.

(2) Hat eine Anmeldung von Braueinmaischungen stattgefunden, so darf der Vorrat an Malzschrot[1][2]) die Menge nicht übersteigen, die für den nächsten Betriebstag und, im Falle gleichzeitiger Anmeldung mehrerer Braueinmaischungen im voraus, für den auf den ersten Betriebstag folgenden Werktag zur Einmaischung angemeldet ist. Die Direktivbehörde kann unter sichernden Bedingungen Ausnahmen zulassen[3]).

Anm. 1. Es erschien angemessen, Vorräte von rohem Getreide, sowie auch von ungeschrotenem Getreidemalz bei der Seltenheit der unmittelbaren Verwendung dieser Stoffe für Brauzwecke und bei der Unausführbarkeit einer wirksamen Kontrolle von jeder Überwachung frei zu lassen.

(Drucks. d. Bundesr. f. 1872 u. Nr. 11 d. Drucks. d. d. Reichst. f. 1872 S. 26.)

Anm. 2. Die Direktivbehörden sind durch BRB. v. 5. März 1896 — § 151 d. Prot. — ermächtigt worden, den Brauern das Halten von Vorräten an Malzschrot zum Verkauf unter Anordnung der mit Rücksicht auf die Vorschrift im § 18 Abs. 3 erforderlichen Kontrollen (s. ZBl. 1872 S. 354) zu gestatten.

(FME. v. 23. März 1896 III 4019.)

Anm. 3. Abgefundenen Brauereien kann das Halten von Vorräten, die die zur Einmaischung angemeldete Menge übersteigen, von den Oberzolldirektionen unter der Bedingung gestattet werden, daß die Brauer die Vorräte an Malzschrot an einem bestimmten, von den Betriebsräumen der Brauerei vollständig getrennten Orte aufbewahren und über die Vorräte an Malzschrot ein Rechnungsbuch nach Muster 14 der AB. führen. In dieses Buch, das an dem hierfür bestimmten Orte aufzubewahren und den Aufsichtsbeamten stets zugänglich zu halten ist, muß der Brauer jeden Zugang und Abgang an Malzschrot unter Zuziehung eines Zeugen, der jede Eintragung mit zu unterzeichnen hat, einschreiben. Die Eintragungen unterliegen der Nachprüfung der Aufsichtsbeamten.

(FME. v. 3. Oktober 1906 III 16115 u. 16. Februar 1907 III 6357, ZBl. 1907 S. 109.)

§ 55. (1) Zucker darf an dem genehmigten Aufbewahrungsort ohne Beschränkung der Menge vorrätig gehalten werden.

(2) Als Bedarf des eigenen Haushalts gilt ein Vorrat, wie er in gleichartigen Haushaltungen desselben Ortes den dortigen Lebensgewohnheiten entsprechend für den Wirtschaftsbedarf gehalten zu werden pflegt.

(3) Die Entnahme von Zucker aus den zur Bierbereitung bestimmten Vorräten zu anderen Zwecken bedarf der Genehmigung des Oberkontrolleurs und ist von diesem unter Angabe der entnommenen Mengen im Zuckerverwendungsbuche (§ 59) zu bescheinigen.

Zu den §§ 18, 19, 20, 31 und 33 des Gesetzes.

Buchführung des Brauers: a) im allgemeinen.

§ 56. (1) Zu den von dem Brauer zu führenden

Büchern sind, soweit Muster dafür vorgeschrieben sind, nur diesen Mustern entsprechende Vordrucke zu verwenden. Der Brauer hat für rechtzeitige Beschaffung und Auflegung der Bücher zu sorgen.

(2) Die auf den Vordrucken gegebenen Anleitungen und Spaltenüberschriften sind für die Führung der Bücher maßgebend.

(3) Änderungen von Eintragungen dürfen nur in der Weise vorgenommen werden, daß die ursprüngliche Niederschrift leserlich bleibt. Sie sind durch Beifügung des Namens des Ändernden zu bescheinigen.

§ 57. Der Brauer oder Betriebsleiter (§ 35) kann sich bei der Führung der Bücher und bei sonstigen Amtshandlungen der Steuerbehörde gegenüber durch eine andere Person vertreten lassen. Er ist jedoch für alle von seinem Vertreter vorgenommenen Handlungen und Unterlassungen verantwortlich [1–3].

Anm. 1. Das RGE. IV Straff. v. 9. April 1886, Rechtspr. Bd. 8 S. 274, hat entschieden, daß die Verpflichtungen der §§ 18 und 23 des Ges. in erster Linie dem Brauer obliegen, und daß er sich dieser Verpflichtung nicht dadurch entschlagen kann, daß er einen Braumeister anstellt und diesem die Haftung für Zuwiderhandlungen gegen diese Paragraphen zuschieben will. Damit ist aber durchaus nicht ausgesprochen, daß der Brauer auch dann strafbar ist, wenn ihn keinerlei Verschulden trifft (s. ZBl. 1896 S. 47).

Anm. 2. Die Vorschrift des § 18 des Ges. schließt die weitere Verpflichtung in sich, auch die erforderlichen

Vorkehrungen zu treffen und die entsprechende Aufmerksamkeit und Sorgfalt anzuwenden, damit dieser Gesetzesvorschrift genügt werde. Es würde also eine strafbare Verschuldung darstellen, wenn der Brauer unterlassen hat, durch eingehendere Beaufsichtigung des Betriebes die Zuwiderhandlungen zu hindern.

(RGE. IV Straff. v. 27. Oktober 1893, ZBl. 1894 S. 149.)

Anm. 3. Der Vormund, welcher als Vertreter eines minderjährigen Brauereibesitzers die Brauerei leitet, ist für den Betrieb der letzteren als „Brauer" im Sinne des BrauStG. und für die Zuwiderhandlungen gegen die damit verbundenen Obliegenheiten verantwortlich.

(RGE. IV Straff. v. 27. Oktober 1893, ZBl. 1894 S. 147.)

b) über die Vorräte an Zucker.

§ 58. Die näheren Anordnungen wegen der Buchführung über die nicht zur Bierbereitung bestimmten Vorräte an Zucker und wegen des Verschlusses dieser Vorräte (§ 18 Abs. 4 des Gesetzes) trifft das Hauptamt.

§ 59. (1) Das Buch über die zur Bierbereitung bestimmten Vorräte an Zucker (§ 19 des Gesetzes) ist nach Muster 10 (Zuckerverwendungsbuch) in jährlichen Abschnitten zu führen[1]). Dem Buche sind die über den Bezug des Zuckers vorhandenen Fakturen, Frachtbriefe usw. beizufügen.

(2) Der Oberkontrolleur hat zweimal im Jahre, sofern nicht öfter Veranlassung gegeben ist, unter Zuziehung des Brauers eine Bestandsaufnahme der zur Bierbereitung bestimmten Vorräte an Zucker vorzunehmen. Der Istbestand des Zuckers

ist hierbei durch Verwiegung zu ermitteln. Zur Feststellung des Sollbestandes sind die Anschreibungen mit den Fakturen usw. (Abs. 1), die Abschreibungen mit den Eintragungen im Einmaischungsbuch oder Steuerbuche zu vergleichen.

(3) Die festgestellten Fehl- oder Mehrmengen sind vom Oberkontrolleur im Zuckerverwendungsbuch ab- oder anzuschreiben.

(4) Beträgt die Fehlmenge mehr als 2 vom Hundert oder die Mehrmenge mehr als 10 vom Hundert, so ist über die Bestandsaufnahme eine Verhandlung aufzunehmen, der bei Gewichtsabweichungen von mehr als 10 vom Hundert ein beglaubigter Auszug aus dem Zuckerverwendungsbuche beizufügen ist.

(5) Die Verhandlung ist der Hebestelle zu übersenden, welche die Nachversteuerung der Fehlmengen zu veranlassen und bei Gewichtsabweichungen von mehr als 10 vom Hundert die Verhandlung mit dem Auszug aus dem Zuckerverwendungsbuche dem Hauptamte zur Einleitung des Strafverfahrens zu übersenden hat.

Anm. 1. Der Brauer ist auch dann für die Führung des Zuckerverwendungsbuchs strafrechtlich verantwortlich, wenn er die Führung dieses Buchs einem Stellvertreter übertragen und dies der zuständigen Behörde angezeigt hat.

(RGE. IV Straff. v. 21. Januar 1908.) Siehe auch Ziff. 1 der Anl. zum Gebr. des Zuckerverwendungsbuchs (Muster 10).

c) über den Vorrat an Brennereischrot.

§ 60. (1) In den gemeinschaftlich mit einer Brauerei betriebenen Kartoffelbrennereien ist das für den Betrieb der letzteren bestimmte Malzschrot an einem von dem Braumalzschrote getrennten, ein für allemal anzuzeigenden Orte aufzubewahren.

(2) Über den Vorrat an Brennereischrot hat der Brauer ein Buch zu führen, in dem das Schrot sogleich nach der Niederlegung an dem Aufbewahrungsort in Zugang und bei Verwendung für die Branntweinbereitung in Abgang einzutragen ist.

d) über die zur Bierbereitung verwendeten steuerpflichtigen Braustoffe und die zu ziehenden Biermengen.

§ 61. (1) Brauer, welche die Brausteuer für das verwendete Malz als Vermahlungssteuer entrichten (§ 28 des Gesetzes) und entweder überhaupt keinen Zucker verwenden oder hinsichtlich der Steuer für den verwendeten Zucker der Abfindung unterliegen, sowie Brauer, welche die Brausteuer für sämtliche steuerpflichtigen Braustoffe im Wege der Abfindung zahlen (§ 33 des Gesetzes), haben über die einzelnen Einmaischungen, die zur Verwendung kommenden steuerpflichtigen Braustoffe und die zu ziehende Bier- oder Essigmenge ein Einmaischungsbuch nach Muster 11 in vierteljährlichen Abschnitten zu führen [1] [3]).

(2) Andere als die im Abs. 1 genannten Brauer — Brauer, die ihre Braustoffe auf Grund der

Brauanzeige versteuern, — führen an Stelle des Einmaischungsbuchs ein Steuerbuch nach Muster 12[1]).

(3) Bierhändler[2]), die steuerpflichtige Braustoffe dem fertigen Biere zusetzen, unterliegen den gleichen Vorschriften wie die in Abs. 2 genannten Brauer.

Anm. 1. Soweit ausschließlich Malz verwendet wird, bleibt es bei der bisherigen Buchführung, d. h. die auf Brauanzeige steuernden Brauer haben das Steuerbuch, die der Vermahlungssteuer unterstellten das Einmaischungsbuch und das Mahlbuch, die Abfindungsbrauer das Einmaischungsbuch zu führen.

(FME. v. 4. August 1909 III 12 919, ZBl. 1909 S. 297.)

Anm. 2. Unter Bierhändler im Sinne des Abs. 3 sind alle diejenigen Personen (Bierverleger, Wirte usw.) zu verstehen, welche Bier gegen Entgelt an andere Personen abgeben und dieses Geschäft gewerbsmäßig betreiben.

Anm. 3. Da in den der Vermahlungssteuer unterliegenden Brauereien die Steuer nicht für die im Einmaischungsbuche zur Anschreibung gelangenden Malzschrotmengen, sondern für die auf die Malzsteuermühle gebrachten Malzmengen erhoben wird, die in dem Mahlbuche nachgewiesen werden, entsprechen die Einmaischungsbücher den nach dem alten BrauStG. in Vermahlungsbrauereien in Gebrauch gewesenen Notizregistern. Letztere waren nach dem FME. v. 10. März 1905 III 2486 zur Registerprüfung nicht einzureichen. Sie sollten vielmehr lediglich durch die Aufsichtsbeamten eingesehen und nachgeprüft werden. Im Hinblick hierauf ist bestimmt worden, daß auch die jetzigen Einmaischungsbücher der Vermahlungsbrauereien künftig nicht mehr zur Registerprüfung einzureichen sind. Dagegen haben die Hauptamtsleiter dafür zu sorgen, daß durch Einsichtnahme und häufigere Nachprüfung der Einmaischungsbücher seitens der Steueraufsichtsbeamten die ordnungsmäßige Führung dieser Bücher gewährleistet wird.

Die Malzschrotmengen sind in den Spalten 7—9 der Einmaischungsbücher dieser Brauereien nur in Zahlen anzuschreiben.

§ 62. (1) In dem Einmaischungs- oder Steuerbuch ist in der dafür vorgesehenen Spalte die Gattung und Form der zu verwendenden steuerpflichtigen Braustoffe genau zu bezeichnen und dabei, wenn das Malz durch eine andere Bearbeitung als durch Schroten oder Reinigen eine Gewichtsverminderung erfahren hat, auch anzugeben, ob die Gewichtsverminderung in der Brauerei selbst bei oder nach dem Schroten oder Vermahlen durch Sichten, Sieben, Sortieren und dergleichen (§ 13_1) oder aber bereits vor dem Schroten durch Schälen, Enthülsen und dergleichen (§ 13_2) eingetreten ist (z. B. Weizenmalzschrot, in der Brauerei hergestelltes Gerstenmalzmehl, Schrot aus geschältem Gerstenmalze, Zuckercouleur, gemahlener Rübenzucker usw.).

(2) Als Reingewicht des Malzes ist bei Malz, das keine Gewichtsverminderung oder eine solche nur durch Schroten oder Reinigen erfahren hat, das Gewicht vor oder nach dem Schroten; bei Malz, das eine Gewichtsverminderung in der Brauerei bei oder nach dem Schroten (Vermahlen)

durch Sichten, Sieben, Sortieren usw. erfahren hat (§ 13_1), das Gewicht vor dem Schroten (Vermahlen); bei Malz, das bereits vor dem Schroten oder Vermahlen eine Gewichtsverminderung durch Schälen, Enthülsen usw. erfahren hat (§ 13_2), das verminderte Gewicht anzugeben. In letzterem Falle ist jedoch neben jeder Gewichtseintragung in der dafür vorgesehenen Spalte zu vermerken, auf wieviel vom Hundert der Gewichtszuschlag von der Steuerbehörde festgesetzt worden ist.

(3) Als Reingewicht des Zuckers ist das Gewicht des Zuckers in dem Zustand, in dem er in die Brauerei eingebracht worden ist, einzusetzen (§ 5 Abs. 2 des Gesetzes). Eine Vorausversteuerung des Zuckers beim Eingang in die Brauerei ist zulässig und wird durch Anschreibung der gesamten auf einmal zur Versteuerung angemeldeten Menge mittels besonderer Eintragung im Einmaischungs- oder Steuerbuche bewirkt. Die Anschreibung zur Vorausversteuerung ist in Spalte 10 Zugang des Zuckerverwendungsbuchs zu vermerken. Die zu den einzelnen Einmaischungen verwendeten Zuckermengen gelangen in diesem Falle nicht nochmals im Einmaischungs- oder Steuerbuche zur Anschreibung, werden vielmehr nur im Zuckerverwendungsbuche (Spalten 2 bis 5 Abgang) in Abgang gestellt.

(4) Soll der voraus versteuerte Zucker in wässeriger Lösung verwendet und diese Lösung auf

Vorrat hergestellt werden, so ist die zur Herstellung der Lösung verwendete Zuckermenge in den Spalten 6 bis 8 Abgang und die Menge der hergestellten Lösung in Spalte 9 Abgang des Zuckerverwendungsbuchs einzutragen. Über die zur Bierbereitung verwendeten Einzelmengen der Lösung sind alsdann besondere Anschreibungen nach Anordnung des Oberkontrolleurs zu führen.

(5) Als Biermenge ist die Menge abgekühlter, noch nicht mit Hefe angestellter Bierwürze anzugeben, die aus den angemeldeten Braustoffen gezogen werden soll.

e) über die auf den Malzsteuermühlen vermahlenen Malzmengen.

§ 63. Neben dem Einmaischungs- oder Steuerbuche haben die der Vermahlungssteuer unterstellten Brauer noch ein Mahlbuch nach Muster 13 über die auf ihren Malzsteuermühlen geschroteten Malzmengen in monatlichen Abschnitten zu führen (§ 31 des Gesetzes).

Anm. Die Buchführung bei Verwendung von Zucker ist wie folgt vorgeschrieben:

a) Von den auf Brauanzeige steuernden Brauern ist der Zucker zugleich mit dem Malze in das Steuerbuch einzutragen, und zwar — nach Nr. 2d der Anleitung zum Gebrauche dieses Buchs — ohne Rücksicht darauf, ob er bei dem betreffenden Gebräu mit zur Einmaischung gelangt oder erst der Würze nach dem Kochen oder dem fertigen Biere zugesetzt wird.

Macht der Brauer von der Vorausversteuerung des Zuckers Gebrauch, so sind die zur Bierbereitung bestimmten Zuckermengen binnen 24 Stunden nach ihrem Eingange in die Brauerei besonders in das Steuerbuch einzutragen und durch Vorlegung des Buches der Hebestelle zur Versteuerung anzumelden.

Eine Versteuerung des Zuckers im Wege der Abfindung ist dem auf Brauanzeige steuernden Brauer nicht gestattet.

b) In Abfindungsbrauereien.

Nach § 79 Abs. 4 AB. ist bei Festsetzung der Abfindungssumme auch der voraussichtliche Verbrauch an Zucker zu berücksichtigen. Dies gilt auch dann, wenn der Brauer von der Vorausversteuerung des Zuckers Gebrauch macht.

Der Zucker ist nach den Bestimmungen unter A 1,5 der Anleitung zum Gebrauche des Einmaischungsbuchs zugleich mit dem für das betreffende Gebräu zu verwendenden Malze in das Einmaischungsbuch und den Anmeldezettel einzutragen, ohne Rücksicht darauf, ob er mit zur Einmaischung gelangt oder erst der Würze nach dem Kochen oder dem fertigen Biere zugesetzt wird.

Bei Vorausversteuerung sind die zur Bierbereitung bestimmten Zuckermengen binnen 24 Stunden nach ihrer Ankunft in der Brauerei besonders einzutragen und der Hebestelle durch Anmeldezettel anzuzeigen. Eine besondere Versteuerung findet indes nicht statt.

c) In Vermahlungsbrauereien.

Der Brauer hat die Wahl, ob er den Zucker auf Brauanzeige oder im Wege der Abfindung versteuern will.

Im ersteren Falle führt er statt des Einmaischungsbuchs ein Steuerbuch, im zweiten das Einmaischungsbuch, daneben in beiden Fällen das Mahlbuch (§ 61 Abs. 1, 2, § 63 AB.). Die Anmeldung und Versteuerung des Zuckers richtet sich nach den unter a und b gegebenen Erläuterungen. Dabei ist zu beachten, daß der Vermahlungsbrauer nach § 26 Abs. 1 des Ges. hinsichtlich des zu verwendenden Malzes von der Anmeldung jeder Einmaischung befreit ist. Eine Verpflichtung zur Brauanzeige durch Vorlegung des Steuerbuchs bei der Hebestelle oder Einsendung eines Anmeldezettels (§ 66 AB.) besteht daher nur insoweit, als zu dem eingetragenen Gebräu auch Zucker verwendet wird, sowie im Falle des Eingangs von im voraus zu versteuerndem Zucker.

Die Versteuerung des Malzes erfolgt nach Nr. 4 der Anleitung zum Gebrauche des Brausteuergegenbuchs in jedem Falle auf Grund des Mahlbuchs. —

Es wird sich empfehlen, von den Brauern, die von der Vorausversteuerung des Zuckers Gebrauch machen, vor Beginn des Rechnungsjahres eine verbindliche Erklärung hierüber zu fordern.

(Ziff. 2 d. FME. v. 4. August 1909 III 12919, ZBl. 1909 S. 297.)

f) über den Zu- und Abgang an steuerpflichtigen Braustoffen und Bier.

§ 64. Das Hauptamt kann außerdem den Brauern, welche die Brausteuer als Vermahlungssteuer oder im Wege der Abfindung entrichten, die Verpflichtung auferlegen, über den Zu- und Abgang an Braustoffen und daraus gezogenem Biere ein Rechnungsbuch nach Muster 14 in jährlichen Abschnitten zu führen.

§ 65. (1) Die Zuckerverwendungsbücher, Einmaischungsbücher, Steuerbücher und Mahlbücher werden den Brauern von der Hebestelle unentgeltlich verabfolgt. Sie sind am Schlusse der Gültigkeitsdauer abzuschließen und innerhalb der nächsten 3 Tage unaufgefordert der Hebestelle zurückzugeben. Haben in dem Zeitabschnitte, für den die Bücher zu führen waren, Eintragungen nicht stattgefunden, so sind die Bücher für den nächsten Zeitabschnitt beizubehalten.

(2) Die Bücher über die nicht zur Bierbereitung bestimmten Zuckervorräte (§ 58) und über die Vorräte an Brennereischrot (§ 60) sowie die Rechnungsbücher (§ 64) verbleiben in der Brauerei. Sie sind nach ihrem Abschlusse drei Jahre lang von dem Brauer aufzubewahren.

Zu den §§ 21, 22 des Gesetzes.

Brauanzeige.

§ 66. Die im § 21 des Gesetzes vorgeschriebene Brauanzeige ist von den auf Brauanzeige steuernden Brauern (§ 61_2) durch Vorlegung des in den Spalten 1 bis 13 ausgefüllten Steuerbuchs, von den abgefundenen Brauern durch Abgabe oder Einsendung eines Anmeldezettels nach Muster 15, der sämtliche in das Einmaischungsbuch vorher einzutragende Angaben des Brauers zu enthalten hat, bei der Hebestelle zu erstatten. Der Vermahlungssteuer unterliegende Brauer, die keinen Zucker verwenden, sind von der Erstattung der Brauanzeigen befreit.

§ 67. (1) Die Vorlegung des Steuerbuchs zum Zwecke der Brauanmeldung hat innerhalb der im § 22 des Gesetzes angegebenen Frist zu erfolgen. Änderungen der Anmeldungen sind innerhalb der gleichen Frist der Hebestelle mündlich oder schriftlich unter Wiedervorlegung des Steuerbuchs anzuzeigen. Sind sie zulässig, so wird die ursprüngliche Eintragung von der Hebestelle berichtigt.

(2) Die Hebestelle hat — unter Umrechnung des angemeldeten Weizenmalzes in Gerstenmalz gemäß § 5 Abs. 3 des Gesetzes — das steuerpflichtige Gesamtgewicht des für die einzelnen Einmaischungen angemeldeten Malzes zu berechnen, dieses Gesamtgewicht und den darauf entfallenden Steuerbetrag in dem vorgelegten Steuerbuche zu vermerken und letzteres dem Anmelder zurückzugeben. Die angemeldeten Zuckermengen bleiben hierbei vorläufig außer Betracht.

(3) Nach Ablauf des Monats (bei der Steuerzahlung) hat die Hebestelle die Gesamtmenge der für die einzelnen Einmaischungen im Monat angemeldeten Zuckerstoffe festzustellen, diese gemäß § 5 Abs. 3 des Gesetzes und § 14 der Ausführungsbestimmungen in Malz umzurechnen, das errechnete steuerpflichtige Gewicht im Steuerbuch in der Spalte für das steuerpflichtige Gesamtgewicht nachzutragen und den darauf entfallenden Steuerbetrag zusammen mit den bereits angeschriebenen Steuerbeträgen für die angemeldeten Malzmengen einzuziehen.

§ 68. (1) Der Anmeldezettel muß von dem abgefundenen Brauer mindestens 3 Stunden vor Beginn der Braueinmaischung bei der Hebestelle abgegeben oder zur Versendung an die Hebestelle der Post übergeben werden. Das Hauptamt kann anordnen, daß die Abgabe oder Absendung der Anmeldezettel statt an die Hebestelle an einen dem Brauer zu bezeichnenden Aufsichtsbeamten zu erfolgen hat.

(2) Änderungen der Eintragungen im Einmaischungsbuche sind von dem abgefundenen Brauer bis 3 Stunden vor Beginn der angemeldeten Einmaischung ohne weiteres, später nur unter der Voraussetzung zulässig, daß unvermutete Umstände die Ausführung der Braueinmaischung überhaupt oder in der eingetragenen Art gehindert haben. In letzterem Falle ist ein Steuerbeamter oder ein glaubwürdiger Zeuge, der mit dem Brauer nicht in einem Familien- oder Lohnverhältnisse stehen darf, sofort nach Eintritt des hindernden Ereignisses zuzuziehen. Die Änderungen und ihre Ursachen sind von dem Brauer und dem zugezogenen Zeugen unter Angabe von Tag und Stunde durch Namensbeischrift im Einmaischungsbuche zu bescheinigen und sofort durch einen neuen Anmeldezettel zur Kenntnis der Steuerbehörde zu bringen.

(3) Der Oberkontrolleur hat bei seiner nächsten Anwesenheit in der Brauerei die Zulässigkeit etwaiger Änderungen zu prüfen und die erfolgte Prüfung im Einmaischungsbuche zu vermerken. Ergeben sich Anstände, so ist über die Zulässigkeit der Änderungen und die Anrechnung der ursprünglich eingetragenen Braustoffmengen die Entscheidung des Hauptamts einzuholen.

Zu § 23 des Gesetzes.

Erklärung über die Verwendung von Zucker.

§ 69. (1) In der Erklärung über die Verwendung von Zucker ist die Gattung des zu verwendenden Zuckers, der Abschnitt der Bierbereitung, in dem die Verwendung stattfinden wird, sowie ferner anzugeben, in welcher Gestalt (ob ganz oder zerkleinert, trocken oder aufgelöst usw.) der Zucker verwendet werden soll.

(2) Bei Brauereien, die sowohl obergäriges als auch untergäriges Bier bereiten, sind in der Verwendungserklärung auch die Gärräume für jede der beiden Bierarten oder, wenn eine räumliche Trennung nicht stattfindet, die Gärgefäße zu bezeichnen, die für jede der beiden Bierarten benutzt werden sollen. Kann eine solche allgemeine Erklärung nicht abgegeben werden, so hat der Brauer in Spalte 6 des Einmaischungsbuchs oder Spalte 5 des Steuerbuchs unter der Bezeichnung der zu verwendenden Braustoffe die für das Gebräu bestimmten Gärgefäße jedesmal einzutragen.

(3) Nach Prüfung der Erklärung durch den Oberkontrolleur ist die eine Ausfertigung dem Brauer zur Aufnahme in das Brauereibelegheft zu übersenden. Die zweite Ausfertigung ist nach Aufnahme eines entsprechenden Vermerkes in Spalte 7 der Brauereirolle dem Beleghefte der Hebestelle einzuverleiben.

(4) Bei dauernden Änderungen in der Art der

Zuckerverwendung ist stets eine neue Erklärung abzugeben.

Zu § 24 des Gesetzes.

Abweichungen von der gesetzlichen Einmaischungszeit.

§ 70. Zur Zulassung von Abweichungen von der gesetzlichen Einmaischungszeit sind in Einzelfällen die Hebestellen, bei dauernden Abweichungen die Hauptämter befugt.

Zu § 25 des Gesetzes.

Erwarten der Steuerbeamten.

§ 71. Die Vorschriften in § 25 Abs. 1 und 2 des Gesetzes finden nur für die auf Brauanzeige steuernden Brauer (§ 61 2) Anwendung.

Anm. Der Hinweis auf § 61 Abs. 2 hat nicht die Bedeutung, daß die Vorschriften in § 25 Abs. 1 und 2 des Ges. auch auf Vermahlungsbrauer Anwendung finden sollen, die Zucker auf Brauanzeige versteuern. Einer solchen Behandlung stände § 28 Abs. 1 des Ges. entgegen. (FME. v. 4. August 1909 III 12919.)

Zweiter Abschnitt.

Vermahlungssteuer.

Zu § 27 des Gesetzes.

Einrichtung der selbsttätigen Verwiegungsvorrichtungen.

§ 72. (1) Der Reichskanzler bestimmt die selbsttätigen Verwiegungsvorrichtungen, die für die Verwiegung von steuerpflichtigem Malze in Brauereien verwendet werden dürfen[1])[2]).

(2) Die Verwiegungsvorrichtungen müssen so eingerichtet sein, daß nach Abnahme des amtlichen

Verschlusses eine Prüfung der eigentlichen Wage im unbelasteten und belasteten Zustande auf ihre Richtigkeit, ihre Empfindlichkeit und ihr genaues Einspielen durch die Aufsichtsbeamten erfolgen kann. Sie müssen zu diesem Zwecke mit einer Vorrichtung versehen sein, die in einfacher Weise eine Lösung der Verbindung der eigentlichen Wage mit dem übrigen Getriebe der Vorrichtung ermöglicht.

(3) Der Zufluß von Malz muß von dem Augenblick an, in dem die Malzmenge in dem zu ihrer Aufnahme bestimmten Gefäße der Verwiegungsvorrichtung das Sollgewicht erreicht hat, bis zu dem Augenblick, in dem das entleerte Malzgefäß zur Aufnahme von neuem Malze wieder bereit steht, selbsttätig abgesperrt sein. Es müssen Sicherungseinrichtungen dagegen getroffen sein, daß bei verschlossener Verwiegungsvorrichtung der Malzzufluß durch äußeren Eingriff vorzeitig geöffnet oder sein rechtzeitiges und vollständiges Schließen absichtlich oder unabsichtlich verhindert werden kann, ohne daß die Verwiegungsvorrichtung zum Stillstande kommt oder auf andere Weise die vorgekommene Störung den Aufsichtsbeamten bemerkbar gemacht wird.

(4) Die Verwiegungsvorrichtungen müssen wagerecht und so aufgestellt sein, daß sie durch Erschütterungen, die in der Nähe stehende Maschinen und dgl. hervorrufen, nicht gestört werden.

(5) **Sie müssen mit einem Mantel aus Eisenblech derart umgeben sein, daß nach Anlegung des amtlichen Verschlusses (§ 73) eine beabsichtigte Störung oder Beeinflussung der Wägungen von außen her ausgeschlossen ist.**

(6) **Es müssen Vorkehrungen getroffen sein, die ein gleichmäßiges Einfließen des Malzes und die Beseitigung von Fremdkörpern, die den richtigen Gang der Verwiegungsvorrichtung stören könnten, bewirken.**

Anm. 1. Die Genehmigung zur Aufstellung selbsttätiger (automatischer) vorschriftsmäßig geeichter Wagen kann von den Hauptämtern erteilt werden.

(FME. v. 17. Juni 1898 III 8592, ZBl. S. 304.)

Anm. 2. Zurzeit werden innerhalb des norddeutschen Brausteuergebiets zur Verwiegung von steuerpflichtigem Malz in Brauereien folgende Systeme selbsttätiger Verwiegungsvorrichtungen verwendet:

1. Malzsteuerwage „Chronos" der Hennefer Maschinenfabrik C. Reuther & Reisert m. b. H. in Hennef a. d. Sieg,
2. selbsttätige Registrierwage der Maschinen- und Bronzewarenfabrik (A.-G.) L. A. Riedinger in Augsburg,
3. Malzsteuerwage „Libra" der Fabrik selbsttätiger Registrierwagen, G. m. b. H. in Gliesmarode-Braunschweig,
4. „Pallas" von Carl Schenk, Eisengießerei und Maschinenfabrik, G. m. b. H., in Darmstadt.

Die unter 1—3 aufgeführten Wagen haben sich bewährt und sind auf Grund [§ 51 Abs. 3 der AB. zum BrauStG.] allgemein zugelassen worden.

Im Gange einzelner in Brauereien aufgestellter Pallaswagen sind dagegen Störungen, namentlich in der

Einlaufvorrichtung, hervorgetreten, die regelmäßig die Zuziehung eines Steuerbeamten notwendig machten. Eine allgemeine Zulassung des unter Ziff. 4 aufgeführten Systems soll daher vorerst nicht erfolgen. Jedoch ist nichts dagegen einzuwenden, wenn die Weiterbenutzung von bereits in Brauereien aufgestellten Pallaswagen so lange gestattet wird, als sich nicht Bedenken gegen die Gewichtsanzeigen ergeben.

Die außer diesen Wagen noch namhaft gemachte selbsttätige Registrierwage der Maschinenfabrik A.-G. vorm. F. A. Hartmann & Co. in Offenbach a. M. und die „Seckwage" der Maschinenbauanstalt und Maschinenfabrik vorm. Gebr. Seck in Dresden sollen Wagen des Systems „Chronos" sein, in welchem Falle sie unter Ziff. 1 fallen würden. Ermittelungen darüber sind veranlaßt, weitere Mitteilungen darüber vorbehalten worden.

Eine Anzahl der schon längere Zeit in Brauereien arbeitenden selbsttätigen Verwiegungsvorrichtungen soll der Vorschrift in § 52 Abs. 1 AB. z. BrauStG. nicht entsprechen. Nach derselben sollen die Wagen mit besonderen Einrichtungen versehen sein, die ein Abfangen des verwogenen Malzes, ehe es auf die Walzen abfließt, behufs Vornahme von Nachprüfungen der Gewichtsanzeigen der Wagen ermöglichen. Insoweit die nachträgliche Anbringung derartiger Einrichtungen an bereits aufgestellten Wagen mit Schwierigkeiten verknüpft ist und insoweit es möglich ist, in den betreffenden Brauereien die [im § 52 Abs. 1 AB.] vorgesehene Nachprüfung der Verwiegungen sicher und ohne verhältnismäßigen Aufwand an Zeit und Mühe auf andere Weise auszuführen, z. B. durch Auffangen und Nachwägen des aus der Mühle abfließenden Malzschrots kann für die bereits vor dem 1. Juli 1906 aufgestellten Verwiegungsvorrichtungen von der nachträglichen Anbringung der [im § 52 Abs. 1 Satz 2 AB.] vorgeschriebenen Einrichtungen zum Abfangen des noch nicht geschrotenen Malzes abgesehen werden.

(Reichsschatzamt v. 23. September 1906 II 8806, FME. v. 29. September 1906 III 16035.)

Anm. 3. Da die Konstruktion der von der Firma A. Spies, G. m. b. H., in Siegen hergestellten Cereswage bis auf einige für die steuerliche Überwachung kaum in Betracht kommende Einzelheiten mit der der Chronoswage übereinstimmt, so treffen die hinsichtlich der Prüfung, Tarierung und Regulierung der Chronoswagen in dem vom Reichsschatzamt erlassenen Schreiben vom 30. März 1907 II 2397 gegebenen Anregungen auch auf die Cereswage zu.

(RSchA. v. 12. September 1907 II 7966.)

Die Wage ist zur Verwiegung von steuerpflichtigen Braustoffen allgemein zugelassen worden.

(FME. v. 18. September 1907 III 16517.)

Anm. 4. Die zur Verwiegung von steuerpflichtigem Malze in Brauereien des norddeutschen Brausteuergebiets zugelassenen selbsttätigen Verwiegungsvorrichtungen der Firma Reuther & Reisert in Hennef (Chronoswage), Riedinger in Augsburg, Fabrik selbsttätiger Registrierwagen in Gliesmarode-Braunschweig (Librawage) und A. Spies in Siegen (Cereswage) sind mit Sicherungsvorrichtungen versehen, die einerseits verhindern, daß die Zuflußklappen vorzeitig durch äußeren Eingriff geöffnet werden, anderseits die Entleerung des Malzgefäßes hindern und somit die Wiegevorrichtung zum Stillstand bringen, sofern absichtlich oder unabsichtlich (durch Einklemmen eines Gegenstandes — Stockes, Besenreises usw. — in die Einlaufsöffnung) die völlige rechtzeitige Schließung der Verschlußklappen verhindert wird. Die Firmen stellen außer diesen mit einer derartigen Sicherungsvorrichtung ausgerüsteten „Malzsteuerwagen" noch zu anderen Zwecken bestimmte selbsttätige Registrierungen ohne solche Sicherungsvorrichtung her.

Für die Malzsteuermühlen können aber zur Feststellung des steuerpflichtigen Malzgewichts in Brauereien lediglich die mit der oben erwähnten steuersicheren Einrichtung versehenen Verwiegungsvorrichtungen in Betracht kommen.

(RSchA. v. 12. Dezember 1907 II 10305, FME. v. 31. Dezember 1907 III 22418.)

Anm. 5. Weil es vorgekommen ist, daß die in einer Brauerei aufgestellte selbsttätige Verwiegungsvorrichtung — System Riedinger — von einem Monteur der Firma L. A. Riedinger in Augsburg gelegentlich einer Reparatur dadurch zugunsten der Brauerei beeinflußt worden ist, daß der Monteur nach erfolgter Eichung der Verwiegungsvorrichtung durch den Eichmeister in einem unbewachten Augenblick einige Metallstückchen in die Verwiegungsvorrichtung — und zwar in die Tarierhöhlung — gelegt hatte, so sind die Aufsichtsbeamten angewiesen worden, besonders darauf zu achten, daß, da die Tarierhöhlung der Verwiegungsvorrichtungen des Systems bis zum Umlegen des Verschlußmantels offen liegt (im Gegensatze zu den Tarierhöhlungen der Chronoswagen der Firma C. Reuther & Reisert, die durch eine eiserne Platte und den auf die Gewichtsschale aufgesetzten Staubmantel verdeckt sind), der Verschlußmantel sofort nach beendigter Eichung wieder um die Verwiegungsvorrichtung gelegt und verschlossen wird, letztere jedenfalls nach der Eichung bis zur Verschließung nicht aus den Augen gelassen wird.

(FME. v. 6. Januar 1909 III 22405.

Anm. 6. Bei einer Chronoswage aus der Hennefer Maschinenfabrik C. Reuther & Reisert m. b. H. ist es vorgekommen, daß die Versteifungsleiste für den Getreidebehälter zu nahe der unteren Öffnung des Einlauftrichters angebracht war und vielfach von den einfallenden Körnern getroffen wurde und diese dadurch, anstatt in den Behälter zu fallen, aus demselben herausgeschleudert wurden. Um das Herausspringen der Körner zu verhindern, ist hinter dem Holze, welches die Vorstenbündel zum vorderen

Abschlusse des Einlaufs trägt, ein Streifen von dünnem Weißblech angebracht und dasselbe dann bis hinter die Schiene hinuntergebogen worden.

Steueramtlicher Verschluß.

§ 73. (1) Der steueramtliche Verschluß der Malzsteuermühlen und der selbsttätigen Verwiegungsvorrichtungen[1]) geschieht in der Regel durch Kunstschlösser, welche die Steuerverwaltung auf Kosten des Brauers liefert und, falls sie entbehrlich werden, ohne Erstattung der Anschaffungskosten zurücknimmt.

(2) Über die Verschlußanlage ist von dem Oberkontrolleur eine Verhandlung aufzunehmen, die der Hebestelle auszuhändigen ist. Die Hebestelle hat von der Verhandlung eine beglaubigte Abschrift für das Brauereibelegheft zu fertigen.

Anm. Wie bei Verschlußverletzungen zu verfahren ist, bestimmt § 77 der AB.

Reinigung und Prüfung.

§ 74. (1) Nach Anordnung des Oberkontrolleurs hat der Brauer von Zeit zu Zeit die innern Teile der Verwiegungsvorrichtung und der Malzsteuermühle mittels geeigneter, vom Brauer bereitzuhaltender Werkzeuge (Handfeger, Handblasebalg usw.) von dem sich ansammelnden Staube unter amtlicher Aufsicht reinigen zu lassen.

(2) Außer bei der Eichung und Nacheichung (§ 52) ist die eigentliche Wage (§ 72_2) im unbelasteten Zustande mindestens einmal jährlich durch die Aufsichtsbeamten auf ihre Empfindlichkeit und

ihr genaues Einspielen zu prüfen und erforderlichenfalls neu zu tarieren.

(3) In kürzeren Zwischenräumen — bei Verwiegungsvorrichtungen, die täglich arbeiten, wenigstens einmal im Monate — haben die Aufsichtsbeamten zu prüfen, ob die selbsttätige Absperrung des Malzzuflusses (§ 72₃) rechtzeitig erfolgt, das heißt, ob nach der selbsttätigen Absperrung des Malzzuflusses und vor der selbsttätigen Entleerung des Malzgefäßes die belastete eigentliche Wage, nachdem ihre Verbindung mit dem übrigen Getriebe der Vorrichtung gelöst ist, sich im Gleichgewichte befindet. Ist dies nicht der Fall, so ist die Vorrichtung, durch welche die Absperrung der Einlauföffnung bewirkt wird, entsprechend zu regulieren.

(4) Wie bei der Prüfung und Tarierung der leeren Wage (Abs. 2) und bei der Prüfung und Regulierung der Absperrvorrichtung (Abs. 3) zu verfahren ist, insbesondere, durch welche Handgriffe die Lösung und Wiederherstellung der Verbindung zwischen der eigentlichen Wage und dem übrigen Getriebe der Verwiegungsvorrichtung sowie die Verhinderung und Wiederherbeiführung der selbsttätigen Entleerung des Malzgefäßes zu bewirken ist, muß in der nach § 36₂ von dem Brauer zu liefernden und nach § 44₄ bei dem Mahlbuch aufzubewahrenden Beschreibung der selbsttätigen Verwiegungsvorrichtung oder in einer ebenfalls von

dem Brauer zu liefernden und beim Mahlbuch aufzubewahrenden besonderen Anleitung genau angegeben sein.

Anm. 1. Bei den älteren Malzsteuermühlen fehlten vielfach Einrichtungen, die ein Abfangen des verwogenen Malzes, ehe es auf die Walzen abfließt, ermöglichten, und ihre nachträgliche Anbringung war nur in der Weise möglich, daß zwischen die selbsttätige Verwiegungsvorrichtung und die Schrotmühle ein mit einer verschließbaren Öffnung versehenes Zwischenstück eingebaut wurde. Die Öffnung in dem Zwischenstück dient zur Einführung einer Schurre, die das von der Wage entleerte Malz zum Nachwägen oberhalb der Schrotmühle abfangen und nach außen ableiten soll.

Nach einem Berichte des Reichsbevollmächtigten in Köln war bei zwei Malzsteuermühlen die die Öffnung verschließende eiserne Klappe in der Weise angebracht, daß sie unten durch zwei von außen auf Zwischenstück und Klappe aufgenietete Scharniere, oben durch einen Bügelverschluß gehalten wurde. Gelegentlich der Prüfung der Verschlußsicherheit dieser Klappen wurde festgestellt, daß die Scharnierstifte mit Leichtigkeit herausgestoßen werden konnten und daß alsdann durch Herausbiegen der Klappe aus der Öffnung ein Zugang zu den Walzen der Schrotmühle geschaffen werden konnte. Der Fehler wurde in der Weise beseitigt, daß zwischen die beiden Scharniere ein dickes Stück Eisenblech aufgenietet wurde, so daß die Scharnierstifte an einem Ende nicht mehr zugänglich waren und somit nicht mehr herausgeschlagen werden konnten.

Da derartige mangelhafte Scharniereinrichtungen auch an den Zwischenstücken der Malzsteuermühle in anderen Brauereien angebracht sein können, sollen die Beamten diesem Gegenstande ihre Aufmerksamkeit widmen (und gegebenenfalls entsprechende Anzeige machen).

(RSchA. 4. Juni 1907 II 4680, FME. 17. Juni 1907 III 10962.)

Anm. 2. **Bestimmungen über die Prüfung, Tarierung der leeren Wagen und Regulierung der einzelnen Füllungen der zur Verwiegung von steuerpflichtigem Malze in Brauereien allgemein zugelassenen selbsttätigen Registrierwagen.**

(RSchA. 30. März 1907 II 2397, FME. 12. April 1907 III 6845.)

I. Bei den innerhalb des norddeutschen Brausteuergebiets zur Verwiegung von steuerpflichtigem Malze in Brauereien allgemein zugelassenen drei Systemen selbsttätiger Verwiegungsvorrichtungen (ZBl. f. d. D. R. 1907 S. 2) besteht übereinstimmend die eigentliche Wage aus einem gleicharmigen Wagebalken mit nach unten zeigender Zunge, an dessen einem Arme die Gewichtsschale und an dessen anderem Arme der Behälter für das zu verwiegende Malz angehängt ist.

Soll die Wage richtig wägen, so müssen sich die unbelastete Gewichtsschale, auf welche jedoch nach Abnahme der Gewichte eine etwa vorhandene Staubkapsel wieder aufgestellt sein muß, und das leere Malzgefäß das Gleichgewicht halten. Zur Ausgleichung etwaiger Gewichtsunterschiede zwischen beiden dienen kleine Bleistückchen, die sich in einer in der Mitte der Gewichtsschale angebrachten, mit einem Blechstück verschraubten Vertiefung (der Tarierhöhlung oder Tarierschale) befinden. Die Wagen werden nun zwar bei der Eichung in der Fabrik genau tariert; da sich jedoch, wie bei jeder Wage, das Gewicht des leeren Malzbehälters und der unbelasteten Gewichtsschale im Laufe der Zeit ändern kann, so ist es notwendig, daß die Beamten, die mit der Beaufsichtigung der Brauerei betraut sind, nach der Aufstellung der selbsttätigen Verwiegungsvorrichtung und fernerhin mindestens einmal jährlich die leere Wage auf ihre Empfindlichkeit und ihr genaues Einspielen prüfen und erforderlichenfalls durch Herausnehmen von Blei aus der Tarierhöhlung oder Zulegen von Blei in diese neu tarieren.

II. Die selbsttätigen Verwiegungsvorrichtungen sollen in der Weise arbeiten, daß die bei jeder Entleerung des Malzgefäßes aus diesem auf die Schrotmühle fallende Malzmenge genau so schwer ist wie die auf der Gewichtsschale aufgestellten Gewichte. Es müßte daher bei richtig tarierter Wage (vgl. Ziff. I) jeder Zufluß von Malz zum Malzgefäß in dem Augenblick aufhören, in dem das gefüllte Malzgefäß das Gleichgewicht mit der belasteten Gewichtsschale erreicht. Obgleich nun der Zufluß von Malz aus dem Einlauftrichter schon vor Erreichung des Gleichgewichts durch Zufallen einer Abschlußklappe bis auf einen dünnen Strahl abgesperrt, und in dem Augenblick, in dem das Malzgefäß durch die Gleichgewichtslage hindurchgeht, eine zweite Klappe ausgelöst wird, die auch diesen minimalen Zufluß absperrt, so kann dadurch die beabsichtigte Wirkung doch noch nicht vollkommen erreicht werden.

Die Auslösung und das Zufallen der zweiten Klappe erfordern infolge der Reibung eine gewisse Zeit, in der noch Malzkörner aus dem Einlauftrichter durch die Einlauföffnung hindurchgehen, außerdem fallen diejenigen Malzkörner, die im Augenblick der Gleichgewichtslage zwar die Einlaufsöffnung bereits durchflossen, das Malzgefäß jedoch noch nicht erreicht hatten, nach. Um das Gewicht dieser nachfallenden Malzmengen, das ja nach der stärkeren oder schwächeren Reibung und je nach der Beschaffenheit (Größe, Volumengewicht) des Malzes verschieden ist, genau auszugleichen, ist an den Verwiegungsvorrichtungen ein zweiarmiger Hebel angebracht, dessen einer Arm — bei den Chronos- und Librawagen der rechte, bei den Riedingerschen Wagen der linke — unter das Hängestück der Gewichtsschale greift und damit die Wirkung der aufgestellten Gewichte mindert. Durch Verschieben des an diesem Hebel befindlichen Schiebegewichts (der Regulierung) nach rechts oder links läßt sich die Einwirkung des Hebels so regulieren, daß die von ihm an der Gewichtsschale bewirkte Minderung genau dem Gewichte des nachfallenden Malzes entspricht. Das Malzgefäß geht alsdann schon in dem Augenblicke durch das Gleichgewicht und der Zufluß von Malz aus dem Einlauftrichter wird schon in dem Augenblick unterbrochen, wo an dem Rollgewichte des Malzes im Malzgefäße noch das Gewicht der nachfallenden Malzmenge fehlt. Da nun die Menge und das Gewicht des nachfallenden Malzes von der Reibung im Mechanismus der Verwiegungsvorrichtung und der Beschaffenheit des Malzes abhängig ist, die Reibung sich aber infolge der Einwirkung von Staub usw. in verhältnismäßig kurzer Zeit ändert, auch die Beschaffenheit des Malzes (die Größe und das Volumengewicht der einzelnen Malzkörner) wechselt, sobald eine andere Sorte Gerste zum Vermälzen gelangt, so muß, wenn die Verwiegungsvorrichtung dauernd genau arbeiten soll, in kürzeren Zwischenräumen — bei Verwiegungsvorrichtungen, die täglich arbeiten, wenigstens einmal im Monate — die Regulierung der Einwirkung des mehrfach genannten Hebels mittels Schiebegewichts vorgenommen werden. Es geschieht dies in der Weise, daß während des Betriebs der Malzsteuerwage geprüft wird, ob, nach Abschluß der Einlaufsöffnung und nachdem die eigentliche Wage außer Berührung mit dem übrigen Mechanismus der Verwiegungsvorrichtung — auch außer Berührung mit dem vorgenannten Hebel — gesetzt ist, das gefüllte Malzgefäß sich mit der belasteten Gewichtsschale im Gleichgewicht befindet. Ist dies nicht der Fall, die Füllung also zu schwer oder zu leicht, so ist durch Verschieben des Schiebegewichts zu bewirken, daß die nächste Füllung leichter oder schwerer wird, und von neuem zu prüfen usw., bis die Zunge der Wage genau einspielt.

Am zweckmäßigsten erfolgen diese Prüfungen und

Regulierungen der einzelnen Füllungen im Anschluß an die von Zeit zu Zeit vorzunehmende Reinigung der Stangen und Hebel usw., des Mechanismus von dem sich darauf ansammelnden Staube mittels Handblasebalgs [§ 52 Abs. 2 AB.].

Wie bei der Prüfung und Tarierung der leeren Wage (Ziff. I) und wie bei der Prüfung und Tarierung der einzelnen Füllungen (Ziff. II) zu verfahren ist, ist für die Chronos- und Librawagen in der jeder Wage beigegebenen Beschreibung, für die Riedingerschen Wagen in der Anlage (s. nachst. „Anleitung") genau beschrieben.

Von den Fabrikanten der Verwiegungsvorrichtungen ist darauf hingewiesen worden, daß die Mehrzahl der bisher beobachteten kleinen Ungenauigkeiten in den Anzeigen der Verwiegungsvorrichtungen darauf zurückzuführen sei, daß die Beamten die Prüfung und Regulierung der einzelnen Füllungen unterlassen hätten.

Anleitung
zur
Prüfung, Tarierung und Regulierung der zur Verwiegung von steuerpflichtigem Malze in Brauereien der norddeutschen Brausteuergemeinschaft zugelassenen selbsttätigen Registrierwage der Firma L. A. Riedinger, Maschinen- und Bronzewarenfabrik A.-G. in Augsburg.

I. Prüfung und Tarierung der leeren Wage.

Nach Öffnung des Umschlußmantels sind die Gewichte von der Gewichtsschale abzunehmen und der an der Außenseite der Verwiegungsvorrichtung befindliche, in der jeder Registrierwage beigegebenen Beschreibung mit „H" bezeichnete Knopf einzuschieben. Es wird hierdurch das Eingreifen der mit der Antriebsachse verbundenen Zahnräder und damit die Vorrichtung zum Öffnen des Malzgefäßes abgestellt. Nunmehr ist der rechte, mit der Gewichtsschale nicht in Verbindung stehende Arm des

Hebels D anzuheben und dessen Ende O in die Einkerbung S² der senkrechten Stange S zu legen. Die eigentliche Wage ist jetzt außer Berührung mit dem übrigen Mechanismus der Verwiegungsvorrichtung und ihre Zunge muß bei Null einspielen. Ist dies nicht der Fall, so ist der Unterschied durch Zulegen oder Herausnehmen von Blei aus der Tarierhöhlung, welche sich in der Mitte der Gewichtsschale befindet, auszugleichen.

Nach beendeter Prüfung und Tarierung ist **zunächst der Hebel D von der Einkerbung S² der Stange S** zu lösen, so daß diese Stange wieder frei hängt. Dann sind die Gewichte wieder auf die Gewichtsschale zu stellen und ist, sofern die Malzsteuermühle sofort in Betrieb treten soll, der Knopf H herauszuziehen.

II. Prüfung und Regulierung der einzelnen Füllungen.

Knopf H ist einzuschieben, der Riemen der Antriebsachse X aufzulegen und der Einlauftrichter mit Malz zu füllen. Das Malzgefäß kann sich jetzt füllen, aber nicht entleeren, da durch das Einschieben des Knopfes H der Mechanismus zum Öffnen des Malzgefäßes ausgeschaltet ist. Die Verwiegungsvorrichtung ist nun so lange sich selbst überlassen, bis beide Verschlußklappen an der Einflußöffnung zugefallen sind und damit der Zufluß von Malz zum Malzgefäß unterbrochen ist. Jetzt ist Hebel D anzuheben und sein Ende O in die Einkerbung S² der Stange S einzuhängen, womit die eigentliche Wage außer Berührung mit dem übrigen Mechanismus der Verwiegungsvorrichtung tritt. War die Füllung richtig reguliert, so muß jetzt die an dem Wagebalken befindliche Zunge bei Null einspielen. Ist dies nicht der Fall und die Füllung zu schwer, so ist das an dem Hebel D angebrachte Schiebegewicht (die Regulierung) nach rechts zu verschieben, damit die nächste Füllung leichter wird. Ist dagegen die Füllung zu leicht, so verschiebt man das

Reguliergewicht nach links, so daß die nächste Füllung schwerer wird.

Nach erfolgter Regulierung ist zunächst der Hebel D aus der Stange S wieder auszuschalten, so daß letztere wieder frei hängt, und dann erst der Knopf H auszuziehen. Durch das Herausziehen des Knopfes H wird der Mechanismus zum Öffnen des Malzgefäßes eingeschaltet; letzteres entleert sich, wird wieder geschlossen und die Verschlußklappen an der Einlaufsöffnung werden wieder geöffnet. Sofort ist der Knopf H wieder einzuschieben, wodurch das Entleeren der neuen Füllung verhindert wird, und die Prüfung der neuen Füllung und erforderlichenfalls eine nochmalige Regulierung in der oben beschriebenen Weise zu bewirken usw., bis bei belasteter Wage die Zunge genau bei Null einspielt und damit die Regulierung beendet ist.

Es wird hier wiederholt darauf hingewiesen, daß, ehe bei den Prüfungen und nach deren Beendigung der Knopf H ausgezogen werden darf, stets erst der Hebel D aus der Einkerbung der Stange S auszuhaken ist.

Zu § 29 des Gesetzes.

Benutzung der Malzsteuermühle durch andere.

§ 75. (1) **Die Benutzung einer Malzsteuermühle durch andere und das Ablassen von geschrotetem Malze an andere bedarf der Genehmigung des Hauptamts.**

(2) **Über die Menge des für andere geschroteten oder an andere abgelassenen geschroteten Malzes ist von dem Empfänger eine Bescheinigung zu erteilen, die bei dem Mahlbuche (§ 63) aufzubewahren und mit diesem der Hebestelle einzureichen ist.**

Andere zum Schroten von Malz geeignete Vorrichtungen.

§ 76. (1) Die im § 29 Abs. 2 des Gesetzes vorgesehene Anzeige der Vorrichtungen, die zwar zum Schroten von Malz geeignet, aber für andere Zwecke bestimmt sind, ist der Hebestelle schriftlich zu erstatten, die sie dem Oberkontrolleur aushändigt.

(2) Die Vorrichtungen können nach näherer Bestimmung des Oberkontrolleurs zeitweise unter steueramtlichen Verschluß gesetzt, auch kann angeordnet werden, daß ihre Benutzung nur unter amtlicher Aufsicht erfolgen darf.

Zu § 30 des Gesetzes.

Beschädigungen der Malzsteuermühlen oder der selbsttätigen Verwiegungsvorrichtungen.

§ 77. (1) Sofort nach dem Eintreffen der gemäß § 30 des Gesetzes dem Brauer obliegenden Meldung über eine Beschädigung der Malzsteuermühle usw. bei der Hebestelle, spätestens aber innerhalb 24 Stunden, ist der Sachverhalt amtlich an Ort und Stelle zu ermitteln.

(2) Ist eine Ausschaltung der selbsttätigen Verwiegungsvorrichtung notwendig, so ist das Gewicht etwaiger Vorräte an bereits geschrotetem Malze festzustellen und die Brauerei, falls der Betrieb fortgesetzt werden soll, der Versteuerung auf Brauanzeige oder der Abfindung zu unterwerfen. An die Stelle der jedesmaligen Verwiegung des Malzschrots kann jedoch bei angeordneter Ver-

steuerung auf Brauanzeige die Verwiegung des ungeschroteten Malzes treten.

(3) Über das Ergebnis der Ermittelungen und die getroffenen Anordnungen ist eine Verhandlung aufzunehmen. Der Oberkontrolleur hat, wenn er die Verhandlung nicht selbst aufgenommen hat, den Tatbestand und die Zweckmäßigkeit der getroffenen Maßnahmen, in allen wichtigen Fällen an Ort und Stelle nachzuprüfen.

(4) Die Verhandlung ist dem Hauptamte vorzulegen.

Zu § 32 des Gesetzes.

Genossenschaftsmühlen.

§ 78. Im Falle des § 32 des Gesetzes finden die Vorschriften der §§ 27 bis 31 des Gesetzes mit folgenden Maßgaben Anwendung:

1. Für die bei dem Betriebe der Malzsteuermühle und der selbsttätigen Verwiegungsvorrichtung zu beobachtenden Verpflichtungen ist ein der Steuerverwaltung gegenüber zunächst verantwortlicher gemeinschaftlicher Vertreter zu bestellen.
2. Das Mahlbuch ist im Mühlenraum an einem von dem Oberkontrolleur zu genehmigenden Orte aufzubewahren.
3. Von jedem einzelnen Brauer ist ein besonderes Mahlbuch zu führen, das bei jeder Abholung von Malzschrot dem gemeinschaftlichen Vertreter vorzulegen, sonst aber in

der Brauerei aufzubewahren ist. Der gemeinschaftliche Vertreter hat die abgeholten Malzschrotmengen in Spalten 7 bis 9 der von den einzelnen Brauern geführten Mahlbücher unter gleichzeitiger Ausfüllung der Spalten 1, 2 und 11 einzutragen und die abgegebenen Malzschrotmengen in einem Anhange zu seinem Mahlbuche (Ziffer 2) einzutragen. Für die Versteuerung etwaiger Fehlmengen, die sich gegenüber der Zählwerksanzeige ergeben, sind die die Mühle benutzenden Brauer als Gesamtschuldner haftbar. Die näheren Anordnungen trifft das Hauptamt.

Dritter Abschnitt.

Abfindung.

Zu § 33 des Gesetzes.

Anordnung der Abfindung und Festsetzung der Abfindungssumme.

§ 79. (1) Die Anordnung der Abfindung[1][2] und die Festsetzung der Abfindungssumme erfolgt durch das Hauptamt.

(2) Die Direktivbehörden können sich allgemein oder für Brauereien mit größerem Betriebsumfange die Genehmigung dieser Maßnahmen vorbehalten.

(3) Die Abfindung geschieht in der Regel für die ganze Dauer des Rechnungsjahrs, kann aber auch einen Teil davon umfassen.

(4) **Die Abfindungssumme ist nach dem voraussichtlichen Verbrauch an steuerpflichtigen Braustoffen zu bemessen. Vor der Festsetzung ist der Brauer zu hören**[3–5].

(5) **Ergibt sich während der Dauer der Abfindung, daß die Abfindungssumme um mehr als ein Fünftel zu hoch oder zu niedrig bemessen ist, so kann für den Rest der Abfindungszeit eine anderweitige Festsetzung stattfinden.**

Anm. 1. Im allgemeinen wird die Abfindung, sofern die Brauereien nicht unter die Vermahlungssteuer treten, die Regel zu bilden haben.

Anm. 2. Auch die kleinen Brauereien unterliegen nunmehr den allgemeinen Vorschriften über die Abfindung. (FME. v. 4. August 1909 III 12919.)

Anm. 3. Nach dem Wortlaut des § 33 bedarf es zur Abfindung einer Brauerei künftig nicht mehr der Zustimmung des Brauers.

Anm. 4. Da ein Abfindungsvertrag nicht abgeschlossen wird, unterliegt es weiterer Erwägung, ob und inwieweit es zulässig bleiben wird, die Abfindungssumme auch dann voll zu erheben oder einzubehalten, wenn sie den Steuerwert der verwendeten Braustoffe nicht erreicht. Die Grundlagen für die schließliche Steuerschuld würden verneinendenfalls im wesentlichen die Eintragungen des Brauers im Abfindungsbuche, dem bisherigen Brauregister, bilden. Dieser Umstand nötigt dazu, auf die steuerliche Zuverlässigkeit des Brauers größeres Gewicht zu legen, als dies mitunter bisher geschehen ist. Auch wird die Abfindungssumme, vor deren Festsetzung der Brauer zu hören ist, so zu bemessen sein, daß sie dem voraussichtlichen Verbrauch an Braustoffen tunlichst genau entspricht usw.

(FME. v. 30. Mai 1906 III 8204, vgl. auch FME. v. 20. Juni 1906 III 9722, 2. Februar 1907 III 1104.)

Anm. 5. Die im vorletzten Absatz des FME. v. 30. Mai 1906 III Nr. 8204 geforderte verschärfte Überwachung der Abfindungsbrauereien wird vorzugsweise derart zu erfolgen haben, daß das Brauverfahren, insbesondere die Einmaischungen, so oft das dienstliche Interesse dies zuläßt, überwacht werden und, wo dies nicht oder nicht ausreichend hat geschehen können, die Revision des Bierzuges vorzunehmen ist.

Von Zeit zu Zeit sind beide Kontrollen nebeneinander auszuüben. Ferner sind die Brauereien zu verschiedenen Tageszeiten unerwartet Revisionen zu unterwerfen.

Die Anordnungen im einzelnen, insbesondere die Festsetzung, wie oft die Einmaischungen mindestens zu überwachen sind, bleiben dem Hauptamtsleiter überlassen.

Zahlung der Abfindungssumme.

§ 80. (1) **Die Abfindungssumme wird in monatlichen Teilbeträgen am letzten Tage des Monats fällig. Beträgt der auf einen Monat entfallende Teil weniger als 5 Mark, so tritt die Fälligkeit erst am letzten Tage des Vierteljahrs ein.**

(2) **Die Teilbeträge sind, soweit nicht Stundung bewilligt ist (§§ 28 ff.), spätestens am siebenten Tage des auf den Tag der Fälligkeit folgenden Monats einzuzahlen.**

Endgültige Abrechnung.

§ 81. (1) **Nach Ablauf der Abfindungszeit findet eine endgültige Abrechnung statt**[1]**.**

(2) **Das Hauptamt kann auch während der Dauer der Abfindung die endgültige Abrechnung anordnen. Es ist dazu verpflichtet, wenn die Sicherheit des Steuereingangs gefährdet erscheint.**

(3) Der Brauer darf endgültige Abrechnung verlangen:

a) bei einer wesentlichen Änderung der Gesetzgebung über die Brausteuer,
b) beim Wechsel der Person des Brauers,
c) bei einer mindestens einen Monat andauernden Betriebseinstellung,
d) beim Aufgeben des Brauereibetriebs.

(4) Die Anordnung des Hauptamts (Abs. 2) ist dem Brauer mittels eingeschriebenen Briefes oder durch Verhandlung mitzuteilen. Der gleichen Form bedarf der an das Hauptamt zu richtende Antrag des Brauers (Abs. 3).

(5) In beiden Fällen ist anzugeben, für welchen Zeitpunkt abgerechnet werden soll.

(6) In der Anordnung des Hauptamts ist ferner darüber Bestimmung zu treffen, in welcher Art die Brausteuer künftig zu entrichten ist.

(7) Hat der Brauer die endgültige Abrechnung beantragt, so darf der Brauereibetrieb erst fortgesetzt werden, nachdem das Hauptamt über die nach der Abrechnung stattfindende Art der Steuerentrichtung entschieden hat.

(8) Bei der endgültigen Abrechnung hat die Hebestelle die Gesamtsumme der von dem Brauer gezahlten Steuerbeträge (Sp. 24 des Brausteuer-Gegenbuchs) mit dem Steuerbetrage zu vergleichen, der nach § 6 des Gesetzes für die während der Abfindungszeit verwendeten steuerpflichtigen Brau-

stoffe zu entrichten war (Sp. 20 oder 22 des Brausteuergegenbuchs). Ein zu wenig eingezahlter Betrag ist von dem Brauer innerhalb einer Woche bar nachzuzahlen, ein etwa zuviel eingezahlter Betrag dem Brauer zu erstatten.

(9) Die Erstattung kann versagt werden, wenn bezüglich der richtigen Führung des Einmaischungsbuchs durch den Brauer begründete Zweifel vorhanden sind.

Anm. Für die endgültige Abrechnung mit den abgefundenen Brauern nach Ablauf der Abfindungszeit ist zur Vermeidung der zwecklosen Hin- und Rücksendung von Geldbeträgen und zur Ersparung von Portokosten und Schreibwerk das folgende Verfahren nachgelassen worden.

Wenn von der Amtsstelle bei der mit tunlichster Beschleunigung vorzunehmenden Schlußabrechnung festgestellt wird, daß nach der Menge des bis zum Schlusse der Abfindungszeit verwendeten Malzes die Herauszahlung eines bereits zuviel gezahlten Betrages an den Brauer zu erfolgen hat, so kann die Einzahlung des für den letzten Monat der Abfindungszeit fälligen Teilbetrages der Abfindungssumme unterbleiben. Ergibt sich bei der Schlußabrechnung, daß der nach der verwendeten Malzmenge zu entrichtende Restbetrag kleiner ist als ein Monatsbetrag der Abfindungssumme, so ist nur der kleinere Betrag von dem Brauer einzuziehen.

Voraussetzung für das vereinfachte Verfahren ist jedoch, daß die endgültige Abrechnung und die sich aus ihr ergebende Benachrichtigung des Brauers sowie die Einzahlung fälliger Abgabenbeträge unbedingt bis zum 7. Tage des auf die Fälligkeit folgenden Monats erfolgt sein muß (jetzt § 80 Abs. 2 AB. z. BrauStG.).

(FME. v. 17. Februar 1909 III 2361.)

Abfindung der Essigbereitung.

§ 82. Die Bestimmungen der §§ 79 bis 81 finden auf die steuerpflichtige Essigbereitung entsprechende Anwendung. Ist mit der Essigbereitung eine Bereitung von Bier verbunden, so hat sich die Abfindung auf beide Betriebsarten zu erstrecken.

Verzeichnis der angeordneten Abfindungen.

§ 83. Die Hauptämter haben der Direktivbehörde alljährlich bis zum 1. Mai ein Verzeichnis der für das laufende Rechnungsjahr angeordneten Abfindungen und der festgesetzten Abfindungssummen vorzulegen und spätere Änderungen oder Ergänzungen sofort mittels eines Nachtragsverzeichnisses anzuzeigen.

Vierter Abschnitt.

Bestimmungen für die Aufsichtsbeamten und Hebestellen.

Zu § 34 des Gesetzes.

Befugnisse der Aufsichtsbeamten.

§ 84. (1) Die Steuerbeamten sind befugt, die Braustoffe, die Würze, die Hefe und das Bier auf ihre Beschaffenheit zu prüfen und Proben davon zur Untersuchung zu entnehmen. Sie haben das Recht, in allen Brauereien die Vorräte an Malzschrot und die in die Brauerei eingebrachten Zuckermengen (§ 25 Abs. 4 des Gesetzes) vor der Einmaischung zu verwiegen, das gesamte Brauverfahren bis zur Abgabe des fertigen Bieres sowie die Führung der in der Brauerei ausliegenden Bücher zu überwachen und die gewonnene Würze oder das gewonnene Bier zu vermessen.

Überwachung des Brauereibetriebs.

§ 85. Bei der Beaufsichtigung der Brauereien haben die Aufsichtsbeamten hauptsächlich darüber zu wachen, daß keine Braustoffe zur Bierbereitung verwendet werden, die nicht vorher in der vorgeschriebenen Weise gebucht worden sind, daß ferner keine unzulässigen Stoffe bei der Bierbereitung verwendet werden, daß die Verwendung von Zucker nur bei der Bereitung obergärigen Bieres stattfindet, daß die steuerpflichtigen Braustoffe nur an den dazu bestimmten Orten und in den gesetzlich zulässigen Mengen aufbewahrt werden, daß nur an den angezeigten Tagen und Stunden eingemaischt, hierbei keine andere Sorte und keine größere Menge von Braustoffen, als angemeldet oder im Einmaischungs- oder Steuerbuch eingetragen ist, verwendet und keine größere als die angezeigte Biermenge gezogen wird.[1–3])

Anm. 1. Ein Steuerpflichtiger genügt der Pflicht, die der Besteuerung unterliegende Handlung (d. i. eine Braueinmaischung) dem Steueramte vorher anzuzeigen und den Steuerbetrag zu entrichten, wenn er beides so zeitig zur Post gibt, daß er nach dem regelmäßigen Verlaufe der Dinge voraussetzen darf, beides werde rechtzeitig beim Steueramte eingehen.

(OTrE. v. 12. März 1874.)

Anm. 2. Auch außerhalb der Zeit des angemeldeten Betriebes sind die Brauereien sowohl durch den Oberinspektor und Bezirksoberkontrolleur als auch durch die Zollaufseher zu verschiedenen Tageszeiten unerwarteten Revisionen zu unterwerfen. Wird in solchen Fällen Brauschrot am deklarierten Orte vorgefunden, so hat der Beamte von der vorgefundenen Menge zur Vergleichung mit den Angaben der nächsten Brauanzeige Notiz zu nehmen (s. § 18 Abs. 3).

Anm. 3. Die Beamten haben sich auch zu überzeugen, daß der Betrieb nur in den angemeldeten, nach Aufstellung, Bezeichnung und Rauminhalt nicht unbefugt veränderten Gefäßen geschieht und daß die vorschriftsmäßige Wage nebst Gewichten in den Brauereien zum Gebrauch vorhanden ist.

§ 86. (1) Die mit der Beaufsichtigung der Einmaischungen in den auf Brauanzeige steuernden Brauereien beauftragten Beamten haben von den angemeldeten Einmaischungen in diesen Brauereien durch Einsicht des Brausteuer-Gegenbuchs fortdauernd Kenntnis zu nehmen und die Kenntnisnahme durch Eintragung ihres Namens in die dafür vorgesehene Spalte zu bescheinigen.

(2) Sie haben sich, soweit nicht andere Dienstgeschäfte entgegenstehen, pünktlich zu jeder angemeldeten Einmaischung in der Brauerei einzufinden, daselbst nach vorgängiger Prüfung der Betriebsräume sich davon zu überzeugen, daß die am angezeigten Orte bereitgehaltenen Braustoffe ihrer Beschaffenheit nach zu der angemeldeten Bierbereitung verwendet werden dürfen, sie in ihrer Gegenwart verwiegen und einmaischen zu

lassen und dem weiteren Brauverfahren unter sorgfältiger Beobachtung der dabei beschäftigten Personen möglichst so lange unausgesetzt beizuwohnen, bis eine Zumaischung mit Vorteil nicht mehr ausführbar ist.[1—4])

(3) Eine vollständige Überwachung des Brauverfahrens hat auch in den Brauereien, die der Vermahlungssteuer unterliegen, und in den Abfindungsbrauereien — in letzteren auch eine amtliche Verwiegung der Braustoffe — von Zeit zu Zeit stattzufinden. Von der amtlichen Nachverwiegung des durch die selbsttätigen Verwiegungsvorrichtungen gegangenen Malzes in Brauereien, die der Vermahlungssteuer unterliegen, ist ohne besonderen Anlaß abzusehen.

(4) Mit der Einmaischung der Braustoffe darf erst begonnen werden, nachdem die Verwiegung der sämtlichen vorgefundenen Braustoffe beendet ist.

Anm. 1. In der Regel wird dem Brauverfahren wenigstens bis dahin beizuwohnen sein, daß die Würze zum Kochen auf die Pfanne gebracht wird.

Anm. 2. Haben mehrere der Kontrolle desselben Beamten unterstehende Brauereien den Betrieb für dieselbe Zeit angemeldet, so wird es in der Regel vorzuziehen sein, in einer dieser Brauereien das Verfahren vollständig zu beaufsichtigen, statt dieselbe nach geschehener Verwiegung der Braustoffe zu verlassen und den Verwiegungen auch in den anderen beizuwohnen.

Anm. 3. Die Beamten haben auch darauf zu achten, daß nicht über den Maischbottichen Öffnungen vorhanden sind, durch welche unbemerkt Braumalzschrot während der Maischung in den Bottich herabgeschüttet werden kann (FMG. v. 6. Februar 1836).

Anm. 3. Ein nicht außer acht zu lassendes Hilfsmittel für die Kontrolle der Brauereien gewähren auch die nach dem Ablassen der Bierwürze zurückbleibenden Treber. Sollte sich in einzelnen Fällen finden, daß im Verhältnis zu der versteuerten Schrotmenge erheblich mehr Treber vorhanden sind als in andern, namentlich in Fällen, wo das Brauverfahren von Anfang an bis nach dem Ablassen der Würze beaufsichtigt worden, so ist Grund, zu vermuten, daß Verwendung unversteuerten Schrotes stattgefunden habe. Es ist daher vorsichtige Nachforschung zu halten und, wenn auch diese zu keinem genügenden Resultate führt, die Brauerei unter schärfere Kontrolle zu nehmen. Ebenso ist zu verfahren, wenn in einer Brauerei die Trebermassen im Verhältnis der versteuerten Schrotmenge ungewöhnlich größer zu sein pflegen als in anderen Brauereien und ist hier namentlich Überzeugung zu nehmen, daß nicht etwa Vorrichtungen vorhanden sind, welche es möglich machen, selbst in Gegenwart des Aufsichtsbeamten, ohne daß er es merkt, Schrot in den Maischbottich zu bringen. Solche Brauereien sind während der Nacht von außen zu beobachten, und es ist, wenn darin gearbeitet oder sonst etwas Verdächtiges bemerkt wird, der Eintritt, nötigenfalls unter Zuziehung eines Gemeindebeamten, zu begehren, um von dem, was geschieht, Überzeugung zu nehmen.

Anm. 4. Die Aufsichtsbeamten sind dahin anzuweisen, daß sie bei der Eintragung der Revisionsatteste in das Steuerbuch die Namensunterschrift in Spalte 23 (Muster 12) in gleicher Höhe mit dem Schlußworte des Attestes selbst abzugeben haben.

(Vgl. FMG. v. 28. Juni 1878 III 6163.)

§ 87. Die Richtigkeit der Anmeldung des Bierzugs[1]) (§ 62_5) ist in allen Brauereien, die Bier unter Inanspruchnahme der Brausteuervergütung ausführen, ferner in den Abfindungsbrauereien und in denjenigen auf Brauanzeige steuernden Brauereien, in denen die Einmaischungen nicht oder nicht ausreichend haben überwacht werden können, tunlichst häufig durch amtliche Vermessung nachzuprüfen.[2]) In den Brauereien, die der Vermahlungssteuer unterliegen, und in denjenigen auf Brauanzeige steuernden Brauereien, in denen die Einmaischungen ausreichend überwacht worden sind, können diese Nachprüfungen auf gelegentliche Einzelfälle beschränkt werden; sie sollen jedoch in keiner Brauerei ganz unterbleiben.

Anm. 1. Wegen des nicht zum Bierzuge zu rechnenden Konfents (Nachbiers) f. Ziff. 2e „der Anleitung zum Gebrauch“ des Musters 12 (Steuerbuch).

Wird infolge einer strafbaren Abweichung von mehr als 10 % ein strafrechtliches Einschreiten erforderlich, so ist zur Verhütung von Verdunkelungen des Tatbestandes die Stelle des Gefäßes, bis zu welcher das Bier gestanden hat, äußerlich durch amtliche Besiegelung zu bezeichnen.

Anm. 2. Bei Bestimmung der Gefäße, in welchen die Kontrolle des Bierzuges stattfinden soll, hat der Oberkontrolleur die Wahl zwischen den Kühlgefäßen und den Bier-, Sammel- (sog. Stell- und dgl.) Bottichen.

§ 88. Bei Brauereien, die Zucker verwenden, haben sich die Aufsichtsbeamten an der Hand der Anleitung (Anlage A) von Zeit zu Zeit durch

Beobachtung des Gärungsverlaufs oder durch Untersuchung der Kräusen oder der Hefe zu überzeugen, ob diejenigen Sude, bei denen Zucker verwendet wird, mit obergäriger Hefe angestellt worden sind.

Verfahren bei der amtlichen Verwiegung der Braustoffe.

§ 89. (1) Bei der amtlichen Verwiegung der Braustoffe bleiben Gewichtsteile, die 100 Gramm nicht erreichen, außer Betracht (§ 5 Abs. 1 des Ges.).

(2) Ein gegen die angemeldete Menge sich ergebendes Mindergewicht bleibt für die Steuerberechnung unberücksichtigt. Ein 100 Gramm erreichendes oder übersteigendes Mehrgewicht ist von dem Beamten mittels einer besonderen, von dem Brauer mit zu unterzeichnenden Eintragung in die für die Eintragungen des Brauers bestimmten Spalten des Einmaischungs- oder Steuerbuchs nachzutragen und von der Hebestelle bei der nächsten Steuerberechnung oder, wenn eine solche im laufenden Vierteljahre nicht mehr stattzufinden hat, in einer besonderen Steuerberechnung bei der Rückgabe des Buches in Ansatz zu bringen.

(3) Übersteigt die vorgefundene Mehrmenge Malz 10 vom Hundert oder die vorgefundene Mehrmenge Zucker 5 vom Hundert der gesetzlich zulässigen Menge (§ 18 Abs. 3 und § 25 Abs. 4 des Gesetzes), so hat der Beamte außerdem eine Verhandlung aufzunehmen und diese mit einem Auszug aus dem Einmaischungs- oder Steuer-

buche der Hebestelle zu übersenden, die beide Schriftstücke an das Hauptamt zur Einleitung des Strafverfahrens abzugeben hat.

Anm. Übersteigt das Mehrgewicht an Schrotvorräten 10 % bzw. die Mehrmenge an Zucker 5 % der gesetzlich zulässigen Menge (§ 41 u. § 18 Abs. 3) oder ergibt sich endlich, daß unerlaubte Surrogatstoffe vorhanden sind, so sind dergleichen Vorräte und Stoffe vorläufig mit Beschlag zu belegen und erst dann freizugeben, nachdem vorher von dem Beamten unter Zuziehung des Brauereibesitzers oder eines Stellvertreters desselben und mindestens eines glaubhaften Zeugen der Tatbestand, soweit zur Einleitung der Untersuchung erforderlich, festgestellt und eine von den Anwesenden zu unterschreibende Verhandlung darüber aufgenommen worden ist.

Verfahren bei der amtlichen Ermittelung des Bierzugs.

§ 90. (1) Findet die amtliche Ermittelung des Bierzugs (§ 87) statt, ehe der Hopfen aus der Würze entfernt oder letztere bis auf mindestens 20° C abgekühlt worden ist, so ist zur Vergleichung mit der Anmeldung die vorgefundene Menge in abgekühlte, vom Hopfen befreite Würze (Bierzugbier) durch einen Abzug umzurechnen, der beträgt,

		wenn sich der Hopfen noch in der Würze befindet.	wenn sich der Hopfen nicht mehr in der Würze befindet.
bei nicht unter 48° C		12 v. H.	8 v. H.
bei weniger als 48	aber nicht unter 46° C	11 v. H.	7 v. H.
46	43° C	10 v. H.	6 v. H.
43	40° C	9 v. H.	5 v. H.
40	37° C	8 v. H.	4 v. H.

bei weniger als	aber nicht unter		wenn sich der Hopfen noch in der Würze befindet,	wenn sich der Hopfen nicht mehr in der Würze befindet,
37	33 ° C	.	7 v. H.	3 v. H.
33	29 ° C	.	6 v. H.	2 v. H.
29	25 ° C	.	5 v. H.	1 v. H.
25	20 ° C	.	$4^1/_2$ v. H.	$^1/_2$ v. H.
20 ° C	. . . . . .		4 v. H.	—

der vorgefundenen Menge.

(2) Weicht die so berechnete Bierzugmenge von der angemeldeten um mehr als 10 vom Hundert ab, so ist die völlige Abkühlung der Würze auf $17^1/_2$ ° C abzuwarten und die Nachmessung zu wiederholen. Erst wenn sich auch bei der wiederholten Nachmessung ein Unterschied von mehr als 10 vom Hundert gegenüber der Anmeldung ergibt, ist zur Einleitung eines Strafverfahrens gemäß § 47 Abs. 2 Ziffer 4 des Gesetzes zu schreiten.

(3) Zur Ermittelung des Durchschnittsverbrauchs steuerpflichtiger Braustoffe zu einem Hektoliter Bier in Ausfuhrbrauereien und für die statistischen Anschreibungen der Biererzeugung sind die angemeldeten Bierzugmengen durch Abzug von 9 vom Hundert in verkaufsfertiges Bier umzurechnen.

Eintragung des Prüfungsbefundes.

§ 91. (1) Die Aufsichtsbeamten haben das Ergebnis ihrer Prüfungen in die in der Brauerei ausliegenden Bücher nach Maßgabe des Vordrucks und der Anleitung zum Gebrauch einzutragen.

(2) Das Ergebnis der Verwiegung ist sofort nach ihrer Beendigung, die Art und Zeitdauer der weiteren Prüfungen (Überwachung der Einmaischung usw.) erst unmittelbar vor dem Verlassen der Brauerei in das Einmaischungs- oder Steuerbuch einzutragen.

(3) Bei jedem Besuch einer der Vermahlungssteuer unterliegenden Brauerei ist der Stand des Zählwerkes im Mahlbuche zu vermerken.

(4) In jeder Brauerei ist ein Aufsichtsbuch nach Muster 16 auszulegen, in das die Prüfungsergebnisse für den Fall einzutragen sind, daß ein anderes Buch nicht vorhanden ist.

§ 92. (1) Die den Aufsichtsbeamten unmittelbar vom Brauer oder von der Hebestelle zugestellten Anmeldezettel (§ 68) sind von den Beamten in ein nach Muster 17 zu führendes Merkbuch einzutragen, mit der laufenden Nummer dieses Buches zu versehen und bei der nächsten Anwesenheit in der Brauerei mit den Eintragungen des Brauers im Einmaischungsbuche zu vergleichen. Die erfolgte Vergleichung ist auf dem Anmeldezettel zu vermerken.

(2) Stellt sich bei der Vergleichung heraus, daß die Angaben über die zu verwendenden steuerpflichtigen Braustoffmengen im Einmaischungsbuch und im Anmeldezettel verschieden sind, oder ergeben sich andere Abweichungen zwischen den Eintragungen im Einmaischungsbuch und dem An-

melbezettel, die nicht sofort einwandfrei aufgeklärt werden, so hat der Beamte eine Verhandlung aufzunehmen und diese mit dem Anmeldezettel und einem Auszug aus dem Einmaischungsbuche der Hebestelle zu übersenden.

(3) Am Schlusse des Vierteljahrs ist das Merkbuch mit den Anmeldezetteln der Hebestelle als Beleg zum Einmaischungsbuche zu übersenden.

Zu § 37 des Gesetzes.

Bekanntmachung der Dienststunden.

§ 93. Am Eingange jeder Hebestelle ist eine Bekanntmachung anzuschlagen, aus der die ordentlichen Geschäftsstunden ersichtlich sind.

Buchführung der Hebestellen.

§ 94. (1) Über die im Laufe des Rechnungsjahrs in den einzelnen Brauereibetrieben verwendeten Malz- und Zuckermengen, die für die Steuerberechnung maßgebende Gesamtmenge steuerpflichtiger Braustoffe, das sich danach berechnende Brausteuersoll und die darauf bar oder durch Abgabe von Stundungsanerkenntnissen entrichteten Beträge sowie die hergestellten Biermengen führt die Hebestelle ein Brausteuer-Gegenbuch nach Muster 18.

(2) In einem Anhange zum Brausteuer-Gegenbuche sind Anschreibungen über die von den Haustrunkbrauern (§§ 16—22) verbrauchten steuerpflichtigen Braustoffe, die von ihnen hergestellten

Biermengen und gezahlten Steuerbeträge zu machen.

(3) Bei der Hebestelle ist außerdem in vierteljährlichen Abschnitten ein Brausteuer-Einnahmebuch nach Muster 20 zu führen.

Fünfter Abschnitt.

Statistik.

Vierteljährliche Nachweisungen.

§ 95. (1) Die Hebestellen haben dem Hauptamte bis zum sechsten, die Hauptämter der Direktivbehörde bis zum neunten, die Direktivbehörden dem Kaiserlichen Statistischen Amte bis zum zwölften Tage der Monate Januar, April, Juli und Oktober unter Verwendung eines Vordrucks nach Muster 21 die während des vorhergegangenen Vierteljahrs in den Brauereien ihres Bezirkes verbrauchten Malz- und Zuckermengen sowie die im gleichen Zeitraume hergestellten Biermengen anzuzeigen. Die Angaben sind den Brausteuer-Gegenbüchern zu entnehmen.

(2) In der im Monat Juli zu erstattenden Anzeige für das 1. Vierteljahr ist außerdem auf einer besonderen Linie der Braustoffverbrauch und die hergestellte Biermenge der Haustrunkbrauer im abgelaufenen Rechnungsjahre zu vermerken.

(3) Das Kaiserliche Statistische Amt hat aus diesen Anzeigen Zusammenstellungen über den Braustoffverbrauch und die Herstellung von Bier

im Gebiete der norddeutschen Brausteuergemeinschaft zu fertigen und zu veröffentlichen.

Jährliche Nachweisungen.

§ 96. (1) Die Hauptämter haben für jedes Rechnungsjahr eine Nachweisung über den Bestand der Brauereien, den Braustoffverbrauch, die Biererzeugung und den Ertrag der Bierabgaben nach Muster 22, ferner eine Nachweisung über den Braustoffverbrauch usw. der einzelnen Brauereiarten nach Muster 23 und endlich eine Zerlegung der Zahl der im Betriebe gewesenen Brauereien nach dem Gesamtverbrauch an steuerpflichtigen Braustoffen nach Muster 24 aufzustellen und mit einem Begleitberichte bis zum 1. August der Direktivbehörde einzureichen.

(2) Die Direktivbehörde hat aus diesen Aufstellungen Hauptnachweisungen für das Gebiet des betreffenden Bundesstaats (in Preußen für den Direktivbezirk) zusammenzustellen und diese mit einem erläuternden Begleitschreiben bis zum 1. September dem Kaiserlichen Statistischen Amte einzusenden.

§ 97. Die Begleitberichte der Hauptämter und Begleitschreiben der Direktivbehörden sind namentlich auf folgende Punkte zu erstrecken:

1. Ursachen der gegen das Vorjahr vermehrten oder verminderten Biererzeugung. Einfluß der Witterung, herrschender Krankheiten, größerer Arbeitseinstellungen oder Arbeiter-

entlassungen, der Ernteergebnisse, der Marktpreise für Gerste, Weizen, Hopfen und Zuckerstoffe, des Wettbewerbes von Wein, Branntwein, bierähnlichen und sogenannten alkoholfreien Getränken usw. auf den Bierverbrauch.

2. Zu- oder Abnahme des Verbrauchs süddeutscher und ausländischer Biere und ihre Ursache.

3. Stand der Bierbrauerei des Bezirkes im allgemeinen; Beschaffenheit und Güte des gewöhnlichen Bieres unter Angabe des durchschnittlichen Braustoffverbrauchs zu je einem Hektoliter und des durchschnittlichen Alkoholgehalts jeder Biersorte. Herstellung edlerer oder besonderer, unter einem eigenen Namen bekannter Biere und Angabe des diesen etwa eigentümlichen besonderen Bereitungsverfahrens.

4. Zu- oder Abnahme der Zahl der Brauereien, namentlich der kleineren, und Ursache dieser Vorgänge.

5. Wahrnehmungen über eine etwaige Verschiebung des Absatzes der kleinen und mittleren Brauereien einerseits und der Großbrauereien anderseits und deren Ursache.

6. Durchschnittspreise der verschiedenen Bierarten bei der Abgabe aus den Brauereien. Veränderungen in den Ausschankpreisen der Wirte.

7. Einfluß des Verbrauchs von Zuckerstoffen bei der Bierbereitung auf den Malzverbrauch.
8. Bierausfuhr aus dem Brausteuergebiete.
9. Namentliche Angabe der zusammengehörigen Brauereien (§ 6 Abs. 6 des Brausteuergesetzes) und der von ihnen zusammen verbrauchten Braustoffmengen. (Diese Angaben sind nur von der Amtsstelle zu machen, in deren Bezirke die größte der zusammengehörigen Brauereien liegt — zu vergleichen § 24, der Ausführungsbestimmungen.)

§ 98. (1) Das Kaiserliche Statistische Amt hat aus den Nachweisungen und den Begleitschreiben Zusammenstellungen zu fertigen und zu veröffentlichen.

(2) Bei der Anfertigung der Zusammenstellungen für das Rechnungsjahr 1909 sind die Angaben über die Biererzeugung im Brausteuergebiete während früherer Jahre, die zum Teil Bierzugsbier, zum Teil verkaufsfertiges Bier darstellen, durch Abzug von 9 vom Hundert auf verkaufsfertiges Bier umzurechnen.

Sechster Abschnitt.

Sonstige Bestimmungen.

Vergütung der Verwaltungskosten.

§ 99. Für die Verwaltung und Erhebung der Brausteuer und der Übergangsabgabe von Bier werden jedem Bundesstaate 5 vom Hundert der in seinem Gebiete zur Verrechnung gekommenen Rohsolleinnahme vergütet.

Befugnisse des Reichskanzlers.

§ 100. Der Reichskanzler ist befugt, die diesen Bestimmungen beigegebenen Muster sowie die Anlagen A und B im Bedürfnisfalle zu ändern und neue Anlagen und Muster einzuführen.

Die Übergangsabgabe von Bier.

Bekanntmachung des Reichskanzlers, betreffend die Regelung der Übergangsabgabe für Bier und der Brausteuervergütung (ZBl. 1907 S. 187).

Der Bundesrat hat in der Sitzung am 1. Juni 1907 beschlossen:

Die Übergangsabgabe für Bier und die bei der Ausfuhr von Bier in andere Brausteuergebiete zu gewährende Brausteuervergütung sind in den einzelnen Brausteuergebieten nach folgenden Grundsätzen gleichmäßig zu regeln:

1. Die Übergangsabgabe darf neben dem Ausgleiche der inneren Besteuerung einen Schutz für das einheimische Braugewerbe nicht enthalten.
2. Die Übergangsabgabe soll in den einzelnen Brausteuergebieten für alle Biersorten in dem gleichen Satze erhoben werden.
3. Der Berechnung der Übergangsabgabe in den einzelnen Brausteuergebieten soll der Höchststeuersatz der in ihnen geltenden Steuerstaffel und eine Malzverwendung von 25 Kilogramm für 1 Hektoliter Bier zugrunde gelegt werden.

4. Für die Bemessung der Brausteuervergütung sollen grundsätzlich die Bestimmungen im Artikel 5 II § 4 b des Zollvereinigungsvertrags vom 8. Juli 1867, wonach in keinem Falle mehr als der wirklich bezahlte Steuerbetrag erstattet werden und die Vergütung nicht die Natur und Wirkung einer Ausfuhrprämie erhalten darf, maßgebend bleiben. Die Vergütung soll nach oben insoweit begrenzt werden, daß sie nur bis zu dem Betrage gewährt werden darf, der einer Malzverwendung entspricht, wie sie der Berechnung der Übergangsabgabe zugrunde gelegt ist (Ziffer 3).

Die diesen Grundsätzen entsprechende Regelung der Bierübergangsabgabe und der Brausteuervergütung soll in allen beteiligten Bundesstaaten spätestens am 1. April 1908 in Kraft treten.

Die Bundesstaaten haben dem Reichskanzler (Reichsschatzamt) mitzuteilen, in welcher Weise den vorstehenden Grundsätzen entsprechend die Vorschriften über die Erhebung der Übergangsabgabe und über die Gewährung der Brausteuervergütung in ihren Gebieten geregelt worden sind.

Diese Mitteilungen sind dem Ausschusse des Bundesrats für Zoll- und Steuerwesen zur Prüfung und weiteren Entschließung vorzulegen.

Zu Nr. 4 der Grundsätze wurde das Einverständnis darüber festgestellt, daß, wenn die Vergütung nach im voraus bestimmten Sätzen bemessen wird, in allen Fällen, in denen die tatsächliche Malzverwendung bei einer zur Ausfuhr kommenden Biersorte nicht unerheblich unter der der Berechnung des Vergütungssatzes zugrunde gelegten Malzverwendung bleibt, der Vergütungssatz für die beteiligte Brauerei oder für die in Frage kommende Biersorte der Brauerei der tatsächlichen Malzverwendung entsprechend zu berichtigen ist.

Berlin, den 18. Juni 1907.

Der Reichskanzler.

Allgemeines.

Da die Bestrebungen einzelner Staaten des Deutschen Zollvereins, die Besteuerung des Biers usw. innerhalb des ganzen Zollgebiets einheitlich bzw. gleichartig zu gestalten, scheiterten, einigten sich die Vertragstaaten im Jahre 1841 dahin, auch bei dem Übergange von Bier über die gegenseitigen Gebietsgrenzen Ausgleichungsabgaben zu erheben. Diese Abgaben, Übergangsabgaben genannt, sollten der Differenz zwischen der Besteuerung in dem Lande der Herkunft und derjenigen im Bestimmungslande entsprechen.

In den einzelnen Bundesstauten, von denen sich mehrere zu Steuergemeinschaften zusammengeschlossen haben, findet auch jetzt noch eine verschiedenartige Besteuerung des Bieres statt. Denn die letztere steht nach der Reichsverfassung in Bayern, Württemberg und Baden nicht dem Reiche zu, ist vielmehr der Landesgesetzgebung vorbehalten. Auch in Elsaß-Lothringen besteht noch ein besonderes System der Bierbesteuerung, da die Steuersätze des gegenwärtigen Brausteuergesetzes den in Aussicht genommenen Beitritt Elsaß-Lothringens zur Norddeutschen Brausteuergemeinschaft vorläufig untunlich erscheinen ließen.

Gegenwärtig bestehen hinsichtlich des Bieres folgende Steuergemeinschaften:

1. Die Reichsbrausteuergemeinschaft, auch Norddeutsche Brausteuergemeinschaft genannt. Dieselbe umfaßt das innerhalb der Zollinie gelegene Gebiet des Deutschen Reichs mit Ausnahme des Großherzogtums Luxemburg sowie ausschließlich
   a) des Königreichs Bayern,
   b) des Königreichs Württemberg,
   c) des Großherzogtums Baden,
   d) der Reichslande Elsaß-Lothringen,
   e) des Großherzoglich Sächsischen Vordergerichts Ostheim*),

*) Diese Gebietsteile sind ihrer örtlichen Lage wegen (Enklaven) an die Steuergemeinschaft Bayern, die Gemeinden Jungholz und Mittelberg an das deutsche Zollgebiet durch Staatsverträge angeschlossen worden.

f) des Herzoglich Sachsen-Koburg-Gothaischen Amtes Königsberg*);
2. die Bayerische Brausteuergruppe, umfassend
a) das Königreich Bayern,
b) das Großherzoglich Sächsische Vordergericht Ostheim,
c) das Herzoglich Sachsen-Koburg-Gothaische Amt Königsberg,
d) die österreichischen Gemeinden Jungholz*) und Mittelberg*);
3. das Königreich Württemberg,
4. das Großherzogtum Baden,
5. die Reichslande Elsaß-Lothringen.

Die Erträge aus der Bierbesteuerung in der Norddeutschen Brausteuergemeinschaft fließen in die Reichskasse, die in den übrigen Steuergemeinschaften in die Landeskassen.

Die letztgenannten Steuergemeinschaften sowie die Zollausschüsse haben zu den Einnahmen des Reichs aus der Bierbesteuerung durch Zahlung eines entsprechenden, nach der Kopfzahl der Bevölkerung festzusetzenden Aversums beizutragen. Mit dem Großherzogtum Luxemburg dagegen fanden früher besondere Abrechnungen statt. (Vgl. Anm. zu § 60 d. Ges.)

Das Bier würde beim Übergange von einer Steuergemeinschaft in die andere in dem Be-

*) Siehe die Note auf S. 224.

stimmungslande steuerfrei zum Konsum gelangen weil die Biersteuer in den verschiedenen Steuergemeinschaften nirgends als Konsumsteuer, sondern teils als Material- teils als Fabrikationssteuer (Steuer von den zur Biererzeugung verwendeten Rohstoffen oder Steuer auf den Brauerbetrieb nach Maßgabe der Größe der Brauereivorrichtungen) zur Erhebung gelangt. Deshalb wird im Bestimmungslande (Land der Einfuhr) eine ihrem Betrage nach der Biersteuer des betreffenden Landes entsprechende Abgabe von dem eingeführten Bier, die gedachte Übergangsabgabe erhoben, während die betreffende Steuergemeinschaft, aus deren Gebiet das Bier stammt, die von ihr erhobene Inlandsteuer als Ausfuhrvergütung zurückerstattet. Auf diese Weise wird das Bier tatsächlich nur in derjenigen Steuergemeinschaft besteuert, in deren Gebiete es zum Konsum kommen soll.

Die Übergangsabgabe richtet sich in den einzelnen Steuergemeinschaften nach der Höhe der zur Erhebung kommenden Steuer. Sie ist von dem in die norddeutsche Brausteuergemeinschaft aus Bayern, Württemberg, Baden und Elsaß-Lothringen eingeführten Biere mit Wirkung vom 1. August 1909 ab auf 5 Mk. für 1 hl festgesetzt worden.

(BRB. v. 24. Juli 1909, FME. v. 30. Juli 1909 III 12670.)

Eine Stundung der Übergangsabgabe von

Bier darf im Gebiete der Norddeutschen Brausteuergemeinschaft weder auf gemeinschaftliche noch auf private Rechnung zugelassen werden.

(BRB. v. 20. Mai 1898, ZBl. S. 275, FME. v. 6. Juni 1898 III 7851.)

Bei der Versendung im Übergangsverkehr kann der Versender entweder die Ware beim Steueramte an der Grenze anmelden, oder auch mit einer amtlichen Bezettelung (Übergangsschein) vom Versendungsorte durch das Steueramt abfertigen lassen.

Die Erhebung der Übergangsabgabe erfolgt nach Wahl des Versenders beim Grenzamte oder im Innern am Bestimmungsorte.

Soll die Entrichtung bei einer Steuerstelle im Innern erfolgen, so muß der Warenführer entweder bei der Grenzhebestelle einen Übergangsschein vorweisen oder beantragen. Die Abfertigung erfolgt dann nach dem Bestimmungsorte.

Die Ausfertigung und Erledigung von Übergangsscheinen erfolgt in ähnlicher Weise wie bei den Zollbegleitscheinen.

Hinsichtlich der Hinterziehung der Übergangsabgaben s. § 57 BrauStG.

Das Strafverfahren richtet sich nach dem Verwaltungsstrafgesetz vom 26. Juli 1897.

Steuerhebestelle: Werder. **Muster 1.**
(AB. § 16).

Anmeldung

(nicht Zutreffendes ist zu durchstreichen.)

des (Stand, Vor- und Zuname) **Besitzers Karl Schulz**

in (Wohnort, soweit erforderlich **Langerwisch**

auch Straße und Hausnummer) **Nr. 14**

über die Bereitung von **Haustrunkbier.**

In meinem Haushalt und lediglich für meinen Hausbedarf werden jährlich etwa 4 mal — und zwar zu Pfingsten, zu Johanni und 2 mal in der Erntezeit — jedesmal ungefähr 200 Liter Haustrunkbier hergestellt. Ich gebrauche zu jedem Gebräu etwa

12	Kilogramm	Malz,
5	"	gemahlenen Zucker,
1	"	Zuckercouleur,
1/2	"	Hopfen,
8	"	getrocknete Wacholderbeeren,
4	"	Äpfelschalen

sowie etwas Gewürz und die nötige obergärige Hefe. Ich beanspruche die Ermäßigung der Brausteuer auf 4 Mk. für den Doppelzentner steuerpflichtiger Braustoffe und beantrage mich hinsichtlich der Steuer erstmalig für das Rechnungsjahr 1909 und nach dessen Ablaufe für noch weitere vier Rechnungsjahre abzufinden.

Ich handle nicht mit Bier.

Langerwisch, den 10. Juli 1909.

(Unterschrift) **Karl Schulz,**
Besitzer.

---

1. **Steuerfestsetzung für das Rechnungsjahr 1909.**

Nach der Anmeldung soll im Rechnungsjahr 1909 noch zweimal gebraut werden, wobei jedesmal 12 kg Malz und 6 kg Zucker zur Verwendung kommen, zusammen also 24 kg Malz und 12 kg Zucker. Von letzterem bleiben steuerfrei (§§ 2 Abs. 3 und 5 Abs. 4 des Gesetzes) 6 kg, der Rest von 6 kg ist als 9 kg Malz in Ansatz zu bringen. Die steuerpflichtige Gesamtmenge der Braustoffe beträgt mithin 33 kg.

Die Brausteuer-Abfindungssumme für das Rechnungsjahr 1909 wird daher auf .... 1,30 Mk. festgesetzt, die innerhalb 14 Tagen unter Vorlegung dieser Festsetzung bei der unten bezeichneten Hebestelle einzuzahlen sind.

Braust.-Gebühr. S. 37. Nr. 74.

Werder, den 10. Juli 1909.

(Stempel-Abdruck) **Königliches Zollamt I.**
(Unterschrift) **Lehmann.**
Z. E.

2. **Steuerfestsetzung für das Rechnungsjahr 1910.**

Auf Grund des nebenstehenden Verbrauchs im Rechnungsjahr 1909 **und der obigen Anmeldung wird die Brausteuer-Abfindungssumme für das Rechnungsjahr** 1910 **hiermit auf** .... 3,30 **Mk. festgesetzt. Der Betrag ist innerhalb** 14 **Tagen unter Vorlegung dieser Festsetzung bei der unten bezeichneten Hebestelle einzuzahlen.** Braust.-G[esetz]. S. Nr 87.

Werder, **den** 10. April 1910.

(Stempelabdruck) **Königliches Zollamt I.**

Lehmann.

Z. E.

---

3. **Steuerfestsetzung für das Rechnungsjahr 1911.**

Auf Grund des nebenstehenden Verbrauchs im Rechnungsjahr 1910 **wird die Brausteuer-Abfindungssumme für das Rechnungsjahr** 1911 **hiermit auf** .... 2,60 **Mk. festgesetzt. Der Betrag ist innerhalb** 14 **Tagen unter Vorlegung dieser Festsetzung bei der unten bezeichneten Hebestelle einzuzahlen.** Braust.-G[esetz]. S. Nr. 2.

Werder, **den** 8. April 1911.

(Stempelabdruck) **Königliches Zollamt I.**

Lehmann.

Z. E.

4. **Steuerfestsetzung für das Rechnungsjahr 19.....**

Auf Grund des nebenstehenden Verbrauchs im Rechnungsjahr 19..... wird die Brausteuer-Abfindungssumme für das Rechnungsjahr 19.... hiermit auf .... Mark festgesetzt. Der Betrag ist innerhalb 14 Tagen unter Vorlegung dieser Festsetzung bei der unten bezeichneten Hebestelle einzuzahlen.

.............................., **den** .... 19.....

(Stempel-abdruck) Königliches

---

5. **Steuerfestsetzung für das Rechnungsjahr 19 ..**

Auf Grund des nebenstehenden Verbrauchs im Rechnungsjahr 19 wird die Brausteuer-Abfindungssumme für das Rechnungsjahr 19..... hiermit auf .... Mark festgesetzt. Der Betrag ist innerhalb 14 Tagen unter Vorlegung dieser Festsetzung bei der unten bezeichneten Hebestelle einzuzahlen.

.............................., **den** .... 19.....

(Stempel-abdruck) **Königliches**

Vom Hersteller des Haustrunkbiers auszufüllen.								Von der Hebestelle auszufüllen.					
Haustrunkbier ist hergestellt worden			Dazu wurden verwendet				Namensbeischrift des Herstellers zur Bescheinigung der Richtigkeit der Eintragung	Die Brausteuer ist bezahlt worden				Nummer des Brausteuer-Einnahmebuchs	Namensbeischrift des Hebebeamten als Quittung
am		in einer Menge von etwa	Malz		Zucker und aus Zucker hergestellte Farbmittel			für das Rechnungsjahr	am	mit			
Jahr	Monat und Tag	Liter	kg	1/10 kg	kg	1/10 kg				Mark			
1	2	3	4		5		6	7	8	9		10	11
1909	20. Juli	150	9	—	4	5	Schulz	1909	12. Juli	1	30	15	Lehmann
„	26. Juli	250	15	—	7	5	Schulz	1910	15. April	3	80	18	Lehmann
„	4. August	200	12	—	6	—	Schulz	1911	8. April	2	60	4	Lehmann
	Zusammen	600	36	—	18	—	(Das Aufrechnen am Schlusse des Rechnungsjahrs hat die Hebestelle zu besorgen.)						
1910	8. Juni	150	9	5	5	—	Schulz						
„	28. Juni	200	12	—	6	—	Schulz						
„	24. Juli	250	14	—	7	4	Schulz						
„	8. August	200	11	5	5	5	Schulz						
	Zusammen	800	47	—	23	9							

Anleitung zum Gebrauche.

1. Anspruch auf die Ermäßigung der Brausteuer auf 4 Mark für den Doppelzentner steuerpflichtiger Braustoffe haben Personen, die obergäriges Bier nur für ihren Hausbedarf bereiten, wenn das Gesamtgewicht der steuerpflichtigen Braustoffe in einem Rechnungsjahre nicht über 5 Doppelzentner beträgt. Es ist verboten, Bier, das unter Inanspruchnahme der Steuerermäßigung hergestellt ist, an nicht zum Haushalte gehörige Personen gegen Entgelt abzugeben. Bierverkäufer haben auf die Ermäßigung keinen Anspruch.

2. Obergäriges Bier ist Bier, zu dessen Bereitung obergärige Hefe — Preßhefe, Backhefe, Hefe aus Brennereien oder obergärigen Brauereien — benutzt worden ist.

3. Steuerpflichtige Braustoffe sind alle Arten von Malz und Zucker, auch die aus Zucker hergestellten Farbmittel, wie Zuckercouleur. Bei der Steuerberechnung wird das Gewicht des Malzes voll angesetzt; von dem Gewichte des Zuckers und der aus Zucker hergestellten Farbmittel bleibt so viel außer Ansatz, als der vierte Teil des Gewichts des verbrauchten Malzes ausmacht, der Rest kommt mit dem Anderthalbfachen in Ansatz.

4. Das Rechnungsjahr läuft vom 1. April des einen bis zum 31. März des folgenden Kalenderjahrs.

5. Vorübergehend angenommene Arbeiter oder Dienstleute werden zum Haushalte gerechnet, wenn sie dort Kost erhalten.

6. Wer von der Steuerermäßigung Gebrauch machen will, hat die Anmeldung (Seite 1) ausgefüllt und unterschrieben in doppelter Ausfertigung der Steuerhebestelle einzureichen.

7. Die Angaben über die Anzahl und die Zeit der Haustrunkbereitungen innerhalb eines Rechnungsjahrs sowie über die Menge des jedesmal herzustellenden Haustrunks und der dazu zu verwendenden Braustoffe sind in

der Anmeldung schätzungsweise nach bestem Wissen zu machen. An ihre Einhaltung ist der Anmelder nicht streng gebunden; er kann, wenn es die Witterung oder andere Umstände erfordern, einen oder einige Sude mehr oder weniger herstellen, zu einem Sude etwas mehr oder weniger Braustoffe, als in der Anmeldung angegeben ist, verwenden und etwas mehr oder weniger Bier als angemeldet ziehen, ohne verpflichtet zu sein, diese Abweichungen der Hebestelle besonders anzumelden, sofern das Gesamtgewicht der steuerpflichtigen Braustoffe die Grenze von 5 Doppelzentnern nicht überschreitet (Ziffer 11).

8. Die in der Anmeldung weiter abzugebende Erklärung, daß zur Herstellung des Haustrunks nur obergärige Hefe verwendet und das hergestellte Haustrunkbier nur im Haushalte des Anmelders verbraucht werden soll, sowie daß der Anmelder nicht mit Bier handelt, ist dagegen bindend. Eine Abweichung davon hat den sofortigen Verlust des Anrechts auf die Steuerermäßigung und, wenn sie darin besteht, daß Haustrunk an nicht zum Haushalte gehörige Personen gegen Entgelt abgegeben wird, oder daß der Anmelder entgegen der abgegebenen Erklärung mit Bier handelt, die Einleitung des Strafverfahrens zur Folge.

9. Die Hebestelle setzt den für das Rechnungsjahr oder den noch nicht abgelaufenen Teil des Rechnungsjahrs zu zahlenden Steuerbetrag unveränderlich, also mit Ausschluß einer Nach- oder Rückzahlung, fest und gibt die eine Ausfertigung der Anmeldung mit der Steuerfestsetzung dem Anmelder zurück. Der Steuerbetrag ist sofort oder innerhalb der nächsten 14 Tage unter Wiedervorlegung der Anmeldung bei der Hebestelle einzuzahlen, die den Empfang des Geldes auf Seite 3 in den Spalten 7 bis 11 bescheinigt.

10. Die zurückerhaltene Anmeldung ist von dem Anmelder sorgfältig aufzubewahren. Bei jeder Herstellung von Haustrunkbier ist von ihm das Gewicht des ver-

brauchten Malzes und Zuckers, einschließlich der aus Zucker hergestellten Farbmittel, wie Zuckercouleur, und die Menge des gewonnenen Haustrunks — letztere nach Schätzung — auf Seite 3 in die Spalten 1 bis 6 einzutragen.

11. Treten im Laufe eines Rechnungsjahrs Umstände ein, durch welche die Anwendung des ermäßigten Steuersatzes gesetzlich ausgeschlossen ist — das heißt, soll untergärige Hefe zum Anstellen des Haustrunkbiers verwendet werden, oder überschreitet die Gesamtmenge der im Laufe des Rechnungsjahrs verwendeten steuerpflichtigen Braustoffe die Grenze von 5 Doppelzentnern (Ziffer 7), oder soll Haustrunkbier an nicht zum Haushalte gehörige Personen gegen Entgelt abgegeben oder sonst ein Verkauf oder Ausschank von Bier eröffnet werden —, oder verzichtet der Brauer auf die weitere Herstellung von Haustrunkbier zum ermäßigten Steuersatze, so ist dies der Hebestelle innerhalb 14 Tagen unter Rückreichung der Anmeldung anzuzeigen.

12. Alljährlich in der Zeit vom 1. bis 15. April ist die Anmeldung unaufgefordert der Hebestelle zur Festsetzung der Steuer für das neue Rechnungsjahr wieder vorzulegen.

13. Die Herstellung von Haustrunkbier ohne vorherige Anmeldung und Steuerzahlung sowie das Unterlassen der Eintragung oder die unrichtige Eintragung einer Haustrunkbereitung auf Seite 3 der Anmeldung (vgl. Ziffer 10) wird als Brausteuerdefraudation bestraft.

Muster 2.
(AB. § 25).

Beispiele

für die Prüfung der richtigen Erhebung und die Festsetzung etwa zuviel oder zuwenig erhobener Brausteuerbeträge bei zusammengehörigen Brauereien, die in verschiedenen Hebebezirken liegen.

Beispiel 1. Brauerei A im Hebebezirke X, Brauerei B im Hebebezirke Y und Brauerei C im Hebebezirke Z bilden im Sinne des § 6 Abs. 6 des Brausteuergesetzes einen Brauereibetrieb. Die Verteilung der nach den einzelnen Staffelsätzen zu versteuernden Braustoffmengen (§ 25_2 der AB.) hat nach dem Verhältnisse von 2 zu 40 zu 250 stattgefunden. Steuervergünstigungen für Zucker kommen nicht in Frage.

Nach den eingegangenen Auszügen aus den Brausteuer-Gegenbüchern sind versteuert worden:

	von Brauerei A	von Brauerei B	von Brauerei C	von den 3 Brauereien zusammen
zum Satze von 14 Mk.	2,00 dz	34,00 dz	214 dz	250,00 dz
15 „	9,00 „	171,00 „	1 070 „	1 250,00 „
16 „	10,00 „	204,00 „	1 286 „	1 500,00 „
18 „	14,00 „	274,00 „	1 712 „	2 000,00 „
20 „	$126{,}44_4$ „	$3\,212{,}58_8$ „	25 314 „	$28\,653{,}03_2$ „
zusammen	$161{,}44_4$ dz	$3\,895{,}58_8$ dz	29 596 dz	$33\,653{,}03_2$ dz

Wie aus der letzten Spalte zu ersehen ist, sind im ganzen zu den einzelnen Staffelsätzen genau die in § 6 Abs. 1 des Gesetzes vorgeschriebenen

Mengen versteuert worden. Ein Ausgleich hat also nicht stattzufinden.

Beispiel 2. Brauerei A im Hebebezirke X und Brauerei B im Hebebezirke Y bilden im Sinne des § 6 Abs. 6 des Gesetzes einen Brauereibetrieb. Der voraussichtliche Braustoffverbrauch ist zu 1200 und 1800 dz angenommen, die zu den einzelnen Staffelsätzen zu versteuernden Braustoffmengen daher im Verhältnisse von 2 zu 3 auf die beiden Brauereien verteilt worden. Steuervergünstigungen für Zucker kommen nicht in Frage.

Nach den eingegangenen Auszügen aus den Brausteuer-Gegenbüchern sind versteuert worden:

	von Brauerei A	von Brauerei B	von beiden Brauereien zusammen
zum Satze von 14 Mk.	100 dz	150 dz	250 dz
" " " 15 "	500 "	750 "	1250 "
" " " 16 "	500 "	900 "	1400 "
" " " 18 "	—	100 "	100 "
zusammen	1100 dz	1900 dz	3000 dz

Wie sich aus der letzten Spalte ergibt, sind 100 dz zum Satze von 16 Mk. zuwenig, dagegen zum Satze von 18 Mk. zuviel versteuert worden, und zwar von der Brauerei B. Diese Brauerei hat also

100 × 16 = 1600 Mk. zuwenig,
dagegen 100 × 18 = 1800 Mk. zuviel,
im ganzen also 200 Mk. zuviel gezahlt.

Die Hebestelle Y hat ihr diese 200 Mk. herauszuzahlen oder von ihrer Steuerschuld abzusetzen.

Beispiel 3. Brauerei A im Hebebezirke X, Brauerei B im Hebebezirke Y und Brauerei C im Hebebezirke Z bilden nach § 6 Abs. 6 des Gesetzes einen Brauereibetrieb. Der voraussichtliche Braustoffverbrauch ist zu 1000, 1500 und 2500 dz angenommen, die zu den einzelnen Staffelsätzen zu versteuernden Braustoffmengen daher im Verhältnisse von 2 zu 3 zu 5 auf die drei Brauereien verteilt worden. Steuervergünstigungen für Zucker kommen nicht in Frage.

Nach den eingegangenen Auszügen aus den Brausteuer-Gegenbüchern sind versteuert worden:

	von Brauerei A	von Brauerei B	von Brauerei C	von den 3 Brauereien zusammen
zum Satze von 14 Mk.	50 dz	75 dz	125 dz	250 dz
15 „	250 „	375 „	625 „	1250 „
16 „	300 „	450 „	750 „	1500 „
18 „	245 „	600 „	1000 „	1845 „
20 „	—	45 „	330 „	375 „
zusammen	845 dz	1545 dz	2830 dz	5225 dz

Wie sich aus der letzten Spalte ergibt, sind im ganzen 155 dz zum Satze von 18 Mk. zuwenig und zum Satze von 20 Mk. zuviel versteuert worden. Die Brauerei A kommt, da sie zum Satze von 20 Mk. überhaupt nicht gesteuert hat, für den Ausgleich nicht in Betracht. Zwischen der Brauerei B und der Brauerei C ist die zu dem Satze von 18 Mk. mehr und zum Satze von 20 Mk. weniger zu versteuernde Menge nach dem für die erstmalige Verteilung der Braustoffmengen festgesetzten Verhältnis, also nach dem Verhältnisse von 3 zu 5, zu verteilen. Es hätte hiernach die Brauerei B 58,12$_5$ dz und die Brauerei C 96,87$_5$ dz zum Satze von 18 Mk. mehr und zum Satze von 20 Mk. weniger zu versteuern. Da jedoch die Brauerei B nur im ganzen 45 dz zum Satze von 20 Mk. versteuert hat, so kann bei ihr auch der Ausgleich nur hinsichtlich dieser Menge und muß hinsichtlich des Restes von 110 dz bei Brauerei C stattfinden.

Es hat also:

Brauerei B 45 × 18 = 810 Mk. zuwenig und
45 × 20 = 900 „ zuviel,
im ganzen mithin 90 Mk. zuviel;

Brauerei C 110 × 18 = 1980 Mk. zuwenig und
110 × 20 = 2200 „ zuviel,
im ganzen also 220 Mk. zuviel gezahlt.

Von der Hebestelle Y sind an die Brauerei B 90 Mk., von der Hebestelle Z an die Brauerei C 220 Mk. Steuer herauszuzahlen oder von der Steuerschuld der betreffenden Brauerei abzusetzen.

Anmerkung: Daß hiermit die Steuererhebung richtig gestellt ist, ergibt die folgende Gegenüberstellung:

Nach den Brausteuer-Gegenbüchern, also vor dem Ausgleiche, sind versteuert worden:

	von der Brauerei A	von der Brauerei B	von der Brauerei C	von den 3 Brauereien zusammen
zum Satze von 14 Mk.	50 dz	75 dz	125 dz	250 dz
15 „	250 „	375 „	625 „	1250 „
16 „	300 „	450 „	750 „	1500 „
18 „	245 „	600 „	1000 „	1845 „
20 „	—	45 „	330 „	375 „
zusammen	845 dz	1545 dz	2830 dz	5220 dz

Die Steuer hiervon beträgt:

zum Satze von 14 Mk.	700 Mk.	1 050 Mk.	1 750 Mk.	3 500 Mk.
15 „	3750 „	5 625 „	9 375 „	18 750 „
16 „	4800 „	7 200 „	12 000 „	24 000 „
18 „	4410 „	10 800 „	18 000 „	33 210 „
20 „	—	900 „	6 600 „	7 500 „
zusammen	13 660 Mk.	25 575 Mk.	47 725 Mk.	86 960 Mk.

Dagegen waren zu versteuern:

	von der Brauerei A	von der Brauerei B	von der Brauerei C	von den 3 Brauereien zusammen
zum Satze von 14 Mk.	50 dz	75 dz	125 dz	250 dz
15 „	250 „	375 „	625 „	1250 „
16 „	300 „	450 „	750 „	1500 „
18 „	245 „	645 „	1110 „	2000 „
20 „	—	—	220 „	220 „
zusammen	845 dz	1545 dz	2830 dz	5220 dz

Die Steuer hiervon beträgt:

zum Satze von 14 Mk.	700 Mk.	1 050 Mk.	1 750 Mk.	3 500 Mk.
15 „	3750 „	5 625 „	9 375 „	18 750 „
16 „	4800 „	7 200 „	12 000 „	24 000 „
18 „	4410 „	11 610 „	19 980 „	36 000 „
20 „	—	—	4 400 „	4 400 „
zusammen	13 660 Mk.	25 485 Mk.	47 505 Mk.	86 650 Mk.

Der Ausgleich hatte also, wie geschehen, durch Zurückzahlung von 90 Mk. an Brauerei B und 220 Mk an Brauerei C, im ganzen 310 Mk., zu erfolgen.

Beispiel 4. Brauerei A im Hebebezirke X und Brauerei B im Hebebezirke Y bilden einen Brauereibetrieb. Der voraussichtliche Braustoffverbrauch ist angenommen worden bei der Brauerei A zu 170 dz Gerstenmalz zu obergärigem Biere und 70 dz Zucker, bei der Brauerei B zu 80 dz Weizenmalz zu obergärigem und 735 dz Gerstenmalz zu untergärigem Biere.

Da nach der Annahme die zur Verwendung kommende Zuckermenge nicht mehr als 25 vom Hundert der in beiden Brauereien zusammen bei der Herstellung von obergärigen Bieren zur Verwendung kommenden Malzmenge (170 + 80 = 250 dz) betragen wird, so sind gemäß § 14 der Ausführungsbestimmungen von der Gesamtmenge von 70 dz Zucker für die Verteilung der von den beiden Brauereien nach den einzelnen Staffelsätzen zu versteuernden Mengen 37,5 dz außer Betracht zu lassen, 25 dz mit 12,5 dz und der Rest von 7,5 dz Zucker mit 7,5 dz anzusetzen. In die Verteilung werden also statt 70 dz Zucker nur 20 dz und gemäß § 5 Abs. 3 des Gesetzes statt 80 dz Weizenmalz nur 64 dz eingesetzt. Die steuerpflichtige Gesamtmenge der Braustoffe würde also bei Brauerei A 190 dz, abgerundet 200 dz, bei der Brauerei B 799 dz, abgerundet 800 dz betragen. Die Verteilung der bon den beiden Brauereien nach den einzelnen Staffelsätzen zu versteuernden Mengen erfolgt mitsin nach dem Verhältnisse von 1 zu 4.

Nach den eingegangenen Auszügen aus den Brausteuer-Gegenbüchern sind verwendet und versteuert worden:

Von der Brauerei	verwendet			
	Malz zu			Zucker
	obergärigen Bieren, und zwar		untergärigen Bieren	
	Weizenmalz dz	anderes Malz dz	dz	dz
1	2	3	4	5
A	—	180	—	75
B	50	—	700	—
Zusammen . . .	50	180	700	75

versteuert						erhobener Steuerbetrag
im ganzen	davon zum Satze von					
	14 Mk.	15 Mk.	16 Mk.	18 Mk.	20 Mk.	
dz	dz	dz	dz	dz	dz	Mk.
6	7	8	9	10	11	12
205	50	155	—	—	—	3 025
740	200	540	—	—	—	10 900
945	250	695	—	—	—	13 925

Da die Malzverwendung zu obergärigen Bieren in beiden Brauereien nur 230 dz betragen hat, so finden die Steuervergünstigungen für Brauzucker (§ 5 Abs. 3 des Gesetzes und § 14 der Ausführungsbestimmungen) nur auf $^{230}/_{4} = 57,5$ dz Zucker Anwendung, während der Rest von 17,5 dz mit dem Anderthalbfachen seines Gewichts, also mit 26,25 dz, zur Versteuerung heranzuziehen ist. Von den steuerbegünstigten 57,5 dz Zucker bleiben 37,5 dz gemäß § 14 der Ausführungsbestimmungen ganz außer Betracht, der Rest von 20 dz ist mit dem halben Gewicht, also mit 10 dz, einzusetzen. Die in der Brauerei A verwendeten 75 dz Zucker sind mithin für die Versteuerung gleich $26,25 + 10 = 36,25$ dz Malz zu rechnen, und es sind von der Brauerei A im ganzen $180 + 36,25 = 216,25$ dz Braustoffe zu versteuern. Hiervon fallen 50 dz unter den Staffelsatz von 14 Mk. und 166,25 dz unter den Staffelsatz von 15 Mk. Brauerei A hatte also im ganzen 3193,75 Mk. Brausteuer zu entrichten. Sie hat gezahlt für 50 dz zum Satze von 14 Mk. und 155 dz zum Satze von 15 Mk., zusammen 3025 Mk. Steuer. Es sind mithin von ihr für 11,25 dz zum Satze von 15 Mk. durch die Hebestelle 168,75 Mk. Steuer nachzuerheben.

Brauerei B hat die richtigen Mengen zu den richtigen Sätzen versteuert. Sie hat also weder Steuer nachzuzahlen noch solche zurückzuerhalten.

Muster 10
(AB. § 59).

Zuckerverwendungsbuch

der

Brauerei des

zu

für das Rechnungsjahr 19

Anleitung zum Gebrauche.

1. Das Zuckerverwendungsbuch ist von dem Brauer (Betriebsleiter) selbst oder von seinem der Hebestelle hierfür ein für allemal zu bezeichnenden Vertreter, in jedem Falle aber unter seiner Verantwortlichkeit zu führen.

2. Auf der Außenseite unten ist die Art der Zuckerstoffe anzugeben, die zur Bierbereitung vorrätig gehalten werden. Werden verschiedene Arten Zucker oder Zucker und Farbebier zur Bierbereitung verwendet, so ist für jede Art eine besondere Abteilung anzulegen und auf der Außenseite des Buches die Seitenzahl der Abteilungen zu vermerken.

3. Unter „Zugang“ ist jede Post sofort nach der Einbringung in die Brauerei einzutragen, und zwar nach dem Reingewicht in ganzen und zehntel Kilogramm. Jeder Zugang muß mit den über den Bezug lautenden Fakturen, Frachtbriefen usw. belegt sein, die bei dem Buche geordnet aufzubewahren sind.

4. Der „Abgang“ ist gleichfalls nach dem Reingewicht in ganzen und zehntel Kilogramm zu buchen, sobald die Entnahme aus dem Lager, sei es zur Verwendung bei der Bierbereitung, sei es zu anderen Zwecken, stattfindet.

Jede Entnahme zu anderen Zwecken als zur Bierbereitung bedarf der vorherigen Genehmigung des Oberkontrolleurs.

5. Eine Vorausversteuerung des Zuckers beim Eingang in die Brauerei ist zulässig und wird durch Anschreibung der gesamten auf einmal zur Versteuerung angemeldeten Menge mittels besonderer Eintragung im Einmaischungs- oder Steuerbuche bewirkt. Die erfolgte Anschreibung zur Vorausversteuerung ist in Spalte 10 Zugang des Zuckerverwendungsbuchs zu vermerken. Die zu den einzelnen Einmaischungen verwendeten Zuckermengen gelangen in diesem Falle nicht nochmals im Einmaischungs- oder Steuerbuche zur Anschreibung, werden vielmehr nur im Zuckerverwendungsbuche (Spalten 2 bis 5 Abgang) in Abgang gestellt.

Soll der vorausversteuerte Zucker in wässeriger Lösung verwendet und diese Lösung auf Vorrat hergestellt werden, so ist die zur Herstellung der Lösung verwendete Zuckermenge in den Spalten 6 bis 8 Abgang und die Menge der hergestellten Lösung in Spalte 9 Abgang des Zuckerverwendungsbuchs einzutragen. Über die zur Bierbereitung verwendeten Einzelmengen der Lösung sind alsdann besondere Anschreibungen nach Anordnung des Oberkontrolleurs zu führen.

6. Neben der Stunde des Abganges oder Zuganges ist durch Beifügung des Buchstabens „V" oder „N" kenntlich zu machen, ob es sich um Vormittags- oder Nachmittagszeit handelt.

7. Der Oberkontrolleur ist befugt, unter Zuziehung des Brauers oder dessen Stellvertreters jederzeit den Soll- und den Istbestand zu ermitteln.

8. Das Zuckerverwendungsbuch ist nach näherer Bestimmung des Oberkontrolleurs aufzubewahren und den Aufsichtsbeamten stets zugänglich zu halten.

9. Am Schlusse des Monats März ist das Buch durch Aufrechnung der Spalte 7 des Zuganges und der

Spalten 4 und 8 des Abganges vom Brauer abzuschließen, der Bestand durch Absetzung des Gesamtabganges (Spalte 4 + 8) von der Schlußsumme der Spalte 7 des Zuganges zu bilden und dieser Bestand im Zuckerverwendungsbuche für das nächste Rechnungsjahr vorzutragen. Das abgeschlossene Buch ist bis zum dritten Tage des nächsten Monats der Hebestelle einzureichen.

Inhaltsverzeichnis.

Warengattung	Seite	Warengattung	Seite
Rübenzucker		Zuckercouleur	
Stärkezucker		Farbebier	

Seite ....

Zugang.

Laufende Nummer	Der Einbringung in das Brauereigrundstück		Der aufgenommenen Packstücke			Des Zuckers oder Farbebiers	Der Verkäufer		Bemerkungen
	Tag	Stunde	Zahl und Art	Bezeichnung	Rohgewicht in ganzen und zehntel Kilogramm	Reingewicht in ganzen und zehntel Kilogramm	Name (Firma)	Wohnort	
1	2	3	4	5	6	7	8	9	10
	Bestand am Schlusse des vorigen Rechnungsjahrs								
1									

Fortſ. des Muſters Nr. 10 S. 248.

(Noch zu Muster 10 gehörig.)

Seite ....

Laufende Nummer	Abgang							Bemerkungen des Brauers	Prüfungsvermerke
	Entnahme zur Biererzeugung				Entnahme zu anderen Zwecken				
	Tag	Stunde	Entnommenes Reingewicht in ganzen und zehntel Kilogramm	Der Zucker (das Farbebier) wird verwendet (tunlichst unter Angabe der Nummer, unter der das Gebräu im Steuerbuch — Einmaischungsbuch — eingetragen ist)	Tag	Stunde	Entnommenes Reingewicht in ganzen und zehntel Kilogramm		
1	2	3	4	5	6	7	8	9	10
1									

Steuerhebebezirk: Fischhausen.

Muster 11
(AB. § 61₁).

Nr. .... der Brauereirolle.

Einmaischungsbuch

der

der * Vermahlungssteuer unterliegenden / Abfindung unterworfenen * Brauerei des

Gottlieb Schulze zu Fischhausen

für das 1. Viertel des Rechnungsjahres 1910.

Enthält zwanzig Blätter, die mit einer angesiegelten Schnur durchzogen sind.

Fischhausen, den 26. März 1910.

N. N.,

Oberzollkontrolleur.

Das Einmaischungsbuch ist im Sudraum in dem kleinen Schranke rechts an der Tür aufzubewahren.

Nur für Brauereien, die der Abfindung unterworfen sind.

Die Anmeldezettel sind zu senden an den reitenden Zollaufseher Herrn Fischer in Schönau, Friedrichstr. Nr. 11.

Fischhausen, den 26. März 1910.

N. N.,

Oberzollkontrolleur

** Der Text von * zu * ist in amtlicher Ausgabe durchstrichen.

Laufende Nummer der Gebräue	Der Eintragung			Der Einmaischung			Der zu verwendenden Braustoffe (Malz und Zucker)				
	Tag	Std.		Tag	Std.		genaue Bezeichnung	Reingewicht in ganzen und zehntel Kilogramm			
								des Malzes zu obergärigen Bieren, und zwar des		des Malzes zu untergärigen Bieren	der Zuckerstoffe
		vormittags	nachmittags		vormittags	nachmittags		Weizenmalzes	anderen Malzes		
1	2	3		4	5		6	7	8	9	10
1	1. April	—	8	2. April	6	—	Gerstenmalzschrot	—	270	—	—
							trockenerStärkezucker	—	—	—	12,6
—	—	—	—	—	—	—	—	—	—	—	—
—	—	—	—	—	—	—	—	—	—	—	—
—	—	—	—	—	—	—	—	—	—	—	—
22	2. Mai	5	—	2. Mai	8	—	Weizenmalzschrot	280	—	—	—
							Gerstenmalzschrot	—	50	—	—
23	4. Mai	5	—	4. Mai	8	—	Gerstenmalzschrot	—	270	—	—
							trockenerStärkezucker	—	—	—	12,6
—	—	—	—	—	—	—	—	—	—	—	—
26	9. Mai	—	7	10. Mai	7	—	Gerstenmalzschrot	—	370	—	—
							trockenerStärkezucker	—	—	—	50

*27	11. Mai	—	6	12. Mai	8	—	Gerstenmalzschrot	—	280*	—	—
							* trockener Stärkezucker	—	—	—	14*
28	12. Mai	5	—	12. Mai	8	—	Gerstenmalzschrot	—	280	—	—
—	—	—	—	—	—	—	—	—	—	—	—
—	—	—	—	—	—	—	—	—	—	—	—
							Zusammen . . .	8000	15750	—	5045

Berechnung des steuerpflichtigen Gesamtgewichts der Braustoffe:

8000 kg Weizenmalz = ... 6 400,0 kg
15 750 „ Gerstenmalz = ... 15 750,0 „

Von 5045 kg Zucker bleiben, da der Zuckerverbrauch nicht mehr als 25 v. H. des Malzverbrauchs zu obergärigen Bieren betragen hat,
3750 kg steuerfrei und ausser Betracht.

Der Rest von 1295 kg kommt mit dem halben Gewicht, also mit . . . . 647,5 „
in Ansatz.

Gesamtmenge der zu versteuernden Braustoffe . . 22 797,5 kg

Bodin.

Abgeschlossen
am 30. Juni 1910.
Schulze.

** Der Text von * zu * ist in amtlicher Ausgabe durchstrichen.

(Forts. des Musters Nr. 11 S. 252—258.)

(Noch zu Muster 11 gehörig.)

Menge der zu ziehenden abgekühlten Bierwürze zu obergärigem Biere im ganzen und halben Hektolitern	Menge der zu ziehenden abgekühlten Bierwürze zu untergärigem Biere im ganzen und halben Hektolitern	Gewichtszuschlag für Malz, das vor dem Schroten eine Gewichtsverminderung erfahren hat %	Die Richtigkeit der Angaben in Spalten 1 bis 18 bescheinigt (Name des Brauers)	Bemerkungen des Brauers	Prüfungsvermerke der Beamten
11	12	13	14	15	16
24,5	—	—	Schulze.	Die Schrotmühle versagt, weil der Transmissionsriemen gerissen ist. Die Einmaischung kann deshalb erst um 9 Uhr stattfinden. 2. 4. 10. Vorm. $5^1/_2$ Uhr. **Schulze.**	
—	—	—		Die Richtigkeit vorstehender Angabe bescheinigt 2. 4. 10. Vorm. $5^1/_2$ Uhr. **Meyer,** Schuhmachermeister und **Stadtverordneter.**	
—	—	—			
—	—	—			
20	—	—	Schulze.		

—	—	—	—		ohne Hopfen auf dem Kühlschiffe bei 40° C zu 26 hl vermessen. Nach Abzug von 5 v. H. ergibt sich hieraus eine Bierzugmenge in abgekühltem Zustande von 24,7, rund 24,5 hl. 4. 5. 10. 4 1/2 Uhr nachm. **Fischer**, Zollaufseher.
30	—	—	Schulze.		Würze kocht im Kessel. Um 10 3/4 Uhr wurden der kochenden Würze 50 kg Stärkezucker zugesetzt. 10. 5. 10. Vorm. 11 Uhr. **Fischer**, Zollaufseher.
22	—	—	*Schulze.*	Der nach der Erklärung über die Verwendung von Zucker der kochenden Würze zuzusetzende Stärkezucker ist aus Königsberg nicht eingetroffen. Es werden deshalb 280 kg Malz allein eingemaischt und daraus 12 hl Malzbier gezogen. **Schulze.**	
12	—	—	Schulze.	Zu 28. Siehe die Bemerkung zu 27. **Schulze.**	Zucker in der Brauerei nicht vorhanden. Das vorgefundene Malzschrot wurde zu 280 kg verwogen und eingemaischt. 12. 5. 10. Vorm. 8 1/4 Uhr. N.N., Oberzollkontrolleur.
—	—	—	—		
—	—	—	—		
1814	—				

Übernommen in das Brausteuer-Gegenbuch Seite 16 Nr. 20.
Bodin, Zolleinnehmer.

** Der Text von * zu * ist in amtlicher Ausgabe durchstrichen.

Anleitung zum Gebrauche.

A. Für der Abfindung unterworfene Brauereien.

1. Der Brauer hat spätestens drei Stunden vor Beginn der Einmaischung jedes einzelne Gebräu unter Ausfüllung der Spalten 1 bis 14 in der Art einzutragen, daß zwischen je zwei Eintragungen genügend leerer Raum für die übersichtliche Eintragung der Bemerkungen in Spalte 15 bleibt. Unmittelbar darauf hat er einen ausgefüllten Anmeldezettel je nach der Bestimmung des Hauptamts entweder an die Hebestelle oder an den Aufsichtsbeamten abzusenden, der sämtliche in den Spalten 1 bis 13 eingetragene Angaben zu enthalten hat.

2. Die steuerpflichtigen Braustoffe (Malz und Zucker) sind einzeln in Spalte 6 aufzuführen, und zwar jeder Braustoff mit seinem besonderen Namen und unter Bezeichnung der Beschaffenheit, in der er zur Verwendung gelangt. Hat das Malz durch eine andere Bearbeitung als durch Schroten oder Reinigen eine Gewichtsverminderung erfahren, so ist ferner ersichtlich zu machen, ob die Gewichtsverminderung in der Brauerei selbst bei oder nach dem Schroten oder Vermahlen (durch Sichten, Sieben, Sortieren und dgl.) oder bereits vor dem Schroten (durch Schälen, Enthülsen und dgl.) eingetreten ist. Die Angaben in Spalte 6 haben also z. B. zu lauten: Weizenmalzschrot, in der Brauerei hergestelltes Gerstenmalzmehl, Schrot aus geschältem Gerstenmalze, Zuckercouleur, gemahlener Rübenzucker usw., nicht aber: Weizenmalz, Gerstenmalzmehl, Gerstenmalz, Zucker usw.

3. Die Menge der zu verwendenden Braustoffe ist in Spalten 7 bis 10 nach dem Reingewicht in ganzen und zehntel Kilogramm entsprechend der Spaltenüberschrift einzutragen.

4. Als Reingewicht des Malzes ist bei Malz, das keine Gewichtsverminderung oder eine solche nur durch

Schroten oder Reinigen erfahren hat, das Gewicht vor oder nach dem Schroten; bei Malz, das eine Gewichtsverminderung in der Brauerei bei oder nach dem Schroten (Vermahlen) durch Sichten, Sieben, Sortieren usw. erfahren hat, das Gewicht vor dem Schroten (Vermahlen); bei Malz, das bereits vor dem Schroten oder Vermahlen eine Gewichtsverminderung durch Schälen, Enthülsen usw. erfahren hat, das verminderte Gewicht anzugeben. In letzterem Falle ist jedoch neben jeder Gewichtseintragung in Spalte 13 zu vermerken, auf wieviel vom Hundert der Gewichtszuschlag von der Steuerbehörde festgesetzt worden ist.

5. Zugleich mit dem Malze ist der für das betreffende Gebräu zu verwendende Zucker einzutragen, und zwar ohne Rücksicht darauf, ob er mit zur Einmaischung gelangt oder erst der Würze nach dem Kochen oder dem fertigen Biere zugesetzt wird. Als Reingewicht des Zuckers ist das Gewicht des Zuckers in dem Zustand, in dem er in die Brauerei eingebracht worden ist, einzusetzen.

Etwaige Abweichungen von der Erklärung über die Verwendung von Zucker (§ 23 des Brausteuergesetzes) sind gleichfalls spätestens drei Stunden vor der Einmaischung in Spalte 15 dieses Buches einzutragen.

6. Als Biermenge ist in Spalten 11 und 12 die Menge abgekühlter, noch nicht mit Hefe angestellter, aber vom Hopfen befreiter Bierwürze anzugeben, die aus den angemeldeten Braustoffen gezogen werden soll, wobei diejenige Flüssigkeit nicht einzurechnen ist, die ohne erneuten Zusatz von steuerpflichtigen Braustoffen durch Aufgießen von kaltem oder heißem Wasser auf die bereits ausgezogenen Treber gewonnen und nicht auf der Pfanne gekocht, sondern als Nachbier (Kofent und dgl.) verbraucht wird.

7. In den in Essigbrauereien geführten Einmaischungsbüchern ist die Überschrift der Spalten 9 und 12 in der Weise zu ändern, daß statt „untergärigen Bieren“ und „untergärigem Biere“ gesetzt wird: „Essig“.

8. Die Änderung oder Streichung der Eintragungen ist bis drei Stunden vor der eingeschriebenen Einmaischungszeit ohne weiteres, später aber nur unter der Voraussetzung statthaft, daß alsdann erst eingetretene unvermutete Umstände die Ausführung des Brauens überhaupt oder in der eingetragenen Art gehindert haben. In diesem Falle ist sofort nach Eintritt des hindernden Ereignisses ein Steuerbeamter oder ein glaubwürdiger Zeuge, der zu dem Brauer nicht in einem Familien- oder Lohnverhältnisse stehen darf, zuzuziehen, um die Änderung und ihre Ursache im Einmaischungsbuche mit zu bescheinigen. Sämtliche Änderungen sind sofort mittels neuen Anmeldezettels der Hebestelle oder dem Aufsichtsbeamten anzuzeigen.

Bei den Änderungen ist folgendes zu beachten:

a) Sollen andere Braustoffe oder andere Mengen verwendet werden, oder soll das Gebräu ganz ausfallen, so ist die erste Eintragung unter Erhaltung der Lesbarkeit zu durchstreichen und in Spalte 15 die nötige Erläuterung zu geben. Im ersteren Falle ist das Gebräu von neuem unter der folgenden Nummer einzutragen;

b) wird nur der Zeitpunkt der Einmaischung oder die Menge des zu ziehenden Bieres geändert, so bleibt die Eintragung bestehen, es ist aber in Spalte 15 ein begründender Vermerk, gegebenenfalls unter Mitbeurkundung durch einen Zeugen, zu machen.

9. Der Brauereibesitzer oder Betriebsleiter (§ 12 des Gesetzes) haftet für die Richtigkeit aller Eintragungen.

10. Das Einmaischungsbuch ist in der Brauerei nach der Anordnung des Oberkontrolleurs aufzubewahren und den Aufsichtsbeamten stets zugängig zu halten. Nach Schluß des Vierteljahrs ist es vom Brauer durch Aufrechnung der Spalten 7 bis 12 abzuschließen und innerhalb einer Frist von drei Tagen unaufgefordert der Hebestelle vorzulegen.

B. Für Brauereien, die der Vermahlungssteuer unterliegen.

1. Die unter A 1 vorgeschriebenen Eintragungen brauchen erst unmittelbar vor Beginn der Einmaischungen zu erfolgen. Die Ausstellung und Absendung von Anmeldezetteln ist nicht erforderlich.

2 und 3 wie A.

4. Das Reingewicht des Malzes und der etwa in Spalte 13 zu vermerkende Gewichtszuschlag sind aus dem Mahlbuche zu übernehmen.

5, 6 und 7 wie A.

8. Änderungen und Streichungen der Eintragungen, hinsichtlich deren Form und der Begründung in Spalte 15 im übrigen die unter A 8 gegebenen Vorschriften zu beachten sind, sind bis zum Beginne der Einmaischung ohne weiteres und ohne Zuziehung von Zeugen zulässig; auch bedarf es keiner Benachrichtigung der Hebestelle oder des Aufsichtsbeamten wegen der Änderungen.

9 und 10 wie A.

Muster 12
(AB. § 61$_2$).

Steuerbezirk: Werder.

Nr. 7 der Brauereirolle.

Steuerbuch

für

die Brauerei des Joh. Walsleben zu Neuenkirchen

für das 4. Viertel des Rechnungsjahres 1909.

Dieses Buch enthält zwanzig Blätter, die mit einer angesiegelten Schnur durchzogen sind.

Werder, den 27. Dezember 1909.

N. N.,
Oberzollkontrolleur.

Anleitung zum Gebrauche.

1. Dieses Steuerbuch muß bei jeder Brauanmeldung der Hebestelle vorgelegt, während der übrigen Zeit aber stets in der Brauerei an dem hierfür bestimmten Orte aufbewahrt und den Aufsichtsbeamten zugängig gehalten werden.

2. Zu jeder Brauanzeige hat der Brauer die Spalten 1 bis 13 auf einer besonderen Linie dergestalt auszufüllen, daß zwischen je zwei Brauanzeigen genügend Raum für die amtlichen Vermerke in den Spalten 18 bis 23 bleibt. Hierbei ist zu beachten:

a) Die steuerpflichtigen Braustoffe (Malz und Zucker) sind einzeln in Spalte 5 aufzuführen, und zwar jeder Braustoff mit seinem besonderen Namen und unter Bezeichnung der Beschaffenheit, in der er zur Verwendung gelangt. Hat das Malz durch eine andere Bearbeitung als durch Schroten oder Reinigen eine Gewichtsverminderung erfahren, so ist ferner ersichtlich zu machen, ob die Gewichtsverminderung in der Brauerei selbst bei oder nach dem Schroten oder Vermahlen (durch Sichten, Sieben, Sortieren u. dgl.) oder bereits vor dem Schroten (durch Schälen, Enthülsen u. dgl.) eingetreten ist. Die Angaben in Spalte 5 haben also z. B. zu lauten: Weizenmalzschrot, in der Brauerei hergestelltes Gerstenmalzmehl, Schrot aus geschältem Gerstenmalze, Zuckercouleur, gemahlener Rübenzucker usw., nicht aber: Weizenmalz, Gerstenmalzmehl, Gerstenmalz, Zucker usw.

b) Die Menge der zu verwendenden Braustoffe ist in Spalten 6 bis 9 nach dem Reingewicht in ganzen und Zehntel-Kilogramm entsprechend der Spaltenüberschrift einzutragen.

c) Als Reingewicht des Malzes ist bei Malz, das keine Gewichtsverminderung oder eine solche nur durch Schroten oder Reinigen erfahren hat, das Gewicht vor oder nach dem Schroten; bei Malz, das eine Gewichtsverminderung in der Brauerei bei oder nach dem Schroten (Vermahlen) durch Sichten, Sieben, Sortieren usw. erfahren hat, das Gewicht vor dem Schroten (Vermahlen); bei Malz, das bereits vor dem Schroten oder Vermahlen eine Gewichtsverminderung durch Schälen, Enthülsen usw. erfahren hat, das verminderte Gewicht anzugeben. In letzterem Falle ist jedoch neben jeder Gewichtseintragung in Spalte 12 zu vermerken, auf wieviel vom Hundert der Gewichtszuschlag von der Steuerbehörde festgesetzt worden ist.

d) Zugleich mit dem Malze ist der für das betreffende Gebräu zu verwendende Zucker einzutragen, und zwar ohne Rücksicht darauf, ob er mit zur Einmaischung gelangt, oder erst der Würze nach dem Kochen oder dem fertigen Biere zugesetzt wird. Als Reingewicht des Zuckers ist das Gewicht des

(Forts. des Textes S. 264.)

I. Brauanzeige (vom Brauer auszufüllen)

Laufende Nr	Tag der Anmeldung	Zeit der Einmaischung: Tag	Zeit der Einmaischung: Std. Vormittag	Zeit der Einmaischung: Std. Nachmittag	Der zu verwendenden Braustoffe (Malz u. Zucker): genaue Bezeichnung	Reingewicht in ganzen und zehntel Kilogramm des Malzes zu obergärigen Bieren, und zwar des Weizenmalzes	Reingewicht in ganzen und zehntel Kilogramm des Malzes zu obergärigen Bieren, und zwar des anderen Malzes	Reingewicht in ganzen und zehntel Kilogramm des Malzes zu untergärigen Bieren	Reingewicht in ganzen und zehntel Kilogramm der Zuckerstoffe	Menge der zu ziehenden abgekühlten Bierwürze zu obergärigem Biere in ganzen und halben Hektolitern	Menge der zu ziehenden abgekühlten Bierwürze zu untergärigem Biere in ganzen und halben Hektolitern	Gewichtszuschlag für Malz, das vor dem Schroten eine Gewichtsverminderung erfahren hat %	Eigenhändige Namensbeischrift des Anmeldenden
1	2	3	4		5	6	7	8	9	10	11	12	13
1	2/1	3/1	6	.	Gerstenmalzschrot Weizenmalzschrot Trockener Stärkezucker	. 100	400		40	30	—		Joh. Walsleben
2	3/1	4/1	6	.	Gerstenmalzschrot Trockener Stärkezucker		600		40	35	—	—	Joh. Walsleben

3	4/1	.	.	.	Gerstenmalzschrot (bei der Nachwiegung der Braustoffe gegen die Anmeldung Nr. 2 mehr vorgefunden)	—	2,5	—	—	—	—	—	Müller, Zollaufseher Joh. Walsleben, Brauer
4	6/1	7/1	6	.	Weizenmalzschrot	200				21	—	—	Joh. Walsleben
					In der Brauerei aus Gerstenmalz hergestelltes Malzmehl		100						
					Trockener Stärkezucker	.		.	21	—	—	—	
					Zus. für Januar .	2100	9702,5	.	1034	804	—	—	

Hierzu für 1034 kg verwendeten Zucker . .
zusammen . .

Vermerk der Hebestelle wegen der Versteuerung des Zuckers.

In den Vormonaten April/Dezember des Rechnungsjahrs sind nach dem Brausteuer-Gegenbuch insgesamt 9400 kg Zucker verwendet worden. Davon sind 3750 kg steuerfrei gelassen, 2500 kg mit dem halben, 2500 kg mit dem einfachen, der Rest von 650 kg mit dem anderthalbfachen Gewichte versteuert worden. Die im Monat Januar verbrauchten 1034 kg Zucker sind also mit dem anderthalbfachen Gewicht in Sp. 14 nachzutragen.

(Forts. des Musters Nr. 12 S. 262—263.)

(Noch zu Muster 12 gehörig.)

II. Steuerberechnung					III. Prüfung						
Steuerpflichtiges Gesamtgewicht des Malzes kg	Betrag der Brausteuer Mk.	Pf.	Nr. des Brausteuer-Gegenbuchs	Namensbeischrift des Buchführers	Tag	Stunde Vormittag	Stunde Nachmittag	Der vorgefundenen Braustoffe Bezeichnung	Der vorgefundenen Braustoffe Reingewicht in ganzen und zehntel Kilogramm	Sonstiger Befund und Bemerkungen, Art der Gewichtsermittelung — Verschlußanlagen —, Tarierungen	Name und Diensteigenschaft des Beamten
14	15		16	17	18	19		20	21	22	23
480	72	.	1	Kühne	3/1	6	—	Gerstenmalzschrot Weizenmalzschrot	400 100	Verwogen sind: Gerstenmalzschrot 8 Säcke roh . . 408 kg Weizenmalzschrot 2 Säcke roh . . . 102 „ zusammen 510 kg leere Säcke verw. 10 „ bleiben rein 500 kg Der kochenden Würze wurden vorm. 10 Uhr 40 kg Stärkezucker zugeschüttet.	

600	90	.	2	Kühne	4/1	6¼	—	Gersten-malz-schrot	602,5	Dem Brauverfahren bis vormittag 10½ Uhr beigewohnt, als die Würze im Kessel 3 mit Hopfen kochte. Verwogen sind: Gerstenmalzschrot 12 Säcke roh . . . . 614,50 kg leere Säcke verw. . 12 „ bleiben rein 602,50 kg Der kochenden Würze wurden vorm. 10 Uhr 40 kg Stärkezucker zugeschüttet.	Müller, Zoll-aufseher
										Dem Brauverfahren beigewohnt bis vorm. 11 Uhr, als die Würze im Kessel 3 mit Hopfen kochte	Müller, Zoll-aufseher
262,5	39	35	3	Kühne	.	.	.			Die heute gezogene Bierwürze ohne Hopfen auf dem Kühlschiffe Nr. 3 bei 33° C zu 22,5 hl vermessen. Nach Abzug von 3 v. H. ergibt sich hieraus eine Bierzugmenge von 21,825, rund 21,8 hl.	Müller, Zoll-aufseher
11382,5	1707	35									
1551	232	65									
12933,5	1940	.									

Eintausend neunhundert vierzig Mark, eingezahlt am 4. Februar 1910, nachgewiesen im Einnahmebuch unter Nr. 12.

Kühne, Zolleinnehmer.

Zuckers in dem Zustand, in dem er in die Brauerei eingebracht worden ist, einzusetzen.

e) Als Biermenge ist in Spalten 10 und 11 die Menge abgekühlter, noch nicht mit Hefe angestellter, aber vom Hopfen befreiter Bierwürze anzugeben, die aus den angemeldeten Braustoffen gezogen werden soll, wobei diejenige Flüssigkeit nicht einzurechnen ist, die ohne erneuten Zusatz von steuerpflichtigen Braustoffen durch Aufgießen von kaltem oder heißem Wasser auf die bereits ausgezogenen Treber gewonnen und nicht auf der Pfanne gekocht, sondern als Nachbier (Kofent u. dgl.) verbraucht wird.

f) In den in Essigbrauereien geführten Steuerbüchern ist die Überschrift der Spalten 8 und 11 in der Weise zu ändern, daß statt „untergärigen Bieren" und „untergärigem Biere" gesetzt wird: „Essig".

3. Änderungen des einmal angemeldeten Betriebs müssen mündlich oder schriftlich besonders angezeigt werden, und zwar unter Vorlegung des Steuerbuchs.

4. Am Schlusse des Vierteljahrs ist dieses Buch der Hebestelle binnen drei Tagen unaufgefordert zurückzugeben.

5. Bei den einzelnen Brauanmeldungen im Laufe des Monats berechnet die Hebestelle das steuerpflichtige Gesamtgewicht und den Steuerbetrag nur für das zu verwendende Malz. Erst am Schlusse des Monats — bei der Rückgabe des Buches (Ziffer 4) — rechnet sie den insgesamt verwendeten Zucker in steuerpflichtiges Malz um und berechnet den darauf entfallenden Steuerbetrag.

6. Soweit nicht eine Vorauszahlung der Steuer angeordnet worden ist, sind die im Laufe des Monats angeschriebenen Steuerbeträge für das verwendete Malz und der nach Schluß des Monats berechnete Steuerbetrag für den verwendeten Zucker spätestens am siebenten Tage des folgenden Monats bar oder, soweit Stundung bewilligt ist, durch Abgabe eines Stundungsanerkenntnisses bei der Hebestelle zu zahlen.

Steuerhebebezirk: Fischhausen. **Muster 13** (AB. § 63).

Nr. . . der Brauereirolle.

Mahlbuch

der

Brauerei des Friedrich Kunze zu Camstigall
für den Monat Oktober 1909.

Enthält vier Blätter, die mit einer angesiegelten Schnur durchzogen sind.

Fischhausen, den 20. September 1909.

N. N.
Oberzollkontrolleur.

Das Mahlbuch ist in dem im Mühlenraum angebrachten Kasten aufzubewahren.

Fischhausen, den 20. September 1909.

N. N.
Oberzollkontrolleur.

Anleitung zum Gebrauche.

1. Die Eintragungen in den Spalten 1, 2, 3 und 5 sind von dem Brauer unmittelbar vor Beginn der Vermahlung, die Eintragungen in den Spalten 4 und 6 bis 11 unmittelbar nach Beendigung der Vermahlung zu bewirken.

2. In Spalten 7, 8 ist, solange die Malzsteuermühle und die selbsttätige Verwiegungsvorrichtung richtig arbeiten und keine Verschlußverletzung vorliegt, der Unterschied zwischen den Anzeigen des Zählwerkes (Spalte 6 nach Abzug von Spalte 5) einzutragen. Tritt eine Störung

(Forts. des Textes S. 270.)

I. Angaben des Brauereibesitzers

Laufende Nummer der Eintragungen	Ein Vermahlen von Malz hat stattgefunden am (Tag)	von (Stunde) (V = Vormittags) (N = Nachmittags)	bis (Stunde)	Stand des Zählwerkes der selbsttätigen Verwiegungsvorrichtung beim Beginne der Vermahlung	nach Beendigung der Vermahlung	Menge des vermahlenen Weizenmalzes in ganzen und zehntel Kilogramm (nach den Spalten 5 und 6; bei unrichtiger Anzeige des Zählwerkes nach dem Ergebnisse der besonderen Verwiegung)	anderen Malzes	Gewichtszuschlag für Malz, das vor dem Schroten eine Gewichtsverminderung erfahren hat %	Bemerkungen des Brauereibesitzers über Unregelmäßigkeiten oder Störungen der Malzsteuermühle usw., Zuziehung von Zeugen, Erstattung von Anzeigen an die Steuerstelle wegen Unregelmäßigkeiten usw.
1	2	3	4	5	6	7	8	9	10
Übertrag aus dem Mahlbuche für September 1909.					21 215	—	1 270	—	
1	2.	6 V	6⁴⁵ V	21 215	22 485	—	1 270	—	
2	4.	5³⁰ V	6¹⁵ V	22 485	23 755	—	1 270	—	
3	6.	7³⁰ N	8 N	23 755	25 025	—	1 270	—	
4	8.	7³⁰ N	8 N	25 025	26 295	—	1 270	—	

5	10.	6 V	8 V	26 295	26 340				Das Zählwerk rückt nur in der Einerstelle weiter. Das Schroten ist deshalb 6 Uhr 10 Min. abgebrochen und Anzeige an das Steueramt Fischhausen erstattet. Nach Zuziehung des Herrn Gemeindevorstehers Müller ist das Schroten um 7 Uhr 30 Minuten wieder aufgenommen. Die gesamte geschrotete Malzmenge ist auf der Dezimalwage zu 1270 kg netto verwogen.
6	11.	6 V	6⁴⁵ V	26 480	27 760	1280	—	—	
—	—	—	—	—	—	—	—	—	
—	—	—	—	—	—	—	—	—	
—	—	—	—	—	—	—	—	—	
18	30.	7 N	7³⁰ N	43 560	44 830	—	1 270	—	
					zusammen	4850	20 140	—	

Abgeschlossen Camstigall, den 30. Oktober 1909.

Der Stand des Zählwerkes am Schlusse des Monats Oktober ist in das Mahlbuch für November übertragen worden.

Kunze.

Brausteuergegenbuch Seite 14 Nr. 2.

Bodin,
Zolleinnehmer.

(Noch zu Muster 13 gehörig.)

Die Richtigkeit der Angaben in den Spalten 1 bis 10 bescheinigt (Unterschrift des Brauereibesitzers und des etwa zugezogenen Zeugen)	II. **Prüfungsbefund.** (Stand des Zählwerkes; Zustand der Malzsteuermühle, der selbsttätigen Verwiegungsvorrichtung, der amtlichen Verschlüsse; Menge des etwa vorhandenen Malzschrots — ob geschätzt oder verwogen —; sonstige Bemerkungen; Tag und Stunde der Prüfung; Unterschrift der Aufsichtsbeamten.)
11	12
Kunze	
Kunze	
Kunze	Stand des Zählwerkes 23755, Zustand der Malzsteuermühle und der amtlichen Verschlüsse gut. 4. Oktober 1909, nachmittags 1½ Uhr. **Fischer**, Zollaufseher.
Kunze	
Kunze	

Kunze, Brauereibesitzer. **Müller,** Gem.-Vorsteher. **Kunze**	Beginn der Prüfung 10. Oktober 1909, **vormittags** 11 Uhr. Stand des **Zählwerkes 26340.** Verschlüsse **gut** und abgenommen. Die **selbsttätige Verwiegungsvorrichtung** wurde **im Beisein** des Unterzeichneten durch **den gleichzeitig** eingetroffenen Vertreter der Henneffer **Maschinenfabrik, Herrn Ingenieur Werner aus Königsberg**, untersucht. Es wurde **festgestellt**, dass die in das **Zehnerzahnrad** eingreifende **Nase** des **Einerzählrads abgebrochen** war. **Durch Einsetzen eines neuen Einerzählrads wurde** der Fehler **beseitigt**. Die **Beobachtung** der **Zahl der Entleerungen** des **Malzgefässes** und des **Zählwerkes nach** der **Wiederinbetriebsetzung** der Verwiegungsvorrichtung **ergab**, **dass** die Verwiegungsvorrichtung wieder richtig **anzeigt. Nach Wiederauflegung** des Verschlussgehäuses und **Wiederanlegung** der **amtlichen** Verschlüsse wurde die **Nachschau** um 2[30] Uhr **nachmittags** beendet und **dem** Brauereibesitzer die **weitere Benutzung** der **Malzsteuermühle** freigegeben. **Stand** des **Zählwerkes** 26480. **N. N.,** Oberzollkontrolleur.
—	Der Vermahlung vom Beginne bis zum Schlusse **beigewohnt**. Stand des **Zählwerkes** bei **Beginn** 26480, **am** Schlusse 27760. **Malzsteuermühle** und Verschlüsse **gut**. 11. **August** 1909, vormittags 7 Uhr. **Fischer,** Zollaufseher.
—	
—	
Kunze	

im Gange der selbsttätigen Verwiegungsvorrichtung ein oder ist der Verschluß verletzt worden, so ist sofort Anzeige an die Steuerhebestelle zu erstatten; die Vermahlung darf sodann nur im Beisein eines nicht zur Familie des Brauers gehörigen und nicht zu ihm in einem Arbeits- oder Dienstverhältnisse stehenden Zeugen fortgesetzt werden. Die Menge des geschroteten Malzes ist in diesem Falle durch besondere Verwiegung zu ermitteln und die so ermittelte Menge in Spalten 7/8 unter Mitbeurkundung durch den zugezogenen Zeugen einzutragen.

3. Am Schlusse des Monats ist das Mahlbuch von dem Brauer durch Aufrechnung der Spalten 7/8 abzuschließen, der Stand des Zählwerkes am Schlusse des Monats (letzte Eintragung in Spalte 6) nach Spalte 6 des Mahlbuchs für den folgenden Monat zu übertragen, die Übertragung in beiden Mahlbüchern zu bescheinigen und das abgeschlossene Mahlbuch für den abgelaufenen Monat unaufgefordert der Steuerhebestelle spätestens bis zum dritten Tage des neuen Monats einzureichen.

Steuerhebebezirk: Werder.

Muster 18
(AB. § 94_1).

Brausteuer-Gegenbuch

für das Rechnungsjahr 1910.

Dieses Buch enthält zwanzig Blätter, die mit einer angesiegelten Schnur durchzogen sind.

Werder, den 12. März 1910.

(Siegel.)

N. N.
Oberzollkontrolleur.

Geführt von

Schulz,
Zollassistent.

Anleitung zum Gebrauche.

1. Für jede Brauerei ist eine besondere Abteilung mit besonderer Ziffer anzulegen. Bilden mehrere Brauereien des Hebebezirkes einen Brauereibetrieb im Sinne des § 6 Absatz 6 des Brausteuergesetzes, so ist für sie nur eine gemeinschaftliche Abteilung anzulegen.

2. Am Kopfe jeder Abteilung ist für jede Brauerei der Name des Besitzers — zutreffendenfalls auch des Betriebsleiters —, der Ort, in dem sie liegt, und die Art der Steuerentrichtung anzugeben.

3. Bei jeder Anmeldung einer Einmaischung in einer auf Brauanzeige steuernden Brauerei sind die Spalten 1 bis 20 und 26, gegebenenfalls auch 21 und 22, auf Grund des Steuerbuchs auszufüllen. Die angemeldeten Zuckermengen sind hierbei zwar in Spalte 9 einzutragen, jedoch bei der Berechnung des steuerpflichtigen Gesamtgewichts der Braustoffe (Sp. 13) vorläufig außer Betracht zu lassen. Erst am Schlusse des Monats — bei der Rückgabe des Steuerbuchs an die Hebestelle — ist die Gesamtmenge des verwendeten Zuckers unter Beachtung der Vorschriften im § 5 Abs. 3 des Gesetzes und § 14 der Ausführungsbestimmungen in Malz umzurechnen und das Ergebnis durch eine besondere Eintragung in den Spalten 13 bis 20, gegebenenfalls 22 nachzutragen.

4. In den Abteilungen für Brauereien, die hinsichtlich des verwendeten Malzes der Vermahlungssteuer unterliegen, sind die Spalten 1 bis 6 und 12 bis 20, gegebenenfalls 22 monatlich auf Grund der Mahlbücher auszufüllen. Die Ausfüllung der Spalten 7 bis 11 hat vierteljährlich auf Grund der Einmaischungsbücher mittels einer besonderen Eintragung zu erfolgen. Ist in der Vermahlungsbrauerei auch Zucker verwendet worden und unterlag die Brauerei hinsichtlich des verwendeten Zuckers nicht der Versteuerung auf Brauanzeige — andernfalls

(Forts. des Textes S. 274.)

Laufende Nummer	Tag der Eintragung	Des Vorbuchs (Einmaischungsbuchs, Steuerbuchs, Mahlbuchs)		Nach dem Vorbuche sind								Steuerpflichtiges Gesamtgewicht der verwendeten Braustoffe (aus Spalten 5 bis 9 und 12 zu berechnen)
				an steuerpflichtigen Braustoffen verwendet worden					an zu ziehender Bierwürze zu		für Malz, das vor dem Schroten eine Gewichtsverminderung erfahren hat, zuzuschlagen	
				Malz		von dem anderen Malze (Sp. 6) sind verwendet worden zur Herstellung		Zuckerstoffe	obergärigem	untergärigem		
				und zwar					Biere angemeldet			
		Bezeichnung	Nr.	Weizenmalz	anderes Malz	von obergärigen Bieren	von untergärigen Bieren					
				kg	kg	kg	kg	kg	hl	hl	%	kg
1	2	3	4	5	6	7	8	9	10	11	12	13

Davon (Sp. 13) sind steuerpflichtig zum Steuersatze von für einen Doppelzentner						Die Brausteuer von den in Sp. 14 bis 19 angegebenen Mengen berechnet sich auf		Davon (Sp. 20) ab sieben Zehntel der auf das zur Essigbereitung verwendete Malz entfallenden Steuer mit		Bleibt an Steuer zu zahlen (Sp. 20 bis Sp 21)		Auf die Steuerschuld (Sp. 20 bzw Sp. 22) sind bar oder durch Abgabe eines Stundungsanerkenntnisses eingezahlt worden			Der eingezahlte Betrag ist weiter nachgewiesen im Einnahmebuche		Nur für auf Brauanzeige steuernde Brauereien		
12 ℳ	14 ℳ	15 ℳ	16 ℳ	18 ℳ	20 ℳ										für das Vierteljahr	unter Nr.	Tag und Stunde der angemeldeten Einmaischungen	Name des Beamten, der von der Zeit der Einmaischung Kenntnis genommen hat, und Tag der Kenntnisnahme	Die Anmeldung der Einmaischung ist geändert und neu eingetragen unter Nr.
kg	kg	kg	kg	kg	kg	ℳ	₰	ℳ	₰	ℳ	₰	am	ℳ	₰					
14	15	16	17	18	19	20		21		22		23	24		25		26	27	28

würde Ziffer 3 zu beachten sein —, so sind gleichzeitig mit der Ausfüllung der Spalte 9 auch die Spalten 13 bis 20 wegen der verwendeten Zuckermengen auszufüllen.

5. In den Abteilungen für abgefundene Brauereien erfolgt die Ausfüllung der Spalten 1 bis 20 oder 22 vierteljährlich auf Grund der Einmaischungsbücher. Die monatlich von diesen Brauereien gezahlten Abfindungsbeträge sind in die Spalten 23 bis 25 sofort bei der Einzahlung einzutragen.

6. Die Gewichtsmengen (Spalten 5 bis 9 und 13 bis 19) sind in ganzen und zehntel Kilogramm, die Raummengen der Bierwürze (Spalten 10 und 11) in ganzen und halben Hektolitern einzutragen.

7. Die Spalten 21 und 22 sind nur in den Abteilungen für Essigbrauereien auszufüllen.

8. Die in den Spalten 10 und 11 eingetragenen Würzemengen sind für die Ermittelung des Durchschnittsverbrauchs steuerpflichtiger Braustoffe, deren Menge aus Spalte 13 zu entnehmen ist, zu einem Hektoliter Bier in Ausfuhrbrauereien und für die Angaben in den vierteljährlichen und jährlichen statistischen Nachweisungen (§§ 95 und 96 der Ausführungsbestimmungen) durch Abzug von 9 vom Hundert in verkaufsfertiges Bier umzurechnen.

9. In einem Anhange zum Brausteuer-Gegenbuche (Muster 19) sind Anschreibungen über die von den Haustrunkbrauern verbrauchten Braustoffe hergestellten Biermengen und gezahlten Steuerbeträge zu führen.

10. Das Gegenbuch ist den Aufsichtsbeamten jederzeit zur Einsichtnahme von den angemeldeten Einmaischungen in auf Brauanzeige steuernden Brauereien vorzulegen.

Anlage A.

Anleitung für die Unterscheidung zwischen obergärigem und untergärigem Biere.

Ob ein Bier als obergärig oder als untergärig zu gelten hat, hängt von der zum Anstellen verwendeten Hefe ab. Die Art der Absonderung der Hefe aus dem gärenden Biere, nämlich Hefenauftrieb und Ansammeln der Hefe auf der Oberfläche bei Verwendung obergäriger Hefe, anderseits Ausscheiden der Hefe nach unten und Absetzen auf dem Boden des Gärbottichs bei untergäriger Hefe, ist eine Eigenschaft der Hefenrasse. Die Hefe bewahrt diese Eigenschaft mit großer Beständigkeit, auch wenn die Bedingungen, unter welchen die Gärung erfolgt (Temperatur des Gärraums, Extraktgehalt der Würze usw.), sich ändern. Vereinzelt, z. B. bei sehr starkem Auftreten gewisser Spaltpilze, wie sie sich gelegentlich zur Sommerzeit in schlecht geleiteten, mit mangelhaften Einrichtungen versehenen Brauereien einstellen, kann es vorkommen, daß eine nach ihrer Herkunft obergärige Hefe keinen Auftrieb gibt oder untergärige Erscheinungen zeigt. Derartige Umwandlungen sind aber selten und gehören zu den

Ausnahmen. Noch weniger braucht damit gerechnet zu werden, daß bei Verwendung untergäriger Hefe sich ein Hefenauftrieb einstellt.

A. Unterscheidung zwischen ober- und untergärigen Hefen.

Eine Unterscheidung der ober- und untergärigen Hefe nach äußeren Merkmalen (Aussehen, Geschmack, Geruch) ist unmöglich, mag sich die Hefe in gepreßtem, breiigem oder flüssigem Zustande befinden.

Für die Unterscheidung bieten sich folgende Prüfungsarten dar:

a) **Schütteln mit Wasser im hohen Glaszylinder. 1 Teelöffel voll gepreßter oder 1 Eßlöffel voll breiiger Hefe wird mit ungefähr 1/4 Liter Wasser im hohen Glaszylinder geschüttelt. Die untergärige Hefe verteilt sich flockig, die obergärige milchig.**

b) **Verrühren mit Wasser im Glasschälchen. Ein linsengroßes Stück Hefe wird in einem Eßlöffel Wasser mit dem Finger verrührt; untergärige Hefe verteilt sich flockig, die obergärige milchig.**

Bei diesen Prüfungen kann es vorkommen, daß sich auch die obergärige Hefe in Flocken zusammenballt. Diese Flocken verhalten sich aber anders wie die Flocken der untergärigen Hefe. Die Flocken der untergärigen

Hefe behalten ihre flockige Form. Die Flocken der obergärigen Hefe halten sich dagegen nicht, sondern fließen sofort auseinander, wobei sie an der Glaswand oder auf der Glasunterlage zu Tupfen ausfließen oder sich so verwischen, daß es aussieht, als ob mit einem Pinsel darüber gefahren worden wäre.

Die photographischen Abbildungen*) lassen die Unterschiede von ober- und untergärigen Hefen beim Verrühren mit Wasser deutlich erkennen.

c) Gärversuche mit Raffinose, einer Zuckerart.

Untergärige Hefe vergärt diesen Zucker vollständig, obergärige nur zu einem kleinen Teile.

d) Biologische Prüfung.

Die Prüfungen c und d sind nur durch Fachgelehrte ausführbar.

Die Feststellung, ob ein Frisch- oder Jungbier mit ober- oder untergäriger Hefe angestellt worden ist, ist nur durch biologische Prüfung möglich.

B. Unterscheidung zwischen ober- und untergärigem Biere.

Ob ein Bier mit ober- oder untergäriger Hefe angestellt worden ist, kennzeichnet sich in sinnfälliger

---

*) Anm.: Von einer Wiedergabe der Abbildungen ist aus technischen Gründen abgesehen, s. amtliche Ausgabe.

Weise durch das Verhalten der Hefe während der Gärung, durch das Gärungsbild.

I. Das Gärungsbild.

Die Gestalt und das Aussehen der Oberfläche wie das Aussehen des gärenden Bieres selbst ändern sich mehrfach im Verlaufe der Gärung. Die Änderungen vollziehen sich in bestimmter Folge, aber nicht plötzlich, sondern in allmählich eintretenden Übergängen. Bei öfterer Beobachtung bereitet es auch dem Nichtfachmanne keine Schwierigkeiten, an den äußeren Merkmalen die verschiedenen Stufen der Gärung zu unterscheiden.

Die Gärung beginnt mit dem

a) Rahmen oder Sahnen.

Auf der Oberfläche bildet sich ein weißer oder weißgelber feinblasiger Schaum. Dann treten mehr oder minder dunkel gefärbte Trubbestandteile hinzu, deren Menge allmählich zunimmt. Die Schaumdecke wächst; meist vom Rande anfangend bilden sich Schaumringe, die nach oben wölbende Formen zeigen. Der Schaum läßt sich leicht wegblasen, ergänzt sich aber bald wieder. Er ist locker und feinblasig. Der Geruch des gärenden Bieres ist noch ausgesprochener Würzgeruch.

b) Die Bildung der Kräusen.

Die Schaumbildung wird höher, der Schaum wächst nach und nach zu höher werdenden lockeren Schaummassen (Schaumhauben oder Schaumdüten) empor; es bilden sich die niederen Kräusen. Trub (Hopfenharz und Eiweißteile) sammelt sich, je nach der Farbe des Bieres von heller oder dunklerer Farbe, in zusammenhängenden Massen an und wird in der Regel, wenn auch nicht immer, durch Abschöpfen entfernt. Die Schaumbildung erreicht den Höhepunkt, es bilden sich die hohen Kräusen.

Zwischen Unter- und Obergärung besteht bis hierher im allgemeinen kein Unterschied. Er beginnt erst von jetzt an hervorzutreten.

c) Fallen der Gärung.

1. Untergärung.

Die Kräusen beginnen zusammenzufallen, sie werden kleiner und immer kleiner. Dabei behalten sie lockere Beschaffenheit, liegen schließlich in dünner Lage auf dem Biere, Fladen von Trub in unregelmäßiger Verteilung einschließend. Sie bilden die Decke am Ende der Gärung. Bei reichlicher Ausscheidung von Trub kann die Decke an ihrer Oberfläche unter Umständen eine zusammenhängende Kruste bilden, unter der sich aber fast immer noch eine schaumige Lage befindet. Das Aussehen der Decke ist meist ungleich in der Farbe, es erscheint gefleckt. Der Trub in der Decke bildet nur Ausscheidungen von geringer Masse, ist dabei klebrig und sehr bitter.

2. Obergärung.

In den Kräusen, die ein wenig zurückfallen, mischen sich die ersten Teile des Hefenausstoßes. Die meist ziemlich großen Schaumblasen trüben sich milchig und nehmen fast fettartigen Glanz an, im Unterschiede zu den Blasen bei den Kräusen der Untergärung. Die Trübung der Blasen wird stärker, der Schaum sinkt mehr und mehr zusammen. Die ausgestoßene Hefe verdichtet sich zu einer ziemlich gleichmäßig starken Hefendecke, die vollständig verschieden ist von der Decke der Untergärung. Wird die Hefe abgenommen, so erzeugt sich die Decke durch nachtreibende Hefezellen von neuem. Die Decke, bei stärkerer Lage von Rillen durchzogen, ist verhältnismäßig dicht, gleichmäßig dick, zähe und läßt sich durch Hineinblasen schwer oder gar nicht entfernen.

Der Geruch ist ein ausgesprochener Hefengeruch im Unterschiede zur Decke der Untergärung.

Der Geschmack ist ebenfalls reiner Hefengeschmack.

Die Farbe ist gleichmäßig, von gelbweiß bis zu dunkelgrauweiß schwankend.

Werden Teile der Decke zwischen den Fingern verrührt, so fühlen sie sich etwas fettig an, während Teile der Decke der Untergärung ein mehr klebriges Gefühl auftreten lassen.

II. Hauptmerkmale zur Unterscheidung zwischen Hefendecke der Obergärung und Decke der Untergärung.

a) Hefendecke der Obergärung.

Gleichmäßig gefärbt, je nach der Farbe des Bieres mehr hell oder dunkel, dicht, häufig von Rillen durchzogen, gleichmäßig dick, zusammenhängend, fettglänzend, durch Hineinblasen schwer oder gar nicht zu ententfernen. Geschmack und Geruch nach Hefe. Beim Verrühren zwischen den Fingern teigartig, schmierig, fettig. Beim Abschöpfen nahezu in der vollen Masse zu gewinnen.

b) Decke der Untergärung.

Ungleichmäßig gefärbt, fleckig, Fladen oder Kruste von Trub, darunter meist geringe lockere Schaummengen. Durch Hineinblasen zu entfernen. Geschmack meist höchst unangenehm bitter, zwischen den Fingern klebrig, beim Abschöpfen wenig Rückstand liefernd.

III. Untersuchung der Kräusen und der Decke.

a) Probeentnahme.

Hierzu dient ein Filtrierpapier in doppelter Lage, das vor der Probeentnahme in der aus der nachstehenden Zeichnung ersichtlichen Art gefaltet wird. 1—2—3 wird auf

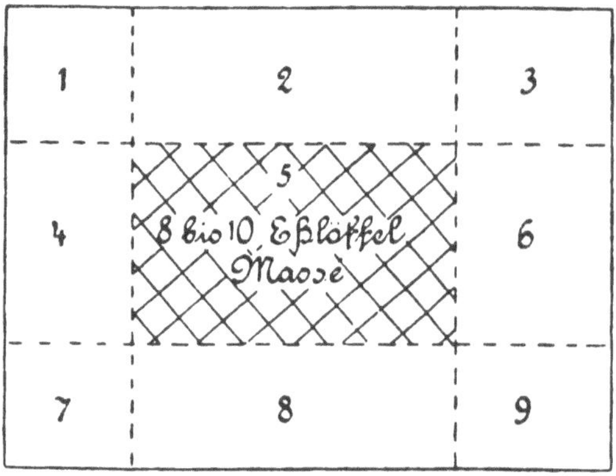

4—5—6 gefaltet, dann 7—8—9 auf 1—2—3. Hierauf Seitenfaltung von den jetzt übereinander liegenden 7—1—4 auf 8—2—5 (übereinander) und 9—3—6 (übereinander) auf 7—1—4 (übereinander). Aus dem zu untersuchenden Bottiche werden 8 bis 10 gehäufte Eßlöffel der über dem Biere befindlichen

Schaum- oder Kräusendecke beziehungsweise der Hefen- oder Trubdecke entnommen und in der Mitte des wieder geöffneten Filtrierpapiers ausgebreitet.

b) Abpressen.

Nun wird das Papier in der angegebenen Weise wieder gefaltet und die eingeschlossene Masse durch Abpressen mit der Hand möglichst handtrocken gemacht.

c) Die abgepreßte Masse bei der Untergärung.

Bei den niederen Kräusen sehr gering. Bei den höheren Kräusen auch noch gering, nach dem Rückgange der Kräusen umfangreicher, dunkel gefärbt, bröckelig, harzig und klebrig, schwer mit den Fingern zu einer Kugel zu formen.

d) Die abgepreßte Masse bei der Obergärung.

Bei den niederen Kräusen sehr gering. Bei den höheren Kräusen auch noch gering, nach dem Rückgange der Kräusen hell, gelblichweiß bis braun gefärbt, weich, teigartig, leicht zu formen, wenig oder gar nicht klebrig, glatt aussehend.

e) Prüfung der im Filtrierpapier abgepreßten Masse auf Gärfähigkeit.

Die Prüfung auf Gärfähigkeit ist nur auszuführen, wenn so viel abgepreßte Masse vorhanden ist, daß sich daraus eine Kugel etwa von dem Durchmesser eines Zehnpfennigstücks gewinnen läßt. Von den niederen und höheren Kräusen läßt sich eine solche Menge gar nicht oder nur höchst selten erzielen. Die Prüfung ist daher erst bei den zurückgefallenen Kräusen und bei den Decken auszuführen.

Die Prüfung erfolgt mittelst einer Gärvorrichtung nach nachstehender Zeichnung.

1. Ein Glaszylinder von 18 cm Höhe und etwa 2 cm Durchmesser, verschliessbar durch einen gut schliessenden Gummistopfen, durch welchen der längere Schenkel eines zweifach gebogenen Glasrohrs geführt ist. Der Schenkel reicht bis auf die vorletzte Marke vom Boden (5 cm vom Boden).
2. Ein Porzellanschälchen mit Pistill.
3. Ein kleines Wasserbad mit Spirituslampe. Es genügt auch ein Eimer mit 30gradigem Wasser.
4. Gewöhnlicher käuflicher loser Zucker (Rohr- oder Rübenzucker).
5. Thermometer.

f) Versuchsanstellung.

1. Das Wasserbad wird auf 30 bis 32° C erwärmt und bei dieser Temperatur möglichst gehalten.

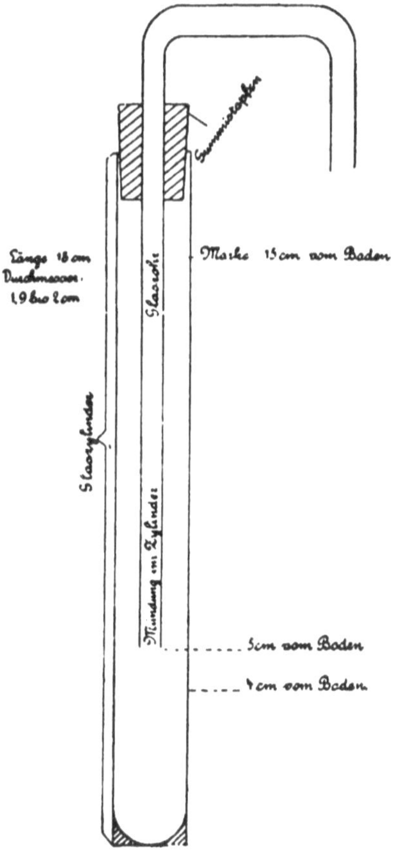
Gummistopfen
Marke 15 cm vom Boden
Länge 18 cm
Durchmesser
1,9 bis 2 cm
Glasrohr
Glaszylinder
Mündung im Zylinder
5 cm vom Boden
4 cm vom Boden

2. In den Glaszylinder wird gewöhnlicher käuflicher loser Zucker bis zur unteren Marke (4 cm vom Boden) eingefüllt, lauwarmes Wasser bis zur obersten Marke (15 cm vom Boden) hinzugegossen und der Zucker gelöst, indem man mit dem Daumen den Zylinder verschließt und einige Male umschüttelt.
3. In das Porzellanschälchen wird eine mit den Fingern geformte Kugel der abgepreßten Masse von dem Durchmesser eines Zehnpfennigstücks gegeben, etwa 1/5 der Zuckerlösung aus dem Glaszylinder darübergegossen und mit dem Pistill milchig verrührt.
4. Der Inhalt des Porzellanschälchens bleibt etwa 5 Minuten stehen, wird von neuem umgerührt, in den Zylinder gefüllt und nun tüchtig umgeschüttelt.
5. Nun wird der Zylinder mit dem Gummistopfen, durch den das Glasrohr führt, geschlossen und 15 bis 20 Minuten ins Wasserbad gestellt.

Anm.: Nach dem Schließen des Zylinders fasse man den Apparat nur am gebogenen Glasrohr oder am Gummistopfen an. Der Zylinder muß etwa 3/4 seiner Länge im Wasser hängen oder stehen.

g) Ergebnis.

1. In dem Glaszylinder entstehen nur wenig

oder gar keine Blasen, das Glasrohr tropft in der Zeit von 15 bis 20 Minuten wenig oder gar nicht. Die Flüssigkeit im Zylinder hat wenig oder gar nicht abgenommen. Gärung ist nicht oder nur in ganz geringem Maße vorhanden. Folgerung: Die abgepreßte Masse besteht nicht aus Hefe.

In diesem Falle ist Untergärung anzunehmen.

2. In dem Glaszylinder entwickeln sich sehr bald viel nach oben strebende Blasen. Das Glasrohr tropft nahezu regelmäßig, nach etwa 15 bis 20 Minuten ist die Flüssigkeit bis zur Mündung des Glasrohrs im Zylinder ausgeflossen. Es ist eine sehr starke Gärung vorhanden. Folgerung: Die abgepreßte Masse besteht aus Hefe.

In diesem Falle ist Obergärung anzunehmen.

Es ist aber mit der Möglichkeit zu rechnen, daß bei der Prüfung in der Praxis, wo man es mit vielerlei verschiedenen Gärführungen bei der Obergärung zu tun hat, nicht immer die Ergebnisse so sichere und genaue Übereinstimmung mit einem der beiden vorstehenden Fälle aufweisen. Man wird indes im allgemeinen annehmen können:

Hefen**auftrieb** ist vorhanden, sobald der Glaszylinder bei dem beschriebenen Versuch innerhalb 20 Minuten bis zum Ende des langen Glasrohrs leertropft. Im anderen Falle ist kein Auftrieb vorhanden.

C. Verhalten der Aufsichtsbeamten.

In Brauereien, in denen Zucker oder aus Zucker hergestellte Farbmittel bei der Bierbereitung verwendet werden, haben sich die Aufsichtsbeamten von Zeit zu Zeit durch Beobachtung des Gärungsverlaufs zu überzeugen, ob bei der Gärung derjenigen Sude, bei denen Zucker verwendet wird, die der Obergärung eigentümlichen Erscheinungen (B I und II) eintreten. Entstehen hierbei Zweifel darüber, ob Obergärung oder Untergärung vorliegt, oder wird die Gärung in der Brauerei nicht durchgeführt, das Bier vielmehr sogleich nach dem Anstellen mit Hefe — als Frischbier, Jungbier und dergleichen — abgegeben, so ist zur Untersuchung der Kräusen oder der Decke nach B III, oder der verwendeten Hefe nach A a und b zu schreiten.

Werden auch durch das Ergebnis dieser Untersuchung die entstandenen Zweifel nicht behoben, so liegt begründeter Verdacht vor, daß die Zuckerverwendung bei der Bereitung untergärigen Bieres stattfindet. Es ist alsdann auf Grund des § 38 des Gesetzes das Strafverfahren einzuleiten und zugleich zur Gewinnung weiterer sicherer Unterlagen für das Strafverfahren etwa 1/4 Liter der verwendeten Hefe und etwa 3/4 Liter des von der Hefe abgezogenen Jungbiers oder des Frischbiers in druckfesten Flaschen an eine von der obersten Landesfinanzbehörde ein für allemal zu bestimmende Anstalt zur Anstellung eines Gärversuches mit Raffinose (A c) und zur biologischen Prüfung (A d) einzusenden[1].

Bei der Entnahme und Versendung der Proben ist wie folgt zu verfahren:

Die Hefenprobe ist, wenn das Bier in der Brauerei nur angegoren wird, tunlichst von dem noch nicht verwendeten Reste der Anstellhefe, wenn das Bier in der Brauerei die Gärung durchmacht, aus der mittleren, helleren Schicht der nach dem Ablassen des Bieres auf die Lagerfässer am Boden des Gärgefäßes verbleibenden Hefe zu entnehmen. Zu letzterem Zwecke ist die durch Hopfenharz usw. dunkel gefärbte und auch sonst stark verunreinigte dünne oberste Schicht der Hefe vorher durch leichtes Abziehen mittels einer kleinen Krücke oder flachen Schaufel zu entfernen.

Durch Aufgießen von möglichst kaltem Wasser und Zerteilen in diesem ist die Probe von den noch anhaftenden Bier- und Würzeteilchen zu reinigen. Nach dem Wiederabsetzen der Hefe, das einige Zeit erfordert, ist die gereinigte Hefeprobe mit Wasser in ein reines verschließbares Glasgefäß (Flasche) von etwa $^1/_2$ Liter Raumgehalt überzufüllen, durch einen mit starkem Bindfaden oder Draht zu sichernden Korkstopfen oder dergleichen zu verschließen (noch besser geeignet sind Flaschen mit Patentverschluß) und mit dem Dienstsiegel zu versiegeln.

In gleicher Weise ist eine entnommene Probe des Jungbiers oder Frischbiers zu verschließen und zu versiegeln.

Die entnommenen Proben sind tunlichst sofort wenn möglich in Eis und Sägespäne oder Holzwolle und dergleichen verpackt, mit einer kurzen Angabe des Zweckes an die Untersuchungsstelle zur Entscheidung darüber, ob ober- oder untergärige Hefe, ober- oder untergäriges Bier vorliegt, abzusenden.

Der Brauer ist aufzufordern, auch seinerseits die Nämlichkeit der Proben durch Anlegung seines Siegels an das Gefäß oder die Umhüllung zu sichern.

Anm. 1. Um die Anstellung eines Gärversuches mit Raffinose und die biologische Prüfung der Hefe ist die Versuchs- und Lehranstalt für Brauerei in Berlin N 65, Seestraße, durch das Hauptamt zu ersuchen. (F.M.E. v. 4. August 1909 III 12919.)

Anlage B.

Bestimmungen über die Herstellung und Verwendung von Farbebier.

Herstellung und Versand.

1. Zur Bereitung von Farbebier, das an andere Brauereien abgegeben oder sonst zur Herstellung von Bier oder bierähnlichen Getränken in den Verkehr gebracht werden soll (§ 3 Abs. 2 des Gesetzes), darf nur Malz[1]), Hopfen, Hefe und Wasser verwendet werden. Von dem verwendeten Malze ist die Brausteuer zu entrichten.

2. Wer Farbebier in den Verkehr bringen will, bedarf dazu der Genehmigung der Direktivbehörde. Diese Genehmigung ist nur zuverlässigen Brauern, die sich den nachstehenden Bedingungen unterwerfen, und nur unter dem Vorbehalte des Widerrufs zu erteilen. Brauer, die schon bisher zur Bereitung von Farbebier nur Malz, Hopfen, Hefe und Wasser verwendet haben und deren Farbebiere bereits zum Verkehre zugelassen worden sind, bedürfen einer neuen Genehmigung nicht, haben sich aber gleichfalls den nachstehenden Bedingungen zu unterwerfen:

a) Mindestens drei Tage vor der ersten Einmaischung ist der Hebestelle eine schriftliche

Erklärung in doppelter Ausfertigung zu übergeben, aus der die Herstellungsart der einzelnen Farbebiersorten sowie die Art und die Menge der zu verwendenden Braustoffe ersichtlich sein muß.

Nach Prüfung der Erklärung durch den Oberkontrolleur ist die eine Ausfertigung dem Brauer zur Aufnahme in das Brauereibelegheft zu übergeben. Die zweite Ausfertigung ist nach Aufnahme eines entsprechenden Vermerkes in Spalte 7 der Brauereirolle dem Beleghefte der Hebestelle einzuverleiben.

Die Erklärung ist beim Betriebe genau zu befolgen.

Bei Änderung der Herstellungsart oder Zusammensetzung der Farbebiere ist innerhalb gleicher Frist eine neue Erklärung abzugeben.

b) Das unter Verwendung von anderem Malze als Gerstenmalz bereitete Farbebier ist in besonderen, entsprechend zu bezeichnenden Gefäßen aufzubewahren, die der Hebestelle in der unter a bezeichneten Erklärung anzumelden sind.

c) Über den Zu- und Abgang der einzelnen Farbebiersorten hat der Farbebierbrauer nach näherer Anordnung des Hauptamts Buch zu führen. Die Abgänge sind einzeln unter Angabe des Namens und Wohnorts der Empfänger, der Zahl, Art und Bezeichnung der Versandgefäße und des Reingewichts der in jedem einzelnen Gefäß enthaltenen Farbebiermenge einzutragen.

d) Bei jeder Abgabe von Farbebier ist dem Empfänger eine von dem Farbebierbrauer unterschriebene Bescheinigung zu erteilen, aus der ersichtlich sein muß:

Ort und Tag der Abgabe,

Name und Wohnort des Farbebierbrauers und Empfängers,

Zahl, Art, Bezeichnung und Rohgewicht der Versandgefäße,

Reingewicht der in jedem einzelnen Gefäß enthaltenen Farbebiermenge,

ob zur Bereitung des Farbebiers lediglich Gerstenmalz oder auch anderes Malz verwendet worden ist.

Verwendung.

3. Die Verwendung von Farbebier unterliegt den in §§ 18, 19 und 23 des Brausteuergesetzes und §§ 53, 55 und 59_1 der Ausführungsbestimmungen über die Aufbewahrung und Verwendung von Zucker gegebenen Vorschriften mit der Maßgabe, daß in der Verwendungserklärung (§ 23 des Gesetzes) der Hersteller des Farbebiers, die Art des zu seiner Herstellung verwendeten Malzes, die

Biersorten, denen das Farbebier zugesetzt werden soll, und deren Art (ob ober- oder untergärig) anzugeben sind. Zur Verwendung von Farbebierproben genügt, sofern eine Verwendungserklärung noch nicht abgegeben ist, eine einfache Anzeige des Verwenders, daß er Farbebierproben[2]) verwenden wolle.

4. Für die Buchführung ist der Vordruck des Zuckerverwendungsbuchs entsprechend zu ändern.

Wird in der Brauerei auch Zucker verwendet, so erfolgt die Buchführung über das Farbebier in einer besonderen Abteilung des Zuckerverwendungsbuchs.

5. Das aus anderen Brauereien bezogene Farbebier muß mit einer Bescheinigung der unter 2d bezeichneten Art versehen sein, die nebst den Frachtbriefen, Fakturen usw. bei dem Verwendungsbuch aufzubewahren ist.

Anm. 1. Untergärigem Biere darf nur Farbebier zugesetzt werden, das unter Verwendung von Gerstenmalz hergestellt worden ist (s. § 2 Abs. 1 d. AB.)

Anm. 2. Auf die Versendung und Verwendung von Farbebierproben bis zu einer Höchstmenge von 350 g finden statt der Vorschriften unter Ziffer 1 bis 3 und 4d der Verfügung vom 26. März 1907 III 3933 die folgenden Bestimmungen Anwendung:

1. Die Probeflaschen sind vom versendenden Brauer mit festaufgeklebten Etiketten zu versehen, auf welchen die ausdrückliche Bezeichnung der Probe als solcher die Firma der versendenden Brauerei,

der Tag der Versendung sowie Art und Menge des in der Flasche enthaltenen Farbebieres deutlich vermerkt sein müssen.

2. Die Proben sind vom versendenden Brauer in einem von ihm zu führenden Notizbuche fortlaufend nach Art und Menge, Tag der Versendung und Namen und Wohnort des Empfängers anzuschreiben. Am Monatsschluß sind die versandten Mengen summarisch in das Hauptversandbuch zu übernehmen.

3. Der Brauer, der die Proben in seiner Brauerei verwenden will, hat, sofern er noch nicht die allgemein vorgeschriebene Verwendungserklärung abgegeben hat, eine einfache Anzeige darüber, daß er Proben verwenden wolle, der Hebestelle einzureichen.

Er hat ferner die Etikette auf der Probeflasche bis zum völligen Verbrauch des Inhalts zu erhalten und ist verpflichtet, die Flaschen den Aufsichtsbeamten auf deren Verlangen vorzuzeigen.

(FME. v. 20. Juni 1908 III 10948, ZBl. S. 334.)

Anlage C.

Brausteuervergütungsordnung*).

Allgemeine Bestimmungen

§ 1. Für das unter Beachtung der hierfür gegebenen steuerlichen Vorschriften über die Zollgrenze oder nach den nicht zum norddeutschen

*) Von der Brausteuervergütungsordnung ist nur zum Abdruck gekommen Muster b, g, h, i.

Brausteuergebiete gehörigen deutschen Staaten und Gebietsteilen ausgeführte, innerhalb des Brausteuergebiets hergestellte Bier wird eine Vergütung der Brausteuer gewährt, wenn der zu vergütende Betrag für eine auf einmal zur Abfertigung kommende Biersendung sich nach dem vorläufigen Vergütungssatze (§ 4) auf mindestens 1 Mk. berechnet.

§ 2. (1) Die Brausteuervergütung kann unter nachstehenden Bedingungen beansprucht werden:

a) Mindestens 14 Tage vor der ersten Abfertigung von Bier zur Ausfuhr ist der Steuerhebestelle, in deren Bezirke das Geschäft des Versenders (Brauerei, Bierniederlage usw.) liegt, die Absicht, innerhalb des Rechnungsjahrs Bier unter Inanspruchnahme der Steuervergütung auszuführen, schriftlich anzuzeigen. In dieser Anzeige sind die Brauerei, die das zur Ausfuhr bestimmte Bier braut, die Sorte des auszuführenden Bieres (z. B. Versandbier der Aktienbrauerei Schultheiß in Berlin, Bockbier der Schloßbrauerei zu Schöneberg bei Berlin) und die Keller, in denen das Bier vor der Ausfuhr gelagert werden soll, zu bezeichnen.

Jede Änderung der Bezugsquelle oder der Sorte des auszuführenden Bieres oder der Lagerräume ist der Hebestelle anzuzeigen, bevor nach dieser Änderung eine Steuervergütung beansprucht wird.

b) Die Versender müssen über die Herstellung oder den Bezug und über den Absatz des Bieres ordnungsmäßige Bücher führen, die auf Verlangen den Oberbeamten der Steuerverwaltung zur Einsicht vorzulegen sind.

c) Die Steuerbeamten sind berechtigt, die Lagerkeller zu betreten und eine Prüfung des Biervorrats vorzunehmen.

d) Brauer dürfen gegen Steuervergütung nur Bier ausführen, das in ihrer eigenen Brauerei gebraut worden ist.

e) Nichtbrauer können Steuervergütung nur für solches Bier beanspruchen, auf dessen Umschließungen die Brauerei, aus der das Bier stammt, und die Biersorte angegeben sind.

f) Zur Bierausfuhr mit dem Anspruch auf Brausteuervergütung dürfen nur geeichte Fässer, auf denen der Eichstempel, das Jahr der Eichung und der Raumgehalt nach Maßgabe der eichamtlichen Vorschriften deutlich angegeben sind, oder Flaschen verwendet werden.

In das einzelne Packstück dürfen nur Flaschen von gleicher Größe verpackt werden. Die Direktivbehörde kann Ausnahmen von dieser Bestimmung zulassen.

Fässer müssen spundvoll, Flaschen bis in den Hals hinein gefüllt sein.

(2) Der Anspruch auf Brausteuervergütung wird begründet durch die amtliche Bescheinigung des Ausganges der Biersendung über die Zollgrenze oder ihres Einganges in einen nicht zur Norddeutschen Brausteuergemeinschaft gehörigen deutschen Staat oder Gebietsteil. Ist bei der Ausfuhr über die Zollgrenze die Vorführung des Bieres bei dem Ausgangsamt unterblieben, so entscheidet das Hauptamt, in dessen Bezirke das Geschäft des Versenders liegt, ob trotzdem der Anspruch auf Brausteuervergütung als genügend begründet zu erachten ist.

§ 3. Die Hebestelle hat die Anzeige (§ 2a) dem Hauptamt einzureichen, das, sofern die Brauerei, in der das zur Ausfuhr bestimmte Bier gebraut werden soll, in seinem Bezirke liegt, den vorläufigen Vergütungssatz für die auszuführende Biersorte (§ 4) festsetzt, andernfalls das zuständige Hauptamt um diese Festsetzung ersucht und den festgesetzten vorläufigen Vergütungssatz der Hebestelle und dem Anmeldenden mitteilt.

Höhe der Steuervergütung. a) Vorläufiger Vergütungssatz.

§ 4. (1) Für jede Brauerei, deren Bier unter Inanspruchnahme der Brausteuervergütung ausgeführt werden soll, und, falls in einer solchen Brauerei Biere mit wesentlich verschiedenem Gehalt an Alkohol und Extraktivstoffen gebraut werden (z. B. wenn in einer Brauerei untergäriges Lagerbier und untergäriges Dünn- oder Einfachbier oder untergäriges Bier und obergäriges Bier hergestellt werden), für jede dieser Biersorten hat das Hauptamt aus dem nach dem Bierzuge (zu vergleichen § 90_3 der Brausteuer-Ausführungsbestimmungen) und den Büchern der Brauerei (§ 2_1b) zu ermittelnden Durchschnittsverbrauche steuerpflichtiger Braustoffe zu einem Hektoliter der betreffenden Biersorte während der letzten vier Vierteljahre zu berechnen, welcher Betrag an Brausteuer bei Zugrundelegung eines Brausteuersatzes von 16 Mk. für einen Doppelzentner steuerpflichtiger Braustoffe auf ein Hektoliter der Biersorte in verkaufsfertigem Zustand entfallen sein würde. Das auf volle 10 Pf. nach unten abgerundete Ergebnis dieser Berechnung bildet den vorläufigen Vergütungssatz, der bei der Ausfuhr der betreffenden Biersorte zu gewähren ist. Der vorläufige Vergütungssatz für Bier, das nach den der Norddeutschen Brausteuergemeinschaft nicht angehörigen deutschen Staaten und Gebietsteilen ausgeführt wird, darf den Betrag von 4 Mk. für ein Hektoliter nicht übersteigen.

(2) Tritt eine nicht unerhebliche Änderung des der Berechnung des vorläufigen Vergütnugssatzes einer Biersorte zugrunde gelegten Verbrauchs steuerpflichtiger Braustoffe ein, so hat eine neue Feststellung des vorläufigen Vergütungssatzes zu erfolgen.

(3) Über die Höhe des festgestellten vorläufigen

Vergütungssatzes ist jedem Hauptamt, aus dessen Bezirke Bier der betreffenden Sorte ausgeführt werden soll (§ 3), eine Bescheinigung zu erteilen.

(4) Das Hauptamt, in dessen Bezirke die Brauerei liegt, hat über die von ihm festgesetzten vorläufigen Vergütungssätze (Abs. 1 und 2) und erteilten Bescheinigungen (Abs. 3) ein Verzeichnis nach Muster a zu führen, das am Jahresschlusse mit den Berechnungen der endgültigen Vergütungen (§§ 5 und 18) der Direktivbehörde einzureichen ist.

b) Endgültige Vergütungen.

§ 5. (1) Die nach dem vorläufigen Vergütungssatze (§ 4) berechnete Vergütung wird erhöht:

um vier Sechzehntel, insoweit von der Brauerei im Laufe des Rechnungsjahrs die Brausteuer zum Satze von 20 Mk. entrichtet worden ist;

um zwei Sechzehntel, insoweit die Brausteuer zum Satze von 18 Mk. entrichtet worden ist.

(2) Die nach dem vorläufigen Vergütungssatze berechnete Vergütung wird ermäßigt:

um ein Sechzehntel, insoweit die Brausteuer zum Satze von 15 Mk. gezahlt worden ist;

um zwei Sechzehntel, insoweit die Brausteuer zum Satze von 14 Mk. gezahlt worden ist;

um vier Sechzehntel, insoweit die Brausteuer zum Satze von 12 Mk. gezahlt worden ist.

(3) In allen Fällen wird die Vergütung zunächst nach dem vorläufigen Vergütungssatze gewährt. Erst am Schlusse des Rechnungsjahrs wird die endgültige Vergütung berechnet und festgestellt, ob eine Nachzahlung oder Rückerhebung zu erfolgen hat.

(4) Sämtliche Vergütungsbeträge werden auf volle 5 Pf. nach unten abgerundet.

Ausfuhranmeldung.

§ 6. (1) Wer Bier mit dem Anspruch auf Steuervergütung ausführen will, hat der Hebestelle, in deren Bezirke sein Geschäft liegt und der die Anzeige gemäß § 2a erstattet worden ist, eine Ausfuhranmeldung nach Muster b in doppelter Ausfertigung einzureichen.

(2) Einer gleichzeitigen Vorführung des auszuführenden Bieres bedarf es nicht.

§ 7. (1) Die Hebestelle führt über die Ausfuhranmeldungen ein Bierausfuhr-Anmeldebuch nach Muster c, das am Schlusse des Monats April des folgenden Rechnungsjahrs mit den zweiten Ausfertigungen der bis dahin erledigten Ausfuhranmeldungen dem Hauptamte zur Vorlegung an die Direktivbehörde einzureichen ist.

(2) Die Ende April noch unerledigten Eintragungen sind in das Anmeldebuch für das folgende Jahr zu übertragen.

(3) Die erste Ausfertigung der Ausfuhranmeldung gibt die Hebestelle, insofern die Abfertigung der Biersendung nicht von ihr selbst vorzunehmen ist, nach Abgabe des Buchungsvermerkes auf Seite 1 dem Anmelder zurück.

Abfertigung.

§ 8. Der Anmelder hat das zur Ausfuhr bestimmte Bier mit der ihm zurückgegebenen einen Ausfertigung der Ausfuhranmeldung, welche die Sendung begleiten muß, dem zur weiteren Abfertigung gewählten Amte vorzuführen.

§ 9. Zu der im § 8 bezeichneten Abfertigung sind sämtliche Hauptämter und die von den obersten Landesfinanzbehörden zur Vornahme von Bierabfertigungen ermächtigten Amtsstellen befugt.

§ 10. (1) Die Abfertigung besteht in der Feststellung des Literinhalts der Fässer und Flaschen. Außerdem hat sich das abfertigende Amt davon zu überzeugen, daß die Umschließungen unverdorbenes Bier von der angemeldeten Sorte enthalten und nach Vorschrift (§ 2 f) befüllt sind.

(2) Ist auf den Fässern die nach § 2 f erforderliche eichamtliche Raumgehaltsbezeichnung nicht erkennbar oder bestehen sonst gegen die Richtigkeit des angemeldeten Faßinhalts Bedenken, oder sind Gebinde etwa infolge von Leckage nicht spundvoll und läßt die fehlende Menge sich nicht mit ausreichender Sicherheit schätzen, so hat eine amtliche Vermessung des Fasses mittelst des Längen- und

Höhenmessers und des geeichten Maßstabs und eine Berechnung des Inhalts nach den Vorschriften der amtlich zu liefernden Anleitung zur Bestimmung der Brennerei- und Brauereigeräte einzutreten.

(3) Bei der Abfertigung von Bier in Flaschen ist die Größe der Flaschen, ihre Zahl sowie die Gesamtmenge und Beschaffenheit des Bieres durch probeweise Prüfung festzustellen.

(4) Die Prüfung des Raumgehalts der Flaschen kann unterbleiben, wenn die Brauerei, aus der die Flaschen stammen, bei dem Abfertigungsamte Proben der von ihr benutzten Flaschen unter Angabe ihres vom Abfertigungsamte nachzuprüfenden Raumgehalts hinterlegt und sich verpflichtet, andere Flaschen als solche von der Art der hinterlegten Proben für die Bierausfuhr nicht zu benutzen. In diesem Falle kann die Abfertigung auf die Feststellung, daß die auszuführenden Flaschen den hinterlegten Proben entsprechen, beschränkt und, wenn dies zutrifft, der angegebene Inhalt als richtig angenommen werden.

§ 11. (1) Soweit das Abfertigungsamt den Ausgang nicht selbst überwachen läßt, sind die abgefertigten Biersendungen, wenn die Ausfuhr über die Zollgrenze erfolgen soll, unter amtlichen Verschluß zu setzen und dem vom Versender gewählten Ausgangsamt unter Gewährung einer angemessenen Gestellungsfrist zu überweisen.

(2) Kommt eine Ausfuhr nach den nicht zur Norddeutschen Brausteuergemeinschaft gehörigen deutschen Staaten und Gebietsteilen in Frage, so erfolgt die Überweisung an das vom Versender zu wählende Eingangsamt. Von der Anlegung eines amtlichen Verschlusses kann in diesem Falle abgesehen werden, sofern es sich nicht um ganze Eisenbahnwagenladungen handelt. Als Verschluß der Eisenbahnwagenladungen genügt Bleiverschluß.

(3) Das Ergebnis der Abfertigung, die Anlegung der Verschlüsse, die Gestellungsfrist usw. sind in die Ausfuhranmeldung einzutragen.

(4) Wenn neben der Ausfuhranmeldung über das zu versendende Bier ein Übergangsschein ausgefertigt werden muß, so ist in jeder dieser Bezettelungen auf die andere Bezug zu nehmen.

(5) Über die Abfertigungen der zur Ausfuhr bestimmten Biersendungen führt das Abfertigungsamt ein Bier-Abfertigungsbuch nach Muster d.

Ausgangs-(Eingangs-)bescheinigung.

§ 12. Der Versender hat das abgefertigte Bier mit der hinsichtlich der erfolgten Abfertigung bescheinigten Ausfuhranmeldung und unter Erhaltung der angelegten Verschlüsse innerhalb der Gestellungsfrist dem gewählten Ausgangs- oder Eingangsamte vorzuführen.

§ 13. (1) Das Ausgangsamt kann sich, soweit nicht nach seinem Ermessen oder nach den Umständen, z. B. im Falle einer während der Versendung eingetretenen Leckage, eine weitere Prüfung erforderlich ist, auf die Vergleichung der Zahl und Zeichen der Gebinde und Packstücke und auf die Abnahme des Verschlusses beschränken. Die erfolgte Ausfuhr über die Zollgrenze hat es auf Grund der eigenen Wahrnehmungen oder auf Grund der Angaben der Begleitungs- oder Überwachungsbeamten auf der Ausfuhranmeldung zu bescheinigen.

(2) Über die ausgegangenen Biersendungen ist beim Ausgangsamt ein Bier-Ausgangsbuch nach Muster e zu führen.

§ 14. (1) Zur Erteilung der Ausgangsbescheinigung sind sämtliche Hauptämter und Nebenzollämter I. Klasse an den Grenzen gegen das Zollausland befugt. Anderen Amtsstellen wird nach Bedürfnis die Ermächtigung zur Bescheinigung des Ausganges von der obersten Landesfinanzbehörde erteilt.

(2) Die Eingangsbescheinigung bei Sendungen nach den nicht zur Brausteuergemeinschaft gehörigen deutschen Staaten und Gebietsteilen ist nach der Wahl des Warenführers entweder von der Amtsstelle des Bestimmungsorts oder von der an der Grenze gegen das Brausteuergebiet gelegenen Übergangssteuerstelle, über die der Eingang erfolgt, zu erteilen.

(3) Die Ausfuhranmeldungen sind nach Abgabe der Ausgangs- oder Eingangsbescheinigung von

der bescheinigenden Behörde ohne Zeitverlust der auf Seite I der Ausfuhranmeldung angegebenen Hebestelle zurückzusenden.

Besondere Vergünstigung bei der Ausfuhr von Bier nach den nicht zur Brausteuergemeinschaft gehörigen deutschen Staaten und Gebietsteilen.

§ 15. (1) Bei der Ausfuhr von Bier nach den nicht zur Norddeutschen Brausteuergemeinschaft gehörigen deutschen Staaten und Gebietsteilen kann auf Grund besonderer, von der Direktivbehörde zu erteilender Ermächtigung von der Vorführung des Bieres zur Ausgangsabfertigung und der Verschlußanlage unter nachstehenden Bedingungen ganz abgesehen werden:

a) Die Einreichung der Ausfuhranmeldung bei der Hebestelle (§ 6) hat mindestens einen halben Tag vor der Absendung des Bieres zu erfolgen. Die dem Versender von der Hebestelle zurückgegebene, mit dem Eintragungsvermerke versehene Ausfertigung der Ausfuhranmeldung muß die Sendung begleiten.

b) Den Steuerbeamten steht jederzeit das Recht zu, die Übereinstimmung der Ausfuhranmeldung mit der Biersendung und die Erfüllung der für die Gewährung der Steuervergütung vorgeschriebenen Bedingungen einer Prüfung zu unterziehen.

c) Neben der von der Amtsstelle des Bestimmungsorts oder der Übergangssteuerstelle auf der Ausfuhranmeldung abzugebenden Eingangsbescheinigung ist zur Begründung des Anspruchs auf Steuervergütung die Beibringung einer Empfangsbescheinigung über die von dem ausgeführten Biere im Bestimmungsland entrichtete Übergangsabgabe erforderlich. Die Beibringung dieser Empfangsbescheinigung liegt dem Versender ob.

d) Der Berechnung der Steuervergütung wird nur die Biermenge zu Grunde gelegt, von der die Übergangsabgabe erhoben worden ist, falls aber diese Menge größer ist als die in der Ausfuhranmelduug angemeldete, nur die letztere.

Vorläufige Berechnung und Zahlung der Vergütungen

§ 16. Auf Grund der mit Ausgangs- (Eingangs-) Bescheinigung wieder eingegangenen Ausfuhranmeldungen hat die Hebestelle die für die ausgeführten Biermengen nach dem vorläufigen Vergütungssatze zu gewährenden Vergütungen zu berechnen und im Bierausfuhr-Anmeldebuche zu vermerken. Dabei ist, wenn bei der Abfertigung oder beim Ausgang eine größere als die angemeldete Litermenge ermittelt worden ist, nur letztere für die Berechnung der Vergütung maßgebend.

§ 17. (1) Am Schlusse des Vierteljahrs beantragt die Hebestelle mittels einer nach Muster f aufzustellenden Nachweisung, die mit den erledigten Ausfuhranmeldungen zu belegen ist und sämtliche im Laufe des Vierteljahrs eingegangene Ausgangs- (Eingangs-) Bescheinigungen zu umfassen hat, bei dem vorgesetzten Hauptamte die Auszahlung der Vergütungen.

(2) Das Hauptamt hat die vorläufig zu vergütenden Beträge in der Nachweisung festzusetzen und mit Beginn des dritten auf das Vierteljahr, in dem die Ausfuhr stattgefunden hat, folgenden Vierteljahrs an den Versender vorschußweise zu zahlen oder zahlen zu lassen.

(3) Insoweit hierbei Vergütungen für Bier in Frage kommen, das nicht im Bezirke des die Vergütung zahlenden Hauptamts gebraut worden ist, ist dem Hauptamt, in dessen Bezirke die Brauerei liegt, sofort nach erfolgter Festsetzung der Vergütung ein bescheinigter Auszug aus der Nachweisung zu übersenden.

Endgültige Festsetzung und Zahlung der Vergütungen.

§ 18. (1) Die Gewährung der endgültigen Vergütungen und deren Abstufung nach der von den Brauereien zu den einzelnen Staffelsätzen gezahlten Brausteuer (§ 5) erfolgt nach dem Grundsatze, daß von einer Brauerei nur so viel Braustoffe versteuert werden sollen, als sie zur Herstellung des innerhalb des Brausteuergebiets verbrauchten Bieres verwendet hat. Die Vergütung wird daher zunächst unter Zugrundelegung des höchsten Staffelsteuersatzes, den die Brauerei innerhalb des Rechnungsjahrs entrichtet hat, berechnet und nach dem so berechneten Betrag auch geleistet, sofern die von der Brauerei zu dem betreffenden höchsten Staffelsteuersatze gezahlte Brausteuer den berechneten Vergütungsbetrag erreicht (Muster g); insoweit dies nicht der Fall ist, wird der überschießende Teil der berechneten Vergütung im Verhältnisse des in Frage kommenden höheren zum nächst niederen Staffelsteuersatze (also im Verhältnisse von 20 zu 18 oder von 18 zu 16 oder von 16 zu 15 usw.) gemindert. Übersteigt der so geminderte Teil der berechneten Vergütung wiederum den zu dem betreffenden niederen Staffelsatze gezahlten Brausteuerbetrag, so ist der Mehrbetrag in gleicher Weise weiter zu kürzen und so weiter, bis sich ein Mehrbetrag nicht mehr ergibt.

(2) Die Bierausfuhren der Nichtbrauer werden der Brauerei zugeschlagen, die das Bier gebraut hat; der auf diese Bierausfuhren entfallende Teil der erhöhten Vergütungen wird dem Nichtbrauer zugewiesen.

§ 19. (1) Am Schlusse des Rechnungsjahrs hat das Hauptamt, in dessen Bezirke die Brauerei liegt, auf Grund der festgesetzten Nachweisungen über die aus seinem Bezirk ausgeführten Biermengen (§ 17 $_{1 \text{ und } 2}$) und der ihm zugegangenen Auszüge aus den Nachweisungen über die aus anderen Hauptamtsbezirken ausgeführten Biermengen (§ 17 3) für sämtliches aus einer Brauerei stammende und zur Ausfuhr gekommene Bier die endgültige Vergütung zu berechnen.

(2) Die Berechnungen, für deren Aufstellung die in den Mustern g, h und i dargestellten Beispiele als Anleitung zu dienen haben, sind der vorgesetzten Direktivbehörde in doppelter Ausfertigung mit den Nachweisungen über die ausgeführten Biermengen und den Auszügen aus solchen nebst Belegen und dem Verzeichnisse der festgesetzten vorläufigen Vergütungssätze (§ 4) einzureichen.

§ 20. (1) Die Direktivbehörde stellt die zu vergütenden Brausteuerbeträge fest und erteilt hierüber an die unterstellten Hauptämter, insoweit die Empfangsberechtigten oder zur Rückzahlung Verpflichteten in deren Bezirken wohnen, Anweisung zur Zahlung oder Rückerhebung unter Zufertigung je einer Ausfertigung oder beglaubigten Abschrift der geprüften und bescheinigten Berechnungen (§ 19) zum Rechnungsbelege.

(2) Insoweit die Empfangsberechtigten oder zur Rückzahlung Verpflichteten im Bezirk einer anderen Direktivbehörde wohnen, ist dieser eine Ausfertigung oder beglaubigte Abschrift der geprüften und bescheinigten Berechnung zuzustellen und die Anweisung zur Zahlung oder Rückerhebung zu überlassen.

Übergangsbestimmung.

§ 21. Die Brausteuervergütungen nach Maßgabe dieser Ordnung werden für das vom 1. Oktober 1909 ab ausgeführte Bier geleistet. Für Bier, das bis zum 30. September 1909 ausgeführt wird, wird die Ausfuhrvergütung nach der bisherigen Brausteuer-Vergütungsordnung gewährt.

Ausstellung von Übergangsscheinen, wenn Brausteuervergütung nicht beansprucht wird.

§ 22. Wird bei der Ausfuhr von Bier nach den nicht zur Brausteuergemeinschaft gehörigen deutschen Staaten und Gebietsteilen eine Ausfuhrvergütung nicht beansprucht, handelt es sich also lediglich um den Übergangsverkehr, so findet eine Abfertigung des Bieres (§§ 8 bis 10) und die Anlegung eines amtlichen Verschlusses (§ 11) nur auf besonderen Antrag des Versenders statt. Ohne solchen Antrag erfolgt die Ausfertigung des in diesem Falle der Sendung beizugebenden Übergangsscheins lediglich auf Grund der Angaben des Versenders.

Muster b

(BraustVergütungsordn. § 6)

Direktivbezirk: Königsberg.

Steuerhebestelle: Zollamt Fischhausen.

Eingetragen in das Bierausfuhr-Anmeldebuch für das Rechnungsjahr 1910 unter Nr. 3.

Der vorläufige Vergütungssatz ist festgestellt auf 3,60 Mk.

N. N.
Zolleinnehmer.

Anmeldung

zur

Ausfuhr von Doppelbier aus der Brauerei des Friedrich Kunze zu Camstigall, Hauptamtsbezirk Königsberg i. Pr. Tragheim, mit dem Anspruch auf Brausteuervergütung.

Versender Empfänger	des Bieres	Friedrich Kunze zu Camstigall. Knut Ericksen zu Stockholm.

Die Abfertigung soll stattfinden bei dem Zollamt I in Pillau.

Die Ausfuhr über die Zollgrenze * Der Eingang in einen nicht zur Brausteuergemeinschaft gehörigen deutschen Staat oder Gebietsteil. *	soll stattfinden über das Zollamt I in Pillau.

**) Der Text von * zu * ist in amtlicher Ausgabe durchstrichen.

Anleitung zum Gebrauche.

1. Auf der Außenseite ist vom Anmelder die Biersorte, die zur Ausfuhr kommen soll, und die Brauerei, aus der sie stammt, ferner Name und Wohnort des Versenders und Empfängers, das Amt, bei dem die Abfertigung der Biersendung stattfinden soll (Abfertigungsamt), und das Amt, über das der Ausgang über die Zollgrenze (Ausgangsamt) — bei Sendungen nach Bayern, Württemberg, Baden und Elsaß-Lothringen: der Eingang in diese Staaten oder Gebietsteile (Eingangsamt) — erfolgen soll, anzugeben.

2. Zu Spalte 4 auf Seite 2. Sämtliche Flaschen eines Packstücks müssen von gleicher Größe sein, sofern nicht die Direktivbehörde eine Ausnahme von dieser Bestimmung zugelassen hat.

3. Zu Spalten 6 und 14. Die Gesamtmenge des auszuführenden (Sp. 6) und des zur Ausfuhr abgefertigten (Sp. 14) Bieres ist für jede Biersorte auf volle Liter nach unten abzurunden.

4. Der Anmelder hat die Anmeldung auf Seite 2 unter Beifügung von Ort und Tag der Anmeldung durch Namensunterschrift zu vollziehen. Er übernimmt damit die Verantwortung für die Richtigkeit sämtlicher in der Anmeldung enthaltenen Angaben.

Angaben des Versenders.						
Menge des auszuführenden Bieres						Bemerkungen des Versenders
in Fässern		in Flaschen				
Anzahl, Zeichen und Nummer der Fässer	Inhalt der einzelnen Fässer Liter	Zahl, Zeichen und Nummer der Packstücke (Kisten)	Zahl und Literinhalt der Flaschen in jedem Packstücke	Gesamtmenge des Bieres in Flaschen in jedem Packstücke Liter	Gesamtmenge des auszuführenden Bieres (Sp. 2 u. Sp. 5) in Ziffern und Buchstaben volle Liter	
1	2	3	4	5	6	7
5 Fässer		3 Kisten				Zur Verladung
F K 435	45	F K 31	50 Flaschen zu 0,4 l	20		und Ausfuhr mit Dampfer
„ 436	40	„ 32	30 „ „ 0,4 l	12		„Frederic“.
„ 437	50	„ 33	40 „ „ 0,4 l	16		
„ 438	35		//	48		
„ 439	25				243	

//	195				Zweihundert-dreiundvierzig Liter	

Camstigall, den 15. Oktober 1910.

Friedrich Kunze:

(Fortſ. des Muſters S. 316—317.)

(Noch zu Muster b gehörig.)

Befund und Abfertigung

Nummer des Bierabfertigungsbuchs	Nähere Bezeichnung des zur Abfertigung vorgeführten Bieres	Inhalt der in Spalte 1 bezeichneten Fässer nach dem Eichstempel Liter	Zahl der in den einzelnen Packstücken (Sp. 3) befindlichen Flaschen von gleicher Größe und Füllung	Inhalt im einzeln der in den einzelnen Packstücken (Sp. 3) befindlichen Flaschen von gleicher Größe und Füllung Liter	Gesamtmenge des in den Flaschen jedes Packstücks befindlichen Bieres Liter	Gesamtmenge des abgefertigten Bieres in vollen Litern	Bemerkungen über a) Ermittelung des Inhalts und Vermessung der Fässer, b) probeweise Ermittelung des Inhalts der Flaschen, c) Anlegung amtlicher Verschlüsse, d) Ausfertigung eines Uebergangsscheins.
8	9	10	11	12	13	14	15
2	Doppelbier aus der Brauerei zu Camstigall	45	50	0,4	20		a) Fass F K 437 trocken nachgemessen, da Eichstempel nicht deutlich. Raumgehalt zu 50,1 l ermittelt. Inhalt geprüft. b) 1 Flasche aus Kiste F K 32 und 1 Flasche aus Kiste F K 38 nachgemessen und den Inhalt geprüft.
		40	30	0,4	12		
		50	40	0,4	16		
		35			48		
		25					
	//	195				243	

					Zweihundertdreiundvierzig Liter	

Pillau, den 17. Oktober 1910.

Die Abfertigungsbeamten

Liske, Zollsekretär.

Pörsch, Zollaufseher.

Ausgangsbescheinigungen.

A. a) Umseitig bezeichnete Fässer und Kisten sind in den Dampfer „Frederic“ verladen worden, der unter besonderer amtlicher Bewachung steht.

Pillau, den 17. Oktober 1910.

Linke, Zollsekretär. **Pörsch,** Zollaufseher.

b) Dampfer „Frederic“ unter meinen Augen $2^1/_2$ Uhr Nachmittags über die Seegrenze ausgegangen.

Pillau, den 18. Oktober 1910.

Schaudinn, Zollaufseher.

c) Die Ausfuhr des umseitig bezeichneten Bieres wird auf Grund der vorstehenden Bescheinigungen hiermit bestätigt.

Bier-Ausgangsbuch Nr. 4.

Pillau, den 19. Oktober 1910.

Königliches Zollamt I.

(Stempel.) (Unterschriften.)

* B. a) Umseitig bezeichnete Fässer und Kisten sind in den Güterwagen Nr. .... der .... Eisenbahn verladen, der heute ....mittag .... Uhr mit .... Bleien des unterzeichneten Amtes verschlossen, der Eisenbahnverwaltung zur Vorführung binnen .... Tagen bei dem ....amte zu .... übergeben ist.

.........................., den ......ten .... 19......

(Stempel.) (Firma.) (Unterschriften.) *

*) ...ungen können nach den örtl. Verhältnissen abgeänd. werden.

Die Vordrucke f. d. Ausgangsbescheini

* b) Der vorbezeichnete Güterwagen ist am ...... ten .... mittags .... Uhr hier eingetroffen und nach Abnahme des unverletzten Verschlusses sofort über die Grenze ausgegangen.

Bier-Ausgangsbuch Nr. ....

......................., den ...... ten .... 19.......

(Stempel.)

(Firma.)
(Unterschriften.) *

* C. Umseitig bezeichnete Fässer und Kisten sind heute .... mittag .... Uhr unter Belassung des nach Spalte 15 angelegten Verschlusses von hier abgelassen und nunmehr binnen .... Tagen dem .... amte zu ....

behufs Bescheinigung des Ausganges / Einganges zu gestellen.

......................., den ...... ten .... 19.......

(Stempel.)

(Firma.)
(Unterschriften.) *

* Eingangsbescheinigung

(für Sendungen nach den betreffenden Vereinsländern).

Daß die umseitig bezeichneten .... Fässer mit Bier und .... Packstücke mit Bier in Flaschen hier unter unverletztem Verschluß eingegangen sind, wird hiermit bescheinigt.

......................., den ...... ten .... 19.......

(Stempel.)

(Firma.)
(Unterschriften.) *

Die betreffende Amtsstelle wird ersucht, nach Abgabe der Ausgangs- beziehungsweise Eingangsbescheinigung diese Anmeldung unmittelbar der auf Seite 1 bezeichneten Steuerhebestelle unter „Zollvereinssache" zurückzusenden.

** Der Text von * zu * ist in amtlicher Ausgabe durchstrichen.

Muster g.

(BraustVergütungsordn. § 19.)

1. **Beispiel für die endgültige Berechnung der Brausteuervergütung, wenn für sämtliches Bier aus einer Brauerei nur ein vorläufiger Vergütungssatz festgestellt war und die Brauerei zum höchsten Staffelsteuersatz einen höheren Betrag an Brausteuer gezahlt hatte, als der höchste Vergütungsbetrag ausmacht.**

Haupt-Zollamt Königsberg i. Pr. Tragheim.

Endgültige Berechnung

der Brausteuervergütung für das aus der Aktienbrauerei Ponarth zu Ponarth stammende, im Rechnungsjahr 1910 ausgeführte Bier.

Die Brausteuervergütung für Lagerbier aus der Brauerei Ponarth zum vorläufigen Vergütungssatze von 4,00 Mk. für 1 Hektoliter (Verzeichnis der festgesetzten vorläufigen Vergütungssätze Nr. 2) beträgt für die Ausfuhr:	M	Pf	Gemäß Nachweisung (Auszug aus der Nachweisung) der ausgeführten Biermengen des Amtes zu	Nr	Direktivbezirk
a) der Brauerei selbst:					
im I. Viertel 1910 . . .	5 400	—	Königsberg	2	Königsberg
„ II. „ „ . . .	6 280	—	„	2	„
„ III. „ „ . . .	4 268	80	„	3	„
„ IV. „ „ . . .	7 132	40	„	1	„
//	23 081	20			

b) des Bierverlegers H. Preuß in Eydtkuhnen:					
im I. Viertel 1910 . . .	90	—	Eydtkuhnen	1	„
„ II. „ „ . . .	44	70	„	1	„
„ III. „ „ . . .	—	—	—	—	—
„ IV. „ „ . . .	80	30	„	1	„
//	215	—			
c) des Agenten Adolf Pruß in Danzig:					
im I. Viertel 1910 . . .	1 200	—	Danzig	5	Danzig
„ II. „ „ . . .	—	—	—	—	—
„ III. „ „ . . .	3 110	80	„	2	„
„ IV. „ „ . . .	—	—	—	—	—
//	4 310	80			
Gesamtvergütung zum vorläufigen Vergütungssatze	27 607	—			

An Brausteuer sind im Laufe des Rechnungsjahrs 1910 von der Brauerei Ponarth gezahlt worden:

zum Satze v.	14	Mk.	für	1	Doppelzentner	3 500	Mk.
„ „ „	15	„	„	1	„	18 750	„
„ „ „	16	„	„	1	„	24 000	„
„ „ „	18	„	„	1	„	36 000	„
„ „ „	20	„	„	1	„	370 000	„
					zusammen	452 250	Mk.

Entsprechend dem höchsten von der Brauerei gezahlten Staffelsteuersatze von 20 Mk. ist zunächst die Gesamtvergütung nach dem vorläufigen Vergütungssatze von 27 607 Mk. um vier Sechzehntel auf 34 508,75 Mk. zu erhöhen. Da der zum Steuersatze von 20 Mk. gezahlte Brausteuerbetrag höher ist, so beträgt die endgültige Gesamtvergütung . . . . 34 508,75 Mk.

Hiervon entfallen nach dem Verhältnisse der Bierausfuhr, das mit dem Verhältnisse der vorläufigen Vergütungen gleich ist, auf

a) die Brauerei Ponarth, Hauptamtsbezirk Königsberg i. Pr. Tragheim
$$\frac{34\,508{,}75 \cdot 23\,081{,}20}{27\,607} \; . \; . \; . \; . \; . = 28\,851{,}50 \text{ Mk.}$$

b) den Bierverleger H. Preuß in Eydtkuhnen, Hauptamtsbezirk Eydtkuhnen
$$\frac{34\,508{,}75 \cdot 215}{27\,607} \; . \; . \; . \; . \; . \; . \; . \; . = 268{,}75 \text{ „}$$

c) den Agenten Adolf Pruß in Danzig, Direktivbezirk Danzig

$$\frac{34\,508{,}75 \cdot 4\,310{,}80}{27\,607} \; \ldots\ldots = 5\,388{,}50 \text{ Mk.}$$

Königsberg, den 15. Mai 1911.

Königliches Haupt-Zollamt Tragheim.

(Unterschriften.)

Muster h.

(BraustVergütungsordn. § 19).

2. Beispiel für die endgültige Berechnung der Brausteuervergütung, wenn für sämtliches Bier aus einer Brauerei nur ein vorläufiger Vergütungssatz festgestellt war, die von der Brauerei zum höchsten Staffelsatze gezahlte Brausteuer aber hinter dem entsprechenden Vergütungsbetrage zurückbleibt.

Haupt-Zollamt Königsberg i. Pr. Tragheim.

Endgültige Berechnung

der Brausteuervergütung für das aus der Brauerei des Friedrich Kunze in Camstigall stammende, im Rechnungsjahr 1910 ausgeführte Bier.

	ℳ	₰	Gemäß Nachweisung (Auszug aus der Nachweisung) der ausgeführten Biermengen des Amtes zu	Nr.	Direktivbezirk
Die Brausteuervergütung für obergäriges Doppelbier aus der Brauerei des Friedrich Kunze in Camstigall zum vorläufigen Vergütungssatze von 3,30 Mk. für 1 Hektoliter (Verzeichnis der festgesetzten vorläufigen Vergütungssätze Nr. 4) beträgt für die Ausfuhr:					
a) der Brauerei selbst:					
im I. Viertel 1910 . . .	1200	—	Fischhausen	1	Königsberg
„ II. „ „ . . .	1120	—	„	1	„
„ III. „ „ . . .	300	—	„	1	„
„ IV. „ „ . . .	—	—	—	—	—
//	2620	—			

b) des Bierverlegers Fritz Kempka in Königsberg:					
im I. Viertel 1910 . . .	1100	—	Königsberg	4	Königsberg
„ II. „ „ . . .	2320	—	„	5	„
„ III. „ „ . . .	—	—	—	—	—
„ IV. „ „ . . .	420	—	„	2	„
//	3840	—			
c) des Agenten Adolf Prutz in Danzig:					
im I. Viertel 1910 . . .	500	—	Danzig	8	Danzig
„ II. „ „ . . .	110	—	„	1	„
„ III. „ „ . . .	—	—	—	—	—
„ IV. „ „ . . .	—	—	—	—	—
//	610	—			
Gesamtvergütung zum vorläufigen Vergütungssatze	7070	—			

An Brausteuer sind im Laufe des Rechnungsjahrs 1910 von der Brauerei des Friedrich Kunze in Camstigall entrichtet worden:

zum Satze v. 14 Mk. für 1 Doppelzentner	3500	Mk.
" " " 15 " " 1 "	18750	"
" " " 16 " " 1 "	24000	"
" " " 18 " " 1 "	540	"
zusammen . . .	46790	Mk.

Entsprechend dem höchsten von der Brauerei gezahlten Staffelsteuersatze von 18 Mk. ist zunächst die Gesamtvergütung nach dem vorläufigen Vergütungssatze von 7070 Mk. um zwei Sechzehntel auf 7953,75 Mk. zu erhöhen. Da jedoch die Brauerei zum Satze von 18 Mk. nur 540 Mk. Steuer gezahlt hat, so kann die dem Satze von 18 Mk. entsprechende erhöhte Vergütung auch nur bis zum Betrage von . . . . 540,00 Mk.

geleistet werden. Der Rest 7953,75 — 540 = 7413,75 Mk. ist nach dem Verhältnisse des höchsten gezahlten Staffelsatzes zum nächst niederen, also im Verhältnisse von 18 zu 16 oder um 1/9 zu mindern. Statt 7413,75 Mk. werden also der weiteren Rechnung nur 6590 Mk. zugrunde gelegt.

Da zum Satze von 16 Mk. mehr Steuern als 6590 Mk. gezahlt worden sind, beträgt die dem Satze von 16 Mk. entsprechende Vergütung . . . . . 6590,00 "

Die endgültige Gesamtvergütung beträgt also . . . . 7130,00 Mk.

Hiervon entfallen nach dem Verhältnisse der Bierausfuhr, das mit dem Verhältnisse der vorläufigen Vergütung gleich ist, auf

a) Friedrich Kunze in Camstigall, Hauptamtsbezirk Königsberg i. Pr. Tragheim

$\frac{7130 \cdot 2620}{7070}$ . . . . = 2642,20 Mk.

b) Fritz Kempka in Königsberg, Hauptamtsbezirk Königsberg, i. Pr. Tragheim

$\frac{7130 \cdot 3840}{7070}$ . . . . = 3872,55 „

c) Adolf Prutz in Danzig. Direktivbezirk Danzig

$\frac{7130 \cdot 610}{7070}$ . . . . = 615,15 „

Der Minderbetrag von 10 Pf. beruht auf den vorgeschriebenen Abrundungen.

Königsberg, den 15. Mai 1911.

Königliches Haupt-Zollamt Tragheim.

(Unterschriften.)

Muster i.

(BraustVergütungsordn. § 19).

3. Beispiel für die endgültige Berechnung der Brausteuervergütung für den Fall, daß in der Brauerei zwei verschiedene Sorten Bier, für die verschiedene vorläufige Vergütungssätze festgestellt sind, gebraut werden und beide Sorten zur Ausfuhr kommen.

Haupt=Zollamt Posen.

Endgültige Berechnung

der Brausteuervergütung für das aus der Brauerei des J. Kantorowitz in Posen stammende, im Rechnungsjahr 1910 ausgeführte Bier.

I. Die Brausteuervergütung für Lagerbier aus der Brauerei des J. Kantorowitz zu Posen zum vorläufigen Vergütungssatze von 3,90 Mk. für 1 Hektoliter (Verzeichnis der festgesetzten vorläufigen Vergütungssätze Nr. 5) beträgt für die Ausfuhr:

	ℳ	₰	Gemäß Nachweisung (Auszug aus der Nachweisung) der ausgeführten Biermengen – des Amtes zu	Nr.	Direktivbezirk
a) der Brauerei selbst:					
im I. Viertel 1910 . . .	3 400	—	Posen	2	Posen
„ II. „ „ . . .	3 230	—	„	1	„
„ III. „ „ . . .	4 540	80	„	2	„
„ IV. „ „ . . .	3 120	40	„	1	„
//	14 291	20			

b) des Schiffsmaklers Isidor Berkowitz in Thorn:					
im I. Viertel 1910 . . .	4 241	20	Thorn	1	Danzig
„ II. „ „ . . .	5 830	40	„	1	„
„ III. „ „ . . .	4 720	40	„	2	„
„ IV. „ „ . . .	4 410	—	„	1	„
//	19 202				
II. Die Brausteuervergütung für Grätzer Bier (obergärig) aus der Brauerei des J. Kantorowitz zu Posen zum vorläufigen Vergütungssatze von 2,40 Mk. für 1 Hektoliter (Verzeichnis der vorläufigen Vergütungssätze Nr. 6) beträgt für die Ausfuhr:					
a) der Brauerei selbst:					
im I. Viertel 1910 . . .	1 100	—	Posen	3	Posen
„ II. „ „ . . .	3 200	—	„	2	„
„ III. „ „ . . .	3 800	70	„	3	„
„ IV. „ „ . . .	1 000	60	„	2	„
//	9 101	30			
Seitenbetrag . . .	42 594	50			

	ℳ	₰	Gemäß Nachweisung (Auszug aus der Nachweisung) der ausgeführten Biermengen des Amtes zu	Nr.	Direktivbezirk
Übertrag . . .	42 594	50			
b) des Schiffsmaklers Isidor Berkowitz in Thorn:					
im I. Viertel 1910 . . .	2 020	10	Thorn	2	Danzig
„ II. „ „ . . .	1 010	40	„	2	„
„ III. „ „ . . .	230	20	„	3	„
„ IV. „ „ . . .	—	—	—	—	—
//	3 260	70			
c) des Bierverlegers H. Preuß in Eydtkuhnen:					
im I. Viertel 1910 . . .	80	—	Eydtkuhnen	2	Königsberg
„ II. „ „ . . .	60	80	„	2	„
„ III. „ „ . . .	110	30	„	1	„
„ IV. „ „ . . .	70	20	„	2	„
//	321	30			

Gesamtsumme aller vorläufigen Vergütungen für Bier aus der Brauerei Kantorowitz	46 176	50			
Hiervon entfallen auf					
a) J. Kantorowitz in Posen 14 291,20 + 9101,30 . . . . =	23 392	50	—	—	Posen
b) Isidor Berkowitz in Thorn 19 202 + 3260,70 . . . . =	22 462	70	—	—	Danzig
c) H. Preuß in Eydtkuhnen	321	30	—	—	Königsberg
Summe wie vor . . .	46 176	50			
An Brausteuer sind im Laufe des Rechnungsjahrs 1910 von der Brauerei des J. Kantorowitz gezahlt worden: zum Satze von 14 Mk. für 1 Doppelzentn. 3 500 Mk. 15 „ „ 1 „ 18 750 „ 16 „ „ 1 „ 24 000 „ 18 „ „ 1 „ 36 000 „ 20 „ „ 1 „ 3 200 „ //	85 450	—			

Entsprechend dem höchsten von der Brauerei gezahlten Staffelsteuersatze von 20 Mk. ist zunächst die Gesamtvergütung nach den vorläufigen Vergütungssätzen von 46 176,50 Mk. um vier Sechzehntel auf 57 720,63 Mk. zu erhöhen.

Da jedoch die Brauerei zum Satze von 20 Mk. nur 3200 Mk. Steuer entrichtet hat, kann die diesem Satze entsprechend erhöhte Vergütung auch nur bis zum Betrage von . . . . 3 200,00 Mk.
gezahlt werden. Der Rest 57 720,63 — 3200 = 54 520,63 Mk. ist nach dem Verhältnisse des Steuersatzes von 20 Mk. zum nächst niederen, also nach dem Verhältnisse von 20 zu 18 oder um 1/10 zu mindern. Statt 54 520,63 Mk. werden also der weiteren Rechnung nur 49 068,57 Mk. zugrunde gelegt.

Zum Steuersatze von 18 Mk. sind 36 000 Mk. Brausteuer gezahlt; es kann also auch die dem Steuersatze von 18 Mk. entsprechende Vergütung nur bis zu diesem Betrage geleistet werden . . . . 36 000,00 „

Der Rest 49 068,57 — 36 000 = 13 068,57 Mk. ist im Verhältnisse des Steuersatzes von 18 Mk. zum nächst niederen, also im Verhätlnisse von 18 zu 16 oder um 1/9 auf 11 616,51 Mk. herabzusetzen.

Da zum Satze von 16 Mk. mehr als 11 616,51 Mk. Brausteuer gezahlt sind, beträgt die dem Satze von

Seitenbetrag 39 200,00 Mk.

Übertrag	39 200,00 Mk.
16 Mk. entsprechende Vergütung abgerundet	11 616,50 „
Die endgültige Gesamtvergütung für alles aus der Brauerei Kantorowitz stammende und ausgeführte Bier beträgt also	50 816,50 Mk.

Hiervon entfallen nach dem Verhältnisse der Bierausfuhr oder der vorläufigen Vergütungen auf:

a) den Brauereibesitzer J. Kantorowitz in Posen, Hauptamtsbezirk Posen

$$\frac{50\,816{,}50 \cdot 23\,392{,}50}{46\,176{,}50} \ldots\ldots = 25\,819{,}05 \text{ „}$$

b) den Schiffsmakler J. Berkowitz in Thorn, Direktivbezirk Danzig

$$\frac{50\,816{,}50 \cdot 22\,462{,}70}{46\,176{,}50} \ldots\ldots = 24\,792{,}80 \text{ „}$$

c) den Bierverleger H. Preuß in Eydtkuhnen, Direktivbezirk Königsberg

$$\frac{50\,816{,}50 \cdot 321{,}30}{46\,176{,}50} \ldots\ldots = 354{,}60 \text{ „}$$

Der Minderbetrag von 5 Pf. beruht auf den vorgeschriebenen Abrundungen.

Posen, den 18. Mai 1911.

Königliches Haupt-Zollamt.

(Unterschriften.)

Gesetz, betr. die zollwidrige Verwendung von Gerste.

Vom 3. August 1909. (RGBl. S. 899.)

Wir Wilhelm, von Gottes Gnaden Deutscher Kaiser, König von Preußen ꝛc., verordnen im Namen des Reichs, nach erfolgter Zustimmung des Bundesrats und des Reichstags, was folgt:

§ 1. Es ist verboten, Malz aus Gerste, die bei der Einfuhr in das Deutsche Zollgebiet nach einem niedrigeren als dem für Malzgerste bestehenden Zollsatze verzollt worden ist, zu Brauzwecken zu verwenden.

Der Bundesrat erläßt die zur Durchführung des Verbots erforderlichen Bestimmungen. Er ist insbesondere befugt, für die zum niedrigeren Zollsatz eingeführte Gerste eine Kennzeichnung vorzuschreiben.

Jeder Verkäufer der zum niedrigeren Zollsatze verzollten und nicht kenntlich gemachten ausländischen Gerste ist verpflichtet, dem Käufer ausdrücklich von der erfolgten Verzollung nach dem niedrigeren Zollsatze Kenntnis zu geben.

§ 2. Wer es unternimmt, zu Brauzwecken Malz zu verwenden, das aus Gerste bereitet ist, die bei der Einfuhr in das Deutsche Zollgebiet nach einem niedrigeren als dem für Malzgerste bestehenden Zollsatze verzollt worden ist, oder solche Gerste, wenn sie nicht kenntlich gemacht ist, ohne ausdrücklichen Hinweis auf die nach dem niedrigeren Zollsatz erfolgte Verzollung (§ 1 Abs. 3) in den Verkehr bringt, macht sich der Zolldefraudation (§ 135 des Vereinszollgesetzes) schuldig.

Als vorenthaltene Abgabe ist derjenige Zollbetrag anzusehen, welcher sich aus dem Unterschiede zwischen dem angewandten und dem für Malzgerste in Betracht kommenden Zollsatz ergibt.

Für die Berechnung der Abgabe sind 75 Kilogramm Malz gleich 100 Kilogramm Gerste anzunehmen.

Die Geldstrafe beträgt mindestens fünfzig Mark für jeden einzelnen Fall. Kann der Betrag der vorenthaltenen Abgabe nicht festgestellt werden, so ist auf eine Geldstrafe von fünfzig bis fünftausend Mark zu erkennen.

§ 3. Die Defraudation wird insbesondere dann als vollbracht angenommen,

1. wenn Gerste, die nach dem niedrigeren Zollsatze verzollt worden ist, oder aus solcher bereitetes Malz in die Räume einer Brauerei eingebracht oder dort vorgefunden wird, sofern die Einbringung nicht mit Genehmigung der Zollbehörde erfolgt ist;

2. wenn gekennzeichnete Gerste oder aus solcher bereitetes Malz einem auf Beseitigung der Kennzeichnung gerichteten Verfahren unterworfen wird.

Wird festgestellt, daß eine Vorenthaltung der Abgabe nicht beabsichtigt worden ist, so tritt nur eine Ordnungsstrafe nach § 4 ein.

§ 4. Zuwiderhandlungen gegen die gemäß § 1 Abs. 2 erlassenen, öffentlich oder den Beteiligten besonders bekannt gemachten Bestimmungen werden, sofern nicht die Defraudationsstrafe zu verhängen ist, mit einer Ordnungsstrafe bis zu einhundertfünfzig Mark bestraft.

§ 5. Dieses Gesetz tritt am 1. September 1909 in Kraft.

Urkundlich unter Unserer Höchsteigenhändigen Unterschrift und beigedrucktem Kaiserlichen Insiegel.

Gegeben an Bord M. Y. „Hohenzollern" bei Helsingoer, den 3. August 1909.

(L. S.) Wilhelm.

von Bethmann Hollweg.

Sachregister
zum Brausteuergesetz.

(Die Zahlen bezeichnen die Seiten.)

(Die Zahlen bezeichnen die Seiten.)

B.

(Die Zahlen bezeichnen die Seiten.)

(Die Zahlen bezeichnen die Seiten.)

C.

(Die Zahlen bezeichnen die Seiten.)

F.

(Die Zahlen bezeichnen die Seiten.)

H.

N.

O.

P.

(Die Zahlen bezeichnen die Seiten.)

T.

(Die Zahlen bezeichnen die Seiten.)

W.

Z.

(Die Zahlen bezeichnen die Seiten.)

Nachtrag
zu § 8 des Gesetzes.

Die Brausteuer ist gegen Bestellung voller Sicherheit für eine Frist von 6 Monaten zu stunden. Wird eine Stundung auf 3 Monate oder nur für eine kürzere Frist beansprucht, so können die Hauptzollämter ganz oder zum Teil von der Sicherheitsbestellung absehen, wenn der Zahlungspflichtige als zuverlässig und hinreichend sicher bekannt ist. Eine Stundung von Steuerbeträgen unter 50 Mk. findet nicht statt.

(FME. v. 30. Oktober 1909 III 17729).

Druck von A. W. Hayn's Erben, Potsdam.

J. Guttentag, Verlagsbuchhandl., G. m. b. H., Berlin W 35.

Regulativ

über die

Dienstwohnungen

der Staatsbeamten

vom 26. Juli 1880.

Unter Berücksichtigung des Nachtrages vom 20. April 1898 und der ergangenen Verwaltungsvorschriften,

erläutert von

A. Düsse,

Oberzollrevisor beim Kgl. Hauptzollamt zu Kaldenkirchen.

1910. 8°. Gebunden ca. 2 Mark.

Guttentag'sche Sammlung

Deutscher Reichsgesetze.

Text-Ausgaben mit Anmerkungen. Taschenformat.

1. **Verfassung** des Deutschen Reichs. Von Dr. **L. von Rönne.** 9. Aufl. von Landrat **P. von Rönne.** 1904. Mit Abänderungen vom Mai 1906. 2 M. 40 Pf.

2. **Strafgesetzbuch** für das Deutsche Reich. Von Dr. **H. Rüdorff.** 22. Aufl. von Dr. **H. Appelius.** 1907 mit Novelle v. 17. II. 08. 1 M. 50 Pf.

3. **Militärstrafgerichtsordnung** nebst Einführungsgesetz Von Wirkl. Geheimen Kriegsrat Dr. jur. **A. Romen** u. Kriegsgerichtsrat Dr. jur. **Carl Rissom.** 1909. Im Druck.

4. **Handelsgesetzbuch vom 10. Mai 1897 unter Ausschluß des Seerechts.** 13. Aufl. **herausgegeben von** Geh. Justizrat Prof. Dr. **A. Mosse.** 1905. 3 M.

5. Allgemeine Deutsche **Wechselordnung.** 10. Aufl. von Justizrat Dr. **J. Stranz** und Rechtsanwalt Dr. **M. Stranz, und das Reichsgesetz über die Wechselstempelsteuer** von Geh. Regierungsrat **P. Loeck.** 10. Aufl. 1909. 3 M.

5a. **Wechselstempelsteuergesetz** apart. 10. Aufl. 1 M. 25 Pf.

6. **Reichsgewerbeordnung nebst Ausführungsbestimmungen.** Von **Berger** und **Wilhelmi.** 18. veränderte **Auflage bearbeitet von** Stadtrat Dr. **Karl Flesch** in Verbindung mit Dr. **Friedr. Hiller** u. Dr. **Herm. Luppe.** 1910. **M.**

Nachtragsband: enth. Novelle **„Kleiner Befähigungsnachweis"** von Geh. Ober-Regierungsrat **Spielhagen.** 1908. 30 Pf.

Ergänzungsband: **Preußische Ausführungsanweisung.** 1904. 2 M.

7. **Post- und Telegraphen-Gesetzgebung.** Nebst Weltpostvertrag und internationalem Telegraphenvertrag. 6. Aufl. von Geh. Ober-Postrat Dr. **M. König.** 1908. 4 M.

8. Die Reichsgesetze über den **Unterstützungswohnsitz die Freizügigkeit, den Erwerb und Verlust der Bundes- und Staatsangehörigkeit.** Von Geheimrat Dr. **J. Krech,** Mitglied d. Bundesamtes für das Heimatwesen. 7. Aufl. 1908. 3 M.

9. Sammlung **kleinerer strafrechtlicher Reichsgesetze.** Bearbeitet von **M. Werner,** Geh. Ober-Regierungsrat. 2. Aufl. 1903. 3 M.

10. Das **Reichsbeamtengesetz** von **J. Pieper.** 2. Aufl. 1901. 4 M. 50 Pf.

— In der Fassung von 1907 siehe Nr. 82.

11. **Zivilprozeßordnung mit Gerichtsverfassungsgesetz.** in den neuesten Fassungen. Von **R. Sydow.** Fortgeführt von **L. Busch.** 11. Aufl. 8°. 1909. 6 M.

12. **Strafprozeßordnung und Gerichtsverfassungsgesetz** nebst den Gesetzen, betr. die Entschädigung der im Wiederaufnahmeverfahren freigesprochenen Personen und die Entschädigung für unschuldig erlittene Untersuchungshaft. Von Dr. **A. Hellweg**, Reichsgerichtsrat. 15. Aufl. 1908. 2 M.

13. **Konkursordnung und Anfechtungsgesetz.** Von **R. Sydow.** Fortgeführt von **L. Busch.** 10. Aufl. 1906. 2 M. 25 Pf.

14. **Gerichtsverfassungsgesetz** mit Einführungsgesetz. Herausgegeben von **R. Sydow.** Fortgeführt von **L. Busch.** 9. Aufl. 1905. 1 M. 50 Pf.

15. Das **Deutsche Gerichtskostengesetz** nebst den Gebührenordnungen für Gerichtsvollzieher, Zeugen und Sachverständige. Von **R. Sydow.** Weiter bearbeitet von **L. Busch.** 8. Aufl. 1907. Mit Nachtrag v. 1. VI. 1909. 2 M.

16. **Rechtsanwaltsordnung.** Von **R. Sydow.** 6. Aufl. von Justizrat **M. Jacobsohn.** 1907. 1 M. 20 Pf.

17. **Die Deutsche Gebührenordnung für Rechtsanwälte und das Preußische Gebührengesetz** vom 27. September / 6. Oktober 1899. Von **R. Sydow.** Fortgeführt von **L. Busch.** 8. Aufl. 1909. 2 M.

18. **Reichsstempelgesetz (Börsensteuer, Frachturkunde, Kraftfahrzeuge, Personenfahrkarte, Tantieme für Aufsichtsratsmitglieder).** Vom 15. Juli 1909. Von **P. Loeck,** Geh. Regierungsrat. 10. Aufl. 8°. M. Pf.

19. Die **Seegesetzgebung.** Von Dr. **W. E. Knitschky.** 4. Aufl. bearbeitet von Oberlandesgerichtsrat **Otto Rudorff** in Hamburg. 1908. Mit Anhang vom Januar und Juli 1909. 6 M.

20. **Krankenversicherungsgesetz.** Von weil. Dr. **E. von Woedtke.** 11. Aufl. von Geh. Reg.-Rat Dr. **G. Eucken-Addenhausen.** 1905. 3 M.

21. Die **Konsulargesetzgebung.** Von Professor Dr. **Ph. Zorn.** 2. Aufl. 1901. 3 M.

22. **Patentgesetz.** Nebst Ausführungsbestimmungen, völkerrechtlichen Verträgen und der Patentanwalts-Ordnung. 7. Aufl. bearbeitet von **R. Lutter,** Geh. Reg.-Rat im Kaiserl. Patentamt. 1908. 2 M. 80 Pf.

23. **Gewerbe-Unfallversicherungsgesetz.** Von weil. Dr. **E. v. Woedtke.** 9. Aufl. von **Franz Caspar,** Direktor im Reichsamt des Innern. 1907. 2 M. 50 Pf.

24. **Aktiengesellschaft und Kommanditgesellschaften auf Aktien.** Von Justizrat Dr. **H. Veit Simon** und Amtsrichter **L. Keyssner.** 1909. 6. Aufl. Im Druck.

25. **Brausteuergesetz** vom 15. Juli 1909. Von **A. Düffe,** Oberzollrevisor. 2. Aufl. 1909. 3 M.

26. Die Reichsgesetzgebung über **Münz- und Notenbankwesen,** Papiergeld, Prämienpapiere und Reichsschulden. Von Dr. jur. **R. Koch,** Präsident des Reichsbankdirektoriums. 6. Aufl. 1909. Im Druck.

27. Die Gesetzgebung, betr. **das Gesundheitswesen** im Deutschen Reich. Von Dr. jur. **C. Goesch** und Dr. med. **J. Karsten.** 1888. 1 M. 60 Pf.

28. **Bau-Unfallversicherungsgesetz.** Vom 30. Juni 1900. Von **R. Chrzescinski,** Kaiserl. Regierungsrat. 3. Aufl. 1900. 2 M.

29. **Erwerbs- und Wirtschaftsgenossenschaften.** Von **L. Parisius** und Dr. **H. Crüger.** 13. Aufl. von Dr. **H. Crüger.** 1910. 1 M. 50 Pf.

30. **Invalidenversicherungsgesetz** vom 13. Juli 1899. Von weil. Dr. **E. v. Woedtke.** 10. Aufl. von Regierungsrat **H. Follmann.** 1906. 4 M.
Siehe auch Handausgabe von Freund Seite 24.

31. **Gewerbegerichtsgesetz.** Von Stadtrat **L. Mugdan.** 6. Aufl. bearbeitet von **W. Cuno,** Erstem Bürgermeister zu Hagen i. W. 1906. 2 M. 20 Pf.

32. Reichsgesetz, betr. die **Gesellschaften mit beschränkter Haftung.** Von **L. Parisius** und Dr. **H. Crüger.** 10. Aufl. von Dr. **H. Crüger.** 1910. 1 M. 40 Pf.

33. **Vereins- und Versammlungsrecht.** Von Dr. **E. Ball.** 2. Aufl. von Dr. **F. Friedenthal.** 1907. 2 M. 50 Pf.

Reichs-Vereinsgesetz vom 19. April 1908 vide Nr. 88.

34. Die **Abzahlungsgeschäfte.** Gesetz vom 16. Mai 1894. 2. vermehrte Aufl. besorgt von Dr. **E. Wilke,** Landgerichtsrat. 1901. 1 M. 20 Pf.

35. Die **Reichs-Eisenbahngesetzgebung.** Von **W. Coermann,** Kaiserl. Amtsrichter. 1895. 2 M. 25 Pf.

36. Gesetze, betr. die **privatrechtlichen Verhältnisse der Binnenschiffahrt und der Flößerei.** Von **E. Löwe,** Landgerichtsrat. 4. Aufl. 1909. 3 M.

37. Gesetz gegen den **unlauteren Wettbewerb.** 5. Auflage. Von Justizrat **Pinner.** 1909. 1 M.

38/39. **Bürgerliches Gesetzbuch nebst Einführungsgesetz** von Dr. **A. Achilles.** In Verbindung mit Professor Dr. **André,** Kammergerichtsrat **Ritgen,** Ober-Landesgerichtsrat **Strecker,** Ministerialrat Dr. **Unzner** herausgegeben von Geh. Ober-Justizrat **Greiff.** 6. Aufl. 8°. 1909. 6 M. 50 Pf.

40. Gesetz, betr. die **Pflichten der Kaufleute bei Aufbewahrung fremder Wertpapiere (Depotgesetz).** Mit Erläuterungen. Von **F. Lusensky,** Geh. Ober-Regierungsrat. 2 Aufl. 1905. 1 M.

41. **Börsengesetz.** In der Fassung der Novelle vom 8. Mai 1908. 2. Aufl. Von Wirkl. Geh. Ob.-Regierungsrat **Th. Hemptenmacher**, Staatskommissar an der Berliner Börse. 1908. 2 M.

42. **Grundbuchordnung** nebst den preußischen Ausführungsbestimmungen. Mit Einleitung. Von Prof. Dr. **O. Fischer.** 5. Aufl. 1909. 2 M.

43. **Zwangsvollstreckung in das unbewegliche Vermögen** im Reiche und in Preußen. Mit Einleitung, Kosten- und Gebührentabellen. Von Dr. **J. Krech,** Kaiserl. Geh. Regierungsrat und Professor Dr. **O. Fischer.** 5. Aufl. 1907. 2 M.

44. Das Reichsgesetz über das **Auswanderungswesen** vom 9. Juni 1897. Von Professor Dr. **Felix Stoerk.** 1899. 2 M. 25 Pf.

45. Das **Entmündigungsrecht** unter Berücksichtigung der für Preußen geltenden Vorschriften nebst der preußischen Justiz-Ministerial-Verfügung vom 28. November 1899. Von Landgerichtsrat Dr. **P. Koll** in Cöln. 1900. 1 M. 50 Pf.

46. **Die Gesetze des Reiches und Preußens über die freiwillige Gerichtsbarkeit.** Von **Herm. Jastrow,** Amtsgerichtsrat. 4. Aufl. 1906. 3 M.

47. Das **deutsche Vormundschaftsrecht** und das preuß. Gesetz über die Fürsorgeerziehung Minderjähriger nebst den dazu gehörigen preußischen Nebengesetzen. Von **Max Schultzenstein,** Oberverwaltungsgerichtsrat und Amtsgerichtsrat Dr. **Paul Köhne.** 2. Aufl. 1901. 3 M.

48. Gesetze und Verordnungen, betr. den **Drogen-, Gift- und Farbenhandel** außerhalb der Apotheken. Von Dr. **Broh,** Rechtsanwalt. 1899. 1 M. 25 Pf.

49. Deutsche **Kolonialgesetzgebung.** Von Professor Dr. **Philipp Zorn.** 1901. 4 M. 50 Pf.

50. Der **Viehkauf** (Viehgewährschaft) nach dem Bürgerlichen Gesetzbuche. Nebst Verordn. betr. die Hauptmängel und Gewährsfristen beim Viehhandel. Von Rechtsanwalt Dr. **H. Stölzle** und Königl. Kreistierarzt **H. Weiskopf.** 4. Aufl. 1908. 4 M.

51. **Hypothekenbankgesetz** vom 13. Juli 1899. Von Dr. **H. Göppert,** Gerichts-Assessor. 1900. 1 M. 80 Pf.

52. Gesetz, betreffend die gemeinsamen **Rechte der Besitzer von Schuldverschreibungen.** Von Dr. **Heinrich Göppert,** Gerichts-Assessor. 1900. 2 M.

53. **Reichspreßgesetz** vom 7. Mai 1874. Kommentar von **A. Born,** Polizeiassessor. 1900. 1 M. 50 Pf.

54. Die Reichsgesetzgebung über den Verkehr mit **Nahrungsmitteln, Genußmitteln und Gebrauchsgegenständen.** Von Dr. **Georg Lebbin,** Nahrungsmittelchemiker. 1900. 2 M. 25 Pf.

55. Das Recht der **Beschlagnahme von Lohn- und Gehaltsforderungen.** Von Justizrat **Georg Meyer.** 3. Aufl. 1908. 2 M. 50 Pf.

56. Gesetz, betr. die **Bekämpfung gemeingefährlicher Krankheiten.** Nebst Ausführungsbestimmungen. Von Dr. **Bruno Burkhardt,** Regierungsrat, Mitglied des Kais. Gesundheitsamts. 1900. 1 M. 40 Pf.

57. **See-Unfallversicherungsgesetz.** Von **Dr. Max Mittelstein,** Oberlandesgerichtsrat in Hamburg. 1901. 2 M.

58. **Das Recht der unehelichen Kinder** nach dem BGB. Von **Hermann Jastrow,** Amtsg.-Rat. 1901. 1 M. 80 Pf.

59. Reichsgesetz über die **Beurkundung des Personenstandes und die Eheschließung.** Von Dr. **F. Fidler,** Amtgerichtsrat. 1901. 1 M. 80 Pf.

60. Gesetz, betreffend das **Urheberrecht an Werken der Literatur und der Tonkunst.** Von Landrichter **Otto Lindemann.** 2. Aufl. 1907. 1 M. 60 Pf.

61. Gesetz über das **Verlagsrecht.** Von Justizrat **Ernst Heinitz.** 1901. 1 M. 50 Pf.

62. Über die **privaten Versicherungsunternehmungen.** Von **H. Könige,** Reichsgerichtsrat. 2. Aufl. in Bearbeitung.

63. **Gesetzestafel des Deutschen Reichsrechts.** Systematisch geordnete Nachweisung des z. Z. geltenden Reichsrechts. Ergänzungsband zu der Guttentag'schen Sammlung Deutscher Reichsgesetze. Von **Hugo Bruhns,** Syndikus. 1902. 8°. 2 M. 50 Pf.

64. Gesetzsammlung betr. den **Handel mit Drogen und Giften.** Reichsgesetzl. Bestimmungen und Anhang mit den landesgesetzl. Verordnungen sämtlicher Bundesstaaten. Von Rechtsanwalt **H. Sonnenfeld,** Syndik. d. Berl. Drogisten-Innung. 1902. 3 M.

65. **Das Weingesetz** in der Fassung v. 1909. Mit Ausführungsbestimmungen von Dr. **Georg Lebbin,** Handels- u. Gerichtschemiker. 2. Aufl. 1909. 2 M. 50 Pf.

66. **Die Eisenbahn-Gesetzgebung.** Von **W. Pietsch,** Geh. exp. Sekretär im Reichs-Eisenbahn-Amt. 1902. 5 M.

67. **Militär-Strafgesetzbuch.** In Vorbereitung.

68. **Das Fleischbeschaugesetz.** Vom 3. Juni 1900. Von Dr. **Georg Lebbin,** Gerichtschemiker und Rechtsanwalt Dr. **Georg Baum.** 1903. 4 M.

69. **Reichsgesetz über die Naturalleistungen der bewaffneten Macht im Frieden** nebst den in Preußen geltenden Bestimmungen. Von Regierungsassessor Dr. **Walter v. Hippel.** 1903. 1 M. 25 Pf.

70. Das **Reichs-Haftpflichtgesetz,** betr. die Verbindlichkeit zum Schadensersatz für die bei dem Betriebe von Eisenbahnen, Bergwerken, Steinbrüchen, Gräbereien und Fabriken herbeigeführten Tötungen und Körperverletzungen, vom 7. Juni 1871. Von Regierungsrat Dr. **G. Eger.** 1903. Preis 3 M.

71. **Kinderarbeit in gewerblichen Betrieben,** v. 30. März 1903. Von **H. Spangenberg,** Oberverwaltungsgerichtsrat. 2. Aufl. 1904. 1 M. 60 Pf.

72. **Unfallversicherungsgesetz für Land- und Forstwirtschaft** von weil. Dr. **E. von Woedtke,** fortgesetzt von **Alfred Radtke,** Geh. Regierungsrat und Senatspräs. im Reichsversicherungsamt. 2. Aufl. 1904. 4 M. 50 Pf.

73. **Entschädigung für unschuldig erlittene Verhaftung und Bestrafung.** Nebst Anhang, enth. die dazu gehörigen Nebengesetze über Schadensersatz. Von Dr. jur. **A. Romen,** Wirkl. Geh. Kriegsrat und vortr. Rat im Kriegsministerium. 1904. 2 M.

74. Die **Kaufmannsgerichte** nebst den preuß. Ausführungsbestimmungen. Von Prof. Dr. **Max Apt,** Syndikus der Korporation der Berliner Kaufmannschaft. 3. Aufl. 1905. 2 M.

75. Reichsgesetz über die **Konsulargerichtsbarkeit.** Von Dr. jur. **A. F. Vorwerk,** Rechtsanwalt in Schanghai. 2. Ausgabe, mit dem Schutzgebietsgesetz und der Ausführungsverordnung, betr. die Rechtsverhältnisse in den Schutzgebieten. 1908. 2 M.

76. **Die Rechtshilfe im Verkehr mit den ordentlichen Gerichten nach deutschem Reichsrecht.** Von Landrichter Dr. **A. Friedländer.** 1906. 1 M. 80 Pf.

77. **Das Reichserbschaftssteuergesetz.** Vom 3. Juni 1906. Von **Ulrich Hoffmann,** Geh. Registrator im Kgl. Preuß. Finanzministerium. 1906. 2 M. 60 Pf.

78. **Zigarettensteuergesetz.** Vom 15. Juli 1909. Von Dr. **Cuno,** Regierungsassessor. 2. Aufl. 1909. Im Druck, nach Erlaß der sämtl. Ausf.-Best.

79. **Die Militärpensionsgesetze** vom 31. Mai 1906 nebst Ausführungsbestimmungen. Zum Gebrauch für Heer, Marine und Schutztruppe von Dr. jur. **A. Romen,** Wirklicher Geheimer Kriegsrat.

a) I. Teil: Offizierpensionsgesetz. 1907. 3 M. 50 Pf.

b) II. Teil: Mannschaftsversorgungsgesetz. 1908. 3 M. 50 Pf.

80. Reichsgesetzgebung über **gerichtliche Registerführung.** Von **Otto Lindemann,** Landrichter. 1906. 3 M.

81. Gesetz, betr. **Urheberrecht an Werken der bildenden Künste und der Photographie.** Von Dr. **Ludw. Fuld,** Rechtsanwalt. 1907. 1 M.

82. **Reichsbeamtengesetz** in der Fassung vom 18. Mai 1907 **und** seine Ergänzungen von Geheimrat Professor Dr. **Ad. Arndt.** 1908. 3 M.

83. Reichsgesetz über **den Versicherungsvertrag** nebst Einführungsgesetz. Von Dr. **Paul Hager** und Dr. **R. Behrend,** Regierungsräte im Kaiserl. Aufsichtsamt f. Privatversicherung. 1908. 5 M.

84. **Sammlung kleinerer privatrechtlicher Reichsgesetze** von Landrichter **Georg Müller.** 1908. 6 M. 50 Pf.

Enthält eine Fülle von Gesetzen, die anderweit fast garnicht oder nur schwer zu beschaffen sind.

85. **Scheckgesetz** mit Einleitung usw. Von Prof. Dr. **Max Apt.** 5. Aufl. Mit Postscheckordnung v. 6. XI. 1908. 1909. 2 M.

Postscheckordnung vom 6. XI. 08. Apart mit Erläuterungen u. Ausführungsbestimmungen. (30 Pf.)

86. **Die Auslieferungsverträge des Deutschen Reiches** von Landrichter **A. Cohn.** 1908. 4 M.

87. Gesetz zum **Schutz der Warenbezeichnungen.** Von Geh. Reg.-Rat, Mitgl des Patentamts Dr. **Freund** u. Rechtsanwalt **Magnus.** 5. Aufl. 1909. 3 M. 50 Pf.

88. **Vereinsgesetz** vom 19. April 1908. Von Dr. jur. **A. Romen,** Wirkl. Geh. Kriegsrat. 2. Aufl. 1908. 1 M. 50 Pf.

89. **Vogelschutzgesetz** vom 30. Mai 1908 nebst den das Flugwild betr Bestimmungen der Preußischen Jagdordnung von Dr. jur. **Leo von Boxberger.** 1908. 1 M.

90. Die Haager Abkommen über das **Internationale Privatrecht** von Dr. **G. A. E. Bogeng.** 1908. 2 M. 20 Pf.

91. **Eisenbahn-Verkehrsordnung** vom 23. Dez. 1908. Mit Ausführungsbestimmungen. Von Regierungsassessor bei der Eisenbahndirektion Breslau Dr. **Ernst Blume.** 1909. 2 M. 50 Pf.

92. Gesetz, betr. den **Verkehr mit Kraftfahrzeugen.** Von Amtsrichter **Kirchner.** 1909. 2 M. 80 Pf.

93. Gesetz über die **Sicherung der Bauforderungen** vom 1. Juni 1909 v. Justizrat Dr. **E. Harnier.** 2. Aufl. 1909. 1 M. 30 Pf.

94. **Haftpflicht der Reichs- und Staats-Beamten** v. Dr. **H. Delius.** 2. Aufl. 1909. 3 M. 50 Pf.

Guttentag'sche Sammlung

Preußischer Gesetze.

Text-Ausgaben mit Anmerkungen. Taschenformat.

1. Die **Verfassungs-Urkunde** für den Preußischen Staat. Mit Einleitung, vollständigem Kommentar. Von Prof. Dr. **Adolf Arndt.** 6. Aufl. 1907. 3 M.

2. Preußische **Beamten-Gesetzgebung.** Enthaltend die wichtigsten Beamtengesetze in Preußen. Von **C. Pfafferoth.** 4., neubearb. Aufl. 1905. Mit Anhang: Abänderung vom 27. Mai 1907. 2 M.

3. **Die Aufnahme des Nottestaments** durch die bestellten Urkundspersonen. Anweisung mit Musterbeispielen und Abriß des Erbrechts von Amtsgerichtsrat **C. Kurtz.** 1904. 1 M. 50 Pf.

4. **Gebührenordnung** für **Notare** vom 25. Juni 1895. Von **R. Sydow.** 3. Aufl. bearbeitet von Justizrat Dr. **Rausnitz.** 1908. 1 M. 60 Pf.

5. **Gesetz vom 24. April 1854 (betr. die außerehel. Schwängerung).** Von Dr. **Schulze.** 1873. 75 Pf. Gültiges Recht siehe: Reichsgesetze Nr. 58.

6. Die Preuß. **Ausführungsgesetze und Verordnungen zu den Reichs-Justizgesetzen.** Von **R. Sydow.** 3. vermehrte Aufl. 1895. 2 M. 40 Pf. S. Seite 25, Busch-Eylau, Ausführungsgesetze.

7. **Allg. Gerichtsordnung** und **Preuß. Konkursordnung.** Von **F. Vierhaus.** Vergriffen.

8. **Vormundschaftsordnung**. Von **F. Schultzenstein.** Gültiges Recht siehe: Reichsgesetze Nr. 47.

9. Die Preußische **Grundbuchgesetzgebung**. Von Prof. Dr. **Fischer.** Vergriffen. Siehe: Reichsgesetze Nr. 42.

10. **Einkommensteuergesetz**. Von **A. Fernow,** Geh. Ober-Finanzrat. 7. Aufl. 1908/9. Mit Nachtrag v. 22. III. u. 26. V. 09. 3 M. 25 Pf.

11. **Gewerbesteuergesetz**. Von **A. Fernow,** Geh. Ober-Finanzrat. 5., vermehrte Aufl. 1910. ca. 2 M.

12. **Allgemeines Berggesetz** für die Preußischen Staaten vom 24. Juni 1865. Von **W. Westhoff** und **W. Schlüter.** 2. Aufl. 1907. Mit Nachtrag v. 1909. 5 M.

13. **Ergänzungssteuergesetz** (Vermögenssteuergesetz). Von **A. Fernow,** Geh. Ober-Finanzrat. 4. vermehrte Aufl. 1907. 2 M. 40 Pf.

14. **Kommunalabgabengesetz.** Vom 14. Juli 1893 und Gesetz wegen Aufhebung direkter Staatssteuern. Von Dr. **F. Adickes,** Oberbürgermeister. 5. Aufl. 1910 ca. 1 M. 50 Pf.

15. Die **Kreisordnungen** für den Preußischen Staat. Von **O. Kolisch,** Landgerichtsrat. 1894. 4 M.

16. **Konzessionierung gewerblicher Anlagen.** Preuß. Ausführungs-Anweisung zu §§ 16 u. ff. der Gewerbe-Ordnung. Von Dr. **W. v. Rüdiger,** Geh. Regierungs- u. Gewerberat. 2. Aufl. 1901. 2 M.

17. **Preußisches Gerichtskostengesetz.** Mit Kostentabellen. Von Dr. **P. Siméon,** Landgerichtsrat. 5. Aufl. 1908. 2 M. 60 Pf.

18. **Preußisches Stempelsteuergesetz vom** 30. Juni 1909. Mit Ausführungsbestimmungen und Tabellen. Von **P. Loeck,** Geh. Regierungsrat. 6. Aufl. mit Anhang. 8°. 1907/09. 6 M.

19. Das **Jagdscheingesetz.** Mit ausführlichen Erläuterungen. Von **F. Kunze,** Wirklichem Geh. Ober-Regierungsrat. 2. Aufl. 1899. 2 M.

20. Die **preußischen Erbschaftssteuergesetze.** Unter Berücksichtigung der Novelle vom 31. Juli 1895. Von **U. Hoffmann,** Geh. Registrator im Königl. preuß. Finanzministerium. 1905. 4 M. (Reichs-Erbschaftssteuergesetz s. Reichsgesetze Nr. 77).

21. Gesetz über die **Handelskammern.** Von **F. Lusensky,** Geh. Regierungsrat. 2. Aufl. 1909. 3 M.

22. Gesetz, betr. **Anstellung und Versorgung der Kommunalbeamten.** Von Dr. **W. Ledermann,** Magistratsassessor zu Berlin. 1899. 1 M. 25 Pf.

23. **Ausführungsgesetz zum Bürgerlichen Gesetzbuche.** Von Landrichter Dr. **P. Siméon.** 2. Aufl. 1905. 1 M. 80 Pf.

24. Die **Hinterlegungsordnung** in der Fassung des Ausführungsgesetzes z. BGB. v. 20. Sept. 1899 nebst Ausführungsbestimmungen. Von Regierungsrat Dr. **Georg Bartels.** 2. Aufl. 1908. 2 M.

25. **Preußische Kommunalbeamtengesetzgebung.** Von Magistr.-Assess. Dr. **Fr. Kremski,** Berlin. 1901. 3 M.

26. **Gesetze über das Diensteinkommen der Lehrer und Lehrerinnen, Ruhegehalt und Fürsorge für Hinterbliebene.** Tabelle zur Berechnung der Ruhegehalts-, Witwen- u. Waisenbezüge. Von Dr. **Ed. Cremer,** Beigeordneter. 1900. 2 M. 40 Pf.

27. **Gesetz,** betreffend die **Warenhaussteuer.** Von Geh. Ober-Finanzrat Dr. **G. Strutz.** 1900. 1 M. 20 Pf.

28. **Gesetz** über die **Fürsorgeerziehung Minderjähriger.** Von Landgerichtsdirektor Dr. **P. F. Aschrott.** 2. umgearbeitete Aufl. 1907. 2 M. 80 Pf.

29. **Gesetz,** betr. **die ärztlichen Ehrengerichte, das Umlagerecht und die Kassen der Aerztekammern.** Von Amtsgerichtsrat Dr. **F. Fidler.** 1901. 1 M. 50 Pf.

30. Die das **Preußische Staatsschuldbuch** und **Reichsschuldbuch** betr. Gesetze nebst Ausführungsbestimmungen. Von Wirkl. Geh. Ober-Finanzrat **J. Mücke,** Mitglied der Staatsschuldenverwaltung. 1902. 2 M.

31a. **Die geltenden Preußischen Gesindeordnungen.** Herausgegeben in zwei Bänden von **Stephan Gerhard,** Rechtsanwalt in Berlin. 1902.

Band I: Gesindeordnung für die altpreußischen Provinzen vom 8. XI. 1810, mit Erläuterungen unter Berücksichtigung der Ergänzungsgesetze und der Rechtsverhältnisse der Gesindevermieter, sowie die Gesindeordnungen für Neuvorpommern und Rügen und für die Rheinprovinz. 2 M. 50 Pf.

31b. **Band II:** Gesindeordnungen für Hannover, Schleswig-Holstein, Hessen-Nassau und den Regierungsbezirk Hohenzollern. 2 M. 50 Pf.
Siehe auch Seite 24: Ratgeber von Grieben.

32. **Die Städteordnung für die sechs östlichen Provinzen** Preußens vom 30. Mai 1853. Von **Dr. jur. Walter Ledermann,** Magistrats-Assessor zu Berlin. 8°. 1902. 6 M.

33. **Rentenguts- und Anerbenrechts-Gesetzgebung in Preußen.** Von Landgerichtsrat **M. Peltasohn** und Rechtsanwalt **Bruno Peltasohn.** 1903. 3 M.

34. Sammlung der wichtigsten **preußischen Strafgesetze** nebst Anhang: Gesetz betr. polizeiliche Strafverfügungen vom 23. April 1883. Von **Otto Lindemann,** Amtsrichter. 1903. 2 M. 50 Pf.

35. **Geschäftsordnung für Gerichtsvollzieher.** Gerichtsvollzieherordnung und Gebührensätze von Amtsgerichtssekretär **Emil Exner.** 1904. 3 M. 50 Pf.

36. **Polizeiverordnungen in Preußen.** Von **Otto Lindemann,** Landrichter. 1904. 1 M. 50 Pf.

37. Gesetz über die **Enteignung von Grundeigentum** vom 11. Juni 1874. Von Landrichter **O. Meyer.** 1905. 2 M.

38. **Kreis- und Provinzial-Abgabengesetz.** Vom 23. April 1906. Von **Fr. Schmidt,** Gemeindevorsteher. 1906. 1 M. 25 Pf.

39. Gesetz betr. die **Unterhaltung der öff. Volksschulen.** Von **Dr. A. Marcks,** Reg.-Rat. 1906. 2 M.

40. **Verwaltungsstrafverfahren** bei Zuwiderhandlungen gegen die Zollgesetze und indirekte Reichs- und Landesabgaben, sowie die Bestimmungen über die Schlacht- und Wildpretsteuer vom 26. Juli 1897. Von **Dr. Richard Katzenstein,** Gerichtsassessor. 1907. 3 M. 60 Pf.

41. Die **preußischen Jagdpolizeigesetze.** Von **Fr. Kunze,** Wirkl. Geh. Oberregierungsrat und **R. Kühnemann,** Rechtsanwalt. 2. Aufl. 1907. 3 M. 60 Pf.

42. Die Gesetzgebung über die **Allgemeine Landesverwaltung** und über die **Zuständigkeit der Verwaltungs- und Verwaltungsgerichtsbehörden.** Von Rechtsanwalt **Dr. Karl Friedrichs.** 1908. 3 M.

43. Gesetz betr. die **Zulassung einer Verschuldungsgrenze** für land- und forstwirtschaftlich benutzte Grundstücke v. 20. August 1906 nebst Ausführungsvorschriften. Von Dr. jur. **R. Leweck,** Syndikus der Ostpreuß. Landschaft. 1908. 2 M. 40 Pf.

44. **Quellenschutzgesetz** vom 14. Mai 1908 nebst den Ausführungsbestimmungen von **Carl Voelkel,** Geheimer Bergrat. 1909. 1 M.

Guttentag'sche Sammlung von Text-Ausgaben mit Sachregister ohne Anmerkungen.

Taschenformat, elegant in Leinen gebunden.

Reichs-Justizgesetze: Gerichtsverfassungsgesetz. Zivilprozeßordnung. Konkursordnung. Strafprozeßordnung. 2. Aufl. In einem Bande 3 M. 80 Pf.

Zivilprozeßordnung mit **Gerichtsverfassungsgesetz** und **Einführungsgesetzen**. Neue Fassung von 1909. 2 M.

Konkursordnung mit **Einführungsgesetz.** 80 Pf.

Bürgerliches Gesetzbuch nebst **Einführungsgesetz.** 10. Abdruck. 2 M. 50 Pf.

Handelsgesetzbuch nebst **Einführungsgesetz** u. **Seerecht.** 7. Abdruck. 1 M. 80 Pf.

Ausführungsanweisung zur Gewerbeordnung vom 1. Mai 1904 nebst der preuß. technischen Anleitung. 2 M.

Militärstrafgerichtsordnung nebst **Einführungsgesetz** u. Ges., betr. Dienstvergehen der richterlichen Militärjustizbeamten u. unfreiwillige Versetzung derselben usw. **Militär-Strafgesetzbuch** *) mit Abdruck der entsprechenden Bestimmungen des Reichs-Strafgesetzbuchs. 2. Aufl. 1 M. 50 Pf. *) Ist auch einzeln zu haben. Preis 1 Mk.

Wechselordnung in der Fassung der Bekanntmachung v. 3. Juni 1908. Mit Anhang: **Wechselprozeß und Ausführungsanweisung.** 1908. 1 M.

Die Preußischen Ausführungsgesetze zum Bürgerlichen Gesetzbuche und Nebengesetze. Text-Ausgabe ohne Anmerkungen. 5. Aufl. Taschenformat. Geb. in ganz Leinen Preis 1 M. 80 Pf.

Reichsfinanzgesetze v. 15. Juli 1909 einschließlich der Reichsstempelgesetze u. des **Erbschaftssteuergesetzes.** 1909. Geb. in ganz Leinen. 2 M.

Guttentag'sche Sammlung von Text-Ausgaben mit Sachregister ohne Anmerkungen.

Die Preußischen Ausführungsgesetze, Verordnungen und ministeriellen Verfügungen zu dem Bürgerlichen Gesetzbuche und den Reichs-Justizgesetzen nebst anderen zugehörigen Gesetzen. Von **L. Busch.** 2. Aufl. von Gerichtsassessor **O. Eylau.** 8°. Preis geb. 4 M. 50 Pf.

Preußische Bürgerliche Gesetzsammlung. Sammlung der noch geltenden Landesgesetze privatrechtlichen Inhalts. Herausgegeben von den Gerichtsassessoren **D. Fischer** und **Dr. F. Schroeder.** 8°. 2 Bände Preis geb. in ganz Leinen 20 M.

Erster Band: **Das Allgemeine Landrecht mit den Einführungs-Patenten.** Preis 6 M.

Zweiter Band: **Gesetze von 1773—1902.** Preis 14 M.

Der Post-Überweisungs- und Scheckverkehr. Vortrag von Geh. Ober-Postrat **Max Aschenborn,** Vortragender Rat im Reichspostamt, nebst einem Abdruck der **Postscheckordnung** mit Ausführungsbestimmungen und Formularen. 30 Pf.

Preußisches Baupolizeirecht. Mit Kommentar der Baupolizeiverordnung für die Vororte von Berlin. Vom 28. Mai 1907. Von Gemeinde-Baurat **Carl Saß,** Königlichen Reg.-Baumeister a. D. Preis 6 M.

Fluchtliniengesetz. — Das Gesetz, betreffend die **Anlegung** und **Veränderung** von Straßen und Plätzen in Städten und ländlichen Ortschaften vom 2. Juli 1875. Des Kommentars von weil. Oberverwaltungsgerichtsrat R. Friedrichs. Sechste, völlig neubearbeitete Auflage. Von Senatspräsident Dr. jur. Hugo von Strauß und Torney. 1909. Im Druck.

Invalidenversicherungsgesetz vom 13. Juli 1899. Handausgabe mit Anmerkungen herausgegeben von Dr. Richard Freund, Vorsitzendem der Landes-Versicherungsanstalt Berlin. 3 Aufl. geb. 5 M.

Wie leitet man eine Versammlung? Geschäftlicher Handweiser für Vorsitzende. Von einem Mitgliede des deutschen Reichstages und des preußischen Abgeordnetenhauses. 2. Aufl. 1908. kart. 1 M.

Praktischer Ratgeber für Dienstherrschaften nach dem Preuß. Gesinderecht unter Berücksichtigung der neueren Entscheidungen bearbeitet von H. Grieben, Verwaltungsdir. a. D. u. Bürgermeister. 1908. 1 M.

Das Recht der Handlungsgehilfen und Handlungslehrlinge. Von Rechtsanwalt Hugo Horrwitz. 2. Aufl. 1905. (203 S.) Geb. in Leinen 3 M.

Die Registratur. 2. Auflage. 1906. Von Hermann Kollrack, Kgl. Polizeisekretär am Berliner Polizeipräsidium. 8°. (84 S.) Kart. 1 M. 40 Pf.

Die Pflichten des Waisenrates. Ein praktischer Leitfaden für Waisenräte und Verwaltungsbeamte. Von F. Baum, Geh. Justizrat und Vormundschaftsrichter. Achte vermehrte und verbesserte Auflage. 1906. 8°. (46 S.) 60 Pf.

Der Vormund, Gegenvormund, Pfleger u. Familienrat. Nach dem Bürgerlichen Gesetzbuch, dem Reichsgesetz über die Angelegenheiten der freiwilligen Gerichtsbarkeit und dem Ausführungsgesetz zum BGB. Ein praktischer Leitfaden. Von F. Baum, Geh. Justizrat und Vormundschaftsrichter. 1899. 8°. (64 S.) 50 Pf.

Schlagwort-Register.

R. = Nummer der Sammlung Deutscher **Reichsgesetze**.
P. = Nummer der Sammlung **Preußischer** Gesetze.
S. = Seite.

14. 120 000. XII. 09.

MIX
Papier | Fördert gute Waldnutzung
FSC® C083411

Kolibri 360 GmbH
Ferdinand-Jühlke-Straße 7
99095 Erfurt, Deutschland
produktsicherheit@kolibri360.de